INTRODUÇÃO
À PSICOTERAPIA INTEGRAL

DA LÓGICA DA INCLUSÃO À VONTADE TRANSFORMADORA

Editora Appris Ltda.
1.ª Edição - Copyright© 2025 dos autores
Direitos de Edição Reservados à Editora Appris Ltda.

Nenhuma parte desta obra poderá ser utilizada indevidamente, sem estar de acordo com a Lei nº 9.610/98. Se incorreções forem encontradas, serão de exclusiva responsabilidade de seus organizadores. Foi realizado o Depósito Legal na Fundação Biblioteca Nacional, de acordo com as Leis nºs 10.994, de 14/12/2004, e 12.192, de 14/01/2010.

Catalogação na Fonte
Elaborado por: Dayanne Leal Souza
Bibliotecária CRB 9/2162

A637i 2025	Anversa, Clovis Roberto Introdução à psicoterapia integral: da lógica da inclusão à vontade transformadora / Clovis Roberto Anversa. – 1. ed. – Curitiba: Appris, Artêra, 2025. 247 p. ; 23 cm. Inclui bibliografia. ISBN 978-65-250-7762-8 1. Integração da psicoterapia. 2. Saúde holística. 3. Complexidade (Filosofia). I. Título. CDD – 616.8914

Livro de acordo com a normalização técnica da ABNT

Appris editora

Editora e Livraria Appris Ltda.
Av. Manoel Ribas, 2265 – Mercês
Curitiba/PR – CEP: 80810-002
Tel. (41) 3156 - 4731
www.editoraappris.com.br

Printed in Brazil
Impresso no Brasil

Clovis Roberto Anversa

INTRODUÇÃO À PSICOTERAPIA INTEGRAL

DA LÓGICA DA INCLUSÃO À VONTADE TRANSFORMADORA

Curitiba, PR
2025

FICHA TÉCNICA

EDITORIAL	Augusto V. de A. Coelho
	Sara C. de Andrade Coelho
COMITÊ EDITORIAL	Ana El Achkar (Universo/RJ)
	Andréa Barbosa Gouveia (UFPR)
	Jacques de Lima Ferreira (UNOESC)
	Marília Andrade Torales Campos (UFPR)
	Patrícia L. Torres (PUCPR)
	Roberta Ecleide Kelly (NEPE)
	Toni Reis (UP)
CONSULTORES	Luiz Carlos Oliveira
	Maria Tereza R. Pahl
	Marli C. de Andrade
SUPERVISORA EDITORIAL	Renata C. Lopes
PRODUÇÃO EDITORIAL	Adrielli de Almeida
REVISÃO	José Bernardo
DIAGRAMAÇÃO	Bruno Ferreira Nascimento
CAPA	Carlos Pereira
REVISÃO DE PROVA	Daniela Nazario

A mente que se abre a uma nova ideia jamais voltará ao seu tamanho original.
(Albert Einstein)

AGRADECIMENTOS

Aos meus queridos primos Arnaldo de Almeida e Célia Maria C. Almeida, em reconhecimento por sua ajuda e apoio, que tornaram este projeto possível. Minha eterna gratidão, com admiração, amor e carinho.

*Para meu pai e minha mãe,
que me ensinaram a ser livre.*

*Aos três tesouros da vida:
Jing (essência) – Chee (energia) – Shen (espírito).
Eles compreendem os três níveis básicos de existência
de todos os seres vivos: físicos, energéticos e mentais.
A partir da prática, Jing se torna Chi e Chi é transformado em Shen.
Sua força e equilíbrio determinam a saúde e a longevidade humanas.*

Texto de Luiz Anversa

Psicologia integral: da "tábula rasa" de Locke à trilha do conhecimento

Num tempo em que a saúde mental é colocada efetivamente como algo importante, a discussão sobre psicologia integral é digna de alegria.

A chamada Terapia Integral Sistêmica valoriza o indivíduo. Nisso, questões comportamentais, cognitivas e fisiológicos entram na pauta do dia.

Vemos aqui uma integração de alguns conceitos à personalidade da pessoa, unindo aspectos fragmentados e inconscientes, para formar um espírito coeso.

O resultado disso pode ser alguém com mecanismos de defesa fragilizados que podem inibir a espontaneidade ou até mesmo limitar a flexibilidade. Ficaríamos "duros" com o mundo e pouca margem de manobra. Será que isso é bom?

Trabalhar a integração

A Psicoterapia Integral, trabalhada da forma correta, pode melhorar a resolução de problemas, relacionamentos complicados e até mesmo distúrbios de saúde.

Com essa teoria, a pessoa tem a possibilidade de encarar cada situação de maneira nova, sem vícios de opiniões ou expectativas já formadas. Viraríamos quase uma folha em branco, bebendo da fonte da "tábula rasa" de John Locke.

Partindo desse zero conceitual, conseguiríamos unir sistemas afetivo, cognitivo e comportamental, além de reforçar a consciência de aspectos sociais de sistemas ao nosso redor...

Como é possível perceber, a perspectiva da Psicoterapia Integral é pelo desenvolvimento humano, e não apenas aquilo que é ensinado por coaches ou algo do tipo.

A teoria contida neste livro vai explicar como temos plena capacidade para desenvolver talentos específicos, sensibilidades únicas e novos aprendizados. Da "tábula rasa" de Locke à trilha do conhecimento.

É por isso que o livro de Clóvis Roberto Anversa é bem-vindo.

Luiz Anversa é jornalista com mais de 15 anos de mercado. Atualmente, na revista EXAME, passou pelas redações de Jornalistas&Cia, RedeTV e Yahoo, sendo redator, repórter e editor. É apaixonado por esportes, cinema, literatura e música

Texto da doutora Selena Dubois Mendes

A oportunidade de trabalhar com Dr. Anversa com técnicas de "Psicotranse (Eliezer Mendes)" nos anos 80 e 90, numa abordagem interdisciplinar, me autoriza a testemunhar o vasto caminho do autor, nos últimos quase 40 anos de exercício profissional que, de maneira clara e profunda, sintetiza abordagens terapêuticas nos aspectos intencional/espiritual, comportamental, cultural e social nesta obra.

Selena Márcia Dubois Mendes
Escola Bahiana de Medicina e Saúde Pública – EBMSP
Professora adjunta do curso de Fisioterapia
Grupo de Pesquisa Dinâmica do Sistema Neuromusculoesquelético – DINME
Doutora em Medicina e Saúde – UFBA
55-71-98893.7022

APRESENTAÇÃO

O livro de Clovis R. Anversa apresenta uma integração única e profunda entre as teorias ocidentais dos séculos XX e XXI e as práticas filosóficas e religiosas orientais milenares. Ao longo da obra, o autor demonstra como essas duas abordagens, aparentemente distintas, podem se complementar e proporcionar uma visão integrativa e holística do ser humano. Sua vasta experiência de vida, adquirida por meio de anos de estudo e vivencia, transparece nas páginas do livro, oferecendo ao leitor uma perspectiva enriquecedora sobre o cuidado terapêutico.

Mais do que um livro voltado para a aplicação prática da psicoterapia, a obra convida os profissionais da área e leitores em geral a uma reflexão mais profunda sobre o que significa ser humano. Clovis R. Anversa não se limita a mostrar práticas terapêuticas, mas propõe um verdadeiro "acordar" – uma mudança de perspectiva sobre como os terapeutas se relacionam com seus pacientes e com a própria humanidade.

Por meio de uma linguagem acessível e embasada em seus estudos profundos, o autor expõe uma visão que transcende a prática clínica convencional. Ele desafia os leitores a saírem da visão estreita do que constitui "um alguém", levando-os a uma compreensão mais ampla de quem é esse alguém no contexto do mundo. Esse livro, portanto, não se destina apenas à prática terapêutica, mas também serve como um convite ao despertar para uma visão mais profunda e integrada do ser humano. Ele é direcionado a eruditos e leitores que buscam compreender o homem em sua totalidade, sua evolução moral, social e espiritual, e as diferentes possibilidades para o bem-estar.

Mirthes Ferreira de Oliveira
Psicóloga clínica com especialização em Análise transacional,
Hipnoterapia e Terapia de regressão.
Especialista em grandes e pequenos grupos terapêuticos.

PREÂMBULO

No campo psicoterapêutico, com raras exceções, tendemos a quase nunca ir além de nossa prática diária, nem no campo da pesquisa, nem, infelizmente, consequentemente, no campo estritamente clínico. Embora às vezes sejamos animados por vontades momentâneas de pesquisa, muitas vezes esses breves parênteses recaem sobre teorias que acredito estarem agora cristalizadas e imóveis, como se fossem os pilares de sustentação de toda a vida, em uma espécie de segurança emocional e social diante de si mesmo e de seus pacientes.

Com este trabalho, procuramos difundir, portanto, o fruto tanto das práticas espirituais quanto teórico-instrumentais, a fim de ajudar a nos debruçarmos sobre a oportunidade de reconsiderar os próprios conceitos, filhos de teorias conhecidas e pais de tantas práticas clínicas ora bem-sucedidas, ora malsucedidas. Cada nova teoria pode abrir portas para novos horizontes operacionais ou dissertações intelectuais simples/complexas: esse não é o ponto. O objetivo deste trabalho vai além da simples aquisição de novos dogmas, além da simples negação dos atuais: ele quer abrir uma lacuna de impacto proativo na mente de qualquer pessoa que queira reorientar sua maneira de pensar, agir e processar o que é observado e ouvido no dia a dia e o que mais for necessário para ajudar aqueles que estão à nossa frente.

Mas quem é esse "que está à nossa frente"?

Há uma grande abundância, na linguagem comum, do uso das palavras "Psicologia", "Psicológica", "Psicoterapêutica" e, ultimamente, também dos conceitos mais revolucionários e modernos, como os de "Psicologia Integrada", "Psicologia Integral" etc., muitas vezes incluindo significados e recursos agora estereotipados de todos os tipos e correntes.

Na verdade, o que se entende por "Psicologia Integral"? O que significa trabalhar por um "Tipo Integral de Psicoterapia"?

Muitas vezes, o terapeuta tenta encontrar sua própria identidade de trabalho, baseada em valores crítico-ético-culturais de suas tarefas, em vez de traçar mapas de intervenções que podem ser aplicadas àqueles que delas se beneficiarão, e utiliza ferramentas às quais a pessoa que sofre deve se adaptar para ser, ao final do trabalho, "normal". O uso inadequado da maioria das técnicas psicoterapêuticas marcou uma crença generalizada de que as intervenções psicológicas e psicoterapêuticas são, na maioria dos casos, decepcionantes e malsucedidas, levando a uma crença falsa e generalizada de que a psicologia é inadequada para uma ajuda verdadeira e duradoura do indivíduo. A esse propósito, seria necessário discutir os fundamentos éticos e morais que inspiram a prática de muitos terapeutas, alguns dos quais muitas vezes até carecem dos requisitos mínimos para poderem definir as suas intervenções como moralmente sólidas e profissionalmente éticas.

Um dos erros mais profundos que a psicologia comete, em nossa opinião, é confundir, ou pior, não considerar, dentro da pessoa, os aspectos mais sutis e conscientes: evolutivos tanto em nível individual quanto coletivo. O reconhecimento desse grave erro fundamental, tanto do ponto de vista ontológico, primeiro, quanto prático-profissional, depois, já seria motivo de elogio e atenuação do descontentamento agora generalizado com a psicoterapia em geral. No nascimento de cada ramo da psicologia, ao mesmo tempo que a ilusão comum de que uma melhor visão/doutrina estava prestes a ser alcançada, uma visão sectária da disciplina em questão foi aguçada com novos nascimentos de dogmatismo e qualquer outra coisa inútil que possa haver para uma prática tão necessitada de plasticidade e utilidade de pensamento como a da psicologia.

O resultado final, percebido pelo olhar crítico de outros operadores menos arcaicos do setor e sofrido internamente por seus pacientes, é o sentimento (infelizmente não só) de meras ações opressivas em nome do bem, em que o aspecto direcional prevalece sobre a intencionalidade sincera de orientar, em vez disso, para a própria direção e não para critérios de certo/errado ou saudável/doente. Já estando aberto à crítica da própria crítica, à revisão de suas crenças e ao abandono de seus dogmas, não se pode escapar da tirania de sua tendência a tomar tudo como garantido e compreendido, muito menos se nem mesmo a intenção habita em si mesmo.

Os valores e princípios que devem caracterizar a boa psicoterapia tornam-se objeto de manipulação e imperativos morais e afetivos.

O objetivo deste livro não é encorajar o leitor a rejeitar suas certezas e crenças, mas contribuir para o desenvolvimento de uma nova e inovadora psicologia aplicada à psicoterapia, na qual nada é dado como certo, nada é ignorado e todos os aspectos da pessoa podem ser considerados em toda a sua realidade expressiva, por meio de intervenções simultaneamente sinérgicas e inclusivas, em uma posição eticamente consciente.

Prefigurar um tipo de psicoterapia inovador e mais transformador, no entanto, não é um empreendimento que possa ser baseado apenas nas próprias boas intenções: elas precedem e estabelecem todos os fundamentos, mas, na verdade, é necessário ter clareza sobre os princípios e regras pelos quais se inspirar. Com este livro tentaremos fazer isso, da maneira mais simples possível. O sofrimento contínuo e crônico de muitas pessoas não se deve apenas a algum tipo de fatalidade ou maldição genética, mas também a uma aplicação incorreta de muitos dos métodos psicoterapêuticos atuais que não facilitam a compreensão dos problemas pessoais, com resultados consequentes e óbvios.

Um dos elementos fundamentais a considerar é a neuroplasticidade do cérebro. A neuroplasticidade refere-se à capacidade do cérebro de se reorganizar, formando novas conexões neuronais ao longo da vida. Essa característica do cérebro nos permite adaptar e modificar nosso comportamento, emoções e pensamentos com base em novas experiências e aprendizagens. Integrar o conhecimento sobre neuroplasticidade na prática psicoterapêutica pode proporcionar uma base sólida para intervenções mais eficazes, ajudando os pacientes a desenvolverem novas habilidades e formas de pensar que promovam um bem-estar duradouro.

A vontade transformadora à qual este livro é dedicado habita em cada um de nós, pacientes e terapeutas, mas está adormecida em alguns pelo sofrimento e em outros por uma desconfiança que agora é generalizada e desmotivadora. No entanto, na medida em que não se pode dar luz aos passos de seu próprio caminho pessoal e caminho de vida...

Este livro é uma versão atualizada e revisada de *Introduzione alla psicoterapia integrale*, de minha autoria, com importantes acréscimos e modificações que incluem, entre outros temas, as mais recentes descobertas sobre a neuroplasticidade do cérebro. A obra foi cuidadosamente reformulada para integrar conceitos contemporâneos e proporcionar uma abordagem mais abrangente da psicoterapia. Ao final, inclui uma série detalhada de notas explicativas, pensadas tanto para profissionais da área quanto para estudantes e leigos que buscam uma compreensão mais acessível, especialmente para aqueles que não estão familiarizados com a terminologia técnica da psicologia.

Divina Presença, Estrela do Sul, agradecemos tua luz que transcende, unindo corações além de fronteiras. Sua essência guia-nos rumo à harmonia, além das aparências, à verdadeira união. Com reverência e gratidão, honramos tua sabedoria e amor materno, que nos inspira a encontrar nosso ser verdadeiro, em jornada de individuação e liberdade. Abraça-nos em tua luz divina, conectando-nos à realidade última, E à nossa essência única. Que tua presença inspire paz, amor e união, entre todas as almas, em respeito mútuo, e que possamos caminhar juntos, rumo à luz.

PREFÁCIO[1]

por D.C. Borca

Da teoria integral à teoria de tudo
De noùs à consciência absoluta

As ciências noéticas (noética, do grego *noùs*, mente) investigam a influência da mente sobre a matéria e a suposição básica é que o pensamento e a consciência são capazes de influenciar a realidade física. Com base nos princípios da física quântica, ao contrário dos modelos científicos clássicos, a consciência e as habilidades extrassensoriais são estudadas e observadas nessa área, superando a visão positivista da ciência regida por leis deterministas em que as coisas têm uma existência puramente objetiva. Na base dessa nova ciência está a concepção de que os modelos usuais de análise da realidade não são suficientes para explicá-la e que o mundo físico tem uma estreita correlação com a mente, dando assim uma nova visão de como todo o universo funciona. A realidade não é, portanto, mais entendida como um conjunto de apenas elementos materiais independentes uns dos outros, mas estes estão intimamente relacionados ao pensamento, à mente e ao divino. No contexto de uma interpretação puramente filosófica, a noética é aquela consciência intuitiva que vai além da razão e dos nossos cinco sentidos.

O IONS (Institute of Noetic Science) foi fundado por Edgar Mitchell que, após sua participação na missão Apollo 14, em 1971, diz que teve uma espécie de "visão reveladora" durante seu retorno. À distância, a Terra apareceu para ele como parte de um universo inteiro e ele foi permeado por um sentimento de união com o todo. Percebendo a possibilidade de uma maneira nova e diferente de conhecer as coisas, em 1973 ele fundou o Institute of Noetic Sciences, uma organização internacional sem fins lucrativos com sede no norte da Califórnia, com cerca de 20.000 membros espalhados por todo o mundo. O instituto produz e divulga todas as descobertas e experimentos sobre o potencial da consciência em suas diversas formas e em relação à realidade física, não negligenciando fatores como intuição, percepção, intenção, crenças etc.

Os princípios fundadores de uma ciência noética são: transformação pessoal por meio do conhecimento e do fortalecimento da interioridade; disseminação do conhecimento científico e da pesquisa; e estudo e desenvolvimento de relações transformadoras para a melhoria da consciência coletiva.

O objetivo final é a realização de uma nova visão da realidade

A física clássica é baseada nas leis do movimento e da gravidade de Newton, em que os corpos estão sujeitos às mesmas leis físicas dentro dos conceitos de espaço e tempo, valores absolutos e autônomos. A suposição é que uma mudança na matéria ocorre apenas como resultado de um evento físico. Essas teorias, nas quais Newton tentou explicar a realidade de acordo com princípios racionais, abandonando qualquer interpretação oculta, baseavam-se em princípios cartesianos: *res cogitans* (pensamento), por um lado, e *res extensa* (matéria), por outro. O método de investigação da realidade é puramente experimental, ligado ao objeto observado, excluindo assim o experimentador, ou seja, o observador. Há, portanto, nesse modelo de física utilizado, uma clara separação entre objeto e sujeito, entre realidade e indivíduo.

A teoria da relatividade de Einstein revolucionou a física mecanicista clássica ao argumentar que o espaço e o tempo se influenciam mutuamente e desmantelou a teoria newtoniana de que um corpo em repouso é desprovido de energia. Em sua equação $E = mc^2$, a energia é equiparada à massa.

A física quântica estuda a lógica do infinitamente pequeno a partir da análise do comportamento de quanta, partículas subatômicas da matéria, afirmando (por intermédio dos físicos Heisenberg e Bohr, nos anos 1930) que isso é governado não por leis de determinismo e causalidade, mas por leis de probabilidade, aleatoriedade e estatística. Com o princípio da incerteza, Heisenberg mostra que é impossível determinar exatamente a velocidade e a posição de um elétron, então a realidade não pode ser descrita como uma consequência de causa e efeito. Logo, a matéria não é estável e determinável, pois pode manifestar-se em qualquer forma de suas potencialidades essenciais, isto é, como existência de realidade provável. Bohr também descobriu que quando duas partículas subatômicas se encontram, elas entram em uma espécie de influência mútua, independentemente da distância que as separa, e começam a se comportar como se fossem uma única partícula trocando informações e influenciando uma à outra, como se fossem parte da outra. E essa influência não é determinada nem pelo tempo, nem pelo espaço.

A teoria do Tudo (ou teoria das cordas) confirma as teorias quânticas sobre a indefinibilidade da realidade, declarando que mesmo a estrutura interna das partículas quânticas não é estática, portanto, não apenas seu comportamento.

Em suma, passamos dos conceitos da física mecanicista, em que tudo era objeto e separado do sujeito, regulado por princípios determináveis de causa e efeito, aos princípios da física quântica, em que o espaço e o tempo estão interligados, a matéria é energia e não pode ser determinada e não há separação entre objeto e sujeito, entre matéria e energia. Do ponto de vista do quantum (ou seja, o infinitamente pequeno), tudo isso pode parecer irrelevante... Mas, na lógica (nova visão lógica do mundo), a conexão e a influência recíproca entre microcosmo e macrocosmo e entre individual e coletivo tornam-se de fundamental relevância para qualquer análise da realidade (objetiva e/ou subjetiva).

Noùs é, portanto, aquela Consciência Absoluta que permeia toda a realidade, manifestando-se com diferentes níveis vibracionais que estão continuamente interligados. O estudo desse aspecto vibracional da consciência pode ser encontrado em disciplinas como a neurofisiologia da consciência, psicologia integral, medicamentos energéticos, a própria parapsicologia etc. Se a matéria é a manifestação mais densa do *Noùs*, a energia vital e depois a do pensamento são suas manifestações cada vez mais etéricas. Cada Dimensão de nossa realidade, na verdade, nada mais é do que a vibração de um determinado estado de consciência que contém todas as nossas crenças e regras, tornando-a a única realidade possível ou verdadeira.

Sempre carregamos a Terceira Dimensão com o valor do tempo linear (passado, presente e futuro); tudo está sujeito a uma condição, até mesmo amor e paz, pensamentos e ações, porque se baseiam no que foi ou no que poderia ser; tudo é dual: bem/mal, certo/errado, cima/baixo, direita/esquerda; nesta dimensão, *Noùs* se expressa na matéria, sofrendo separação do espírito.

Na Quarta Dimensão a matéria do *Noùs* é menos densa, entende-se que o futuro pode ser escolhido, que o passado não é tão decisivo para o futuro, que o pensamento pode ser o criador da realidade. O tempo real é o presente, a atenção real é apenas para o presente e isso pode ser paradoxal, ou seja, ter um significado em um momento e o significado oposto no próximo, pois julgamentos e comparações com o passado são sacrificados em favor de novas experiências e novas avaliações. Todo esse tipo de "alinhamento" contínuo é para a busca de equilíbrios e verdades mais autênticas.

No hiperespaço da Quinta Dimensão, a Consciência torna-se Absoluta, o tempo colapsa, torna-se instantâneo, ou seja, todas as possibilidades existem ao mesmo tempo e no mesmo espaço. Enquanto na terceira dimensão o passado e o futuro condicionam o presente e na quarta dimensão o pensamento presente produz o futuro, na quinta dimensão o futuro já está no presente, no sentido de que no mesmo instante em que há um tipo de pensamento, o produto desse pensamento se aproxima de nós por um efeito de ressonância. Portanto, não são as formas-pensamento da quarta dimensão que se expandem em busca do semelhante, mas na quinta é a frequência do pensamento que atua como um ímã para situações vibracionalmente iguais. Nessa dimensão, os cérebros direito e esquerdo estão mais unidos, sincronizados, a dualidade do pensamento é menor, há menos medo, menos necessidade de segurança, mais confiança, a pessoa tem consciência de sua essência espiritual e a mente racional é responsável pelo único propósito de manter o bem-estar físico.

Se olharmos para a vida ao microscópio e observarmos a lógica dos microrganismos, segundo o famoso pesquisador japonês Teruo Higa, a mesma porcentagem de bactérias úteis ao nosso corpo e de bactérias nocivas, com uma diferença próxima a 80%, das bactérias "neutras" restantes. O aumento de um ou dos outros levaria este último a decidir seguir "a maioria", levando todo o sistema orgânico à doença ou a um estado de saúde. Em uma analogia comportamental macrocósmica, toda sociedade, cultura e organização basicamente mantém essa lógica. Uma ligeira diferença de contribuição, para o bem ou para o mal, pode fazer enormes diferenças a nível global, pela capacidade de arrastar para si e para os seus seguidores a maioria restante que até então nunca tinha tomado uma decisão de qualquer maneira.

Acreditamos que, para fins evolutivos, mesmo uma única pessoa e uma única ação podem fazer a diferença. Se o estudo da Consciência e a importância de seu conhecimento através da consciência vigilante não fossem mais apenas do interesse de poucos, aqueles muitos que não reconhecem sua importância estariam positivamente envolvidos, subvertendo e erradicando a ignorância e o sofrimento.

Este livro é em defesa de qualquer pessoa que, com suas próprias intenções, seus próprios recursos e sua própria cultura, trabalhe para o bem e a erradicação do sofrimento e da ignorância, com todos os meios de que é capaz. Todo estudioso e pesquisador, como tal, merece respeito, consideração e apoio por seu trabalho. Vivemos principalmente em um mundo tacanho, violento tanto física quanto verbalmente, onde ainda tateamos na escuridão espiritual e na ignorância do que significa trabalhar por um mundo melhor a partir de nossos próprios exemplos de maneiras de ser e fazer. O livre-arbítrio é apenas isso: não fazer do nada uma possibilidade e sofrer uma oportunidade. Cada ação ou palavra deve ser realizada apenas para fins construtivos e evolutivos, em apoio a qualquer potencial "despertar para o melhor" do qual se faz inevitavelmente parte.

Se as deficiências de todos abraçassem as de todos os outros em vez de competir ou ignorá-las, todos seríamos mais enriquecidos emocionalmente, mentalmente e espiritualmente. Acreditamos que qualquer pessoa que trabalhe por um mundo melhor, por qualquer meio ou conhecimento de que seja capaz, não terá vivido em vão.[2]

Clovis R. Anversa, com esta edição portuguesa de *Introdução à Psicoterapia Integral*, deseja, de maneira meritória, continuar a divulgar a importância da visão integral no campo clínico e também inter-relacional, sendo profundamente e racionalmente convencido da importância de que a observação do ser humano deva ser a mais inclusiva possível. Desde os conceitos milenares do taoísmo e os benefícios da meditação e das artes marciais, passando pelos conceitos da psicologia humanista, comportamental, psicanalítica e transpessoal, por meio de uma sinergia entre cientificidade e sabedoria espiritual. Aqui, é proposto um modelo de totalidade das experiências biológicas, psicológicas e espirituais para uma visão não dualística da realidade, com o objetivo de desidentificar-se de um nível particular de consciência, transitando de uma subjetividade limitada para uma mais ampla e inclusiva. O objetivo deste trabalho vai além da simples aquisição de novas doutrinas, deseja abrir um caminho de impacto propositivo nas mentes de quem quer reorientar sua maneira de pensar, agir e elaborar aquilo que é cotidianamente observado e escutado.

O autor, já divulgador desta revolucionária teoria psicológica desde os anos 90, tanto de forma privada quanto junto a diversas empresas de saúde no norte da Itália, certamente merece continuar a divulgar esse importante trabalho onde quer que seja possível, seja no campo clínico ou humano.

Rivoli, 24.02.2025

SUMÁRIO

INTRODUÇÃO.. 27

PARTE UM
O QUE É PSICOLOGIA INTEGRAL?

A VISÃO INTEGRAL... 37
UM SISTEMA DE PRÁTICA INTEGRAL... 49
SUBPERSONALIDADE E NÍVEIS DE CONSCIÊNCIA................................... 61
A VISÃO INTEGRAL NA PRÁTICA.. 67

PARTE DOIS
EXEMPLO DE PRÁTICA INTEGRAL EM REFERÊNCIA À SABEDORIA ESPIRITUAL E FILOSÓFICA
O TAOÍSMO, TAI CHI CHUAN E MEDITAÇÃO

A FILOSOFIA DO TAO 71
O QUE É O TAO?... 73
TAI CHI COMO ARTE MARCIAL.. 77
PRINCÍPIOS BÁSICOS DA DISCIPLINA TAOÍSTA 79
ORIGENS DO TAI CHI CHUAN... 81
BENEFÍCIOS DO TAI CHI CHUAN.. 85
TAI CHI CHUAN E MEDITAÇÃO.. 87
OS EFEITOS DA MEDITAÇÃO NA SAÚDE 89

PARTE TRÊS
EXEMPLO DE PRÁTICA INTEGRAL COM REFERÊNCIA À PSICOLOGIA CIENTÍFICA E TÉCNICAS PSICOLÓGICAS

O JOGO E O JOGAR 95
O CENTRO DE GRAVIDADE EMOCIONAL 127
EMOÇÕES, MOTIVAÇÕES E NECESSIDADES 137
A PERSONALIDADE INTEGRADA 141
CONCLUSÕES 143

BIBLIOGRAFIA 147
SOBRE O AUTOR 171
NOTAS FINAIS 173

INTRODUÇÃO

Não acredito que qualquer mente humana seja capaz de 100% de erro.
E assim, em vez de nos perguntarmos qual abordagem é certa ou errada,
Decidimos que todos eles são verdadeiros, mas parciais, e tentamos ver
como juntar essas verdades de forma coerente,
sem selecionar um em detrimento do outro.
(Ken Wilber)

Do livro *Psicologia Integral*, de Ken Wilber:

"[...] a palavra 'Psicologia'[3] significa 'estudo da psique' e a palavra 'Psique'[4] significa 'mente ou alma'. No dicionário de sinônimos da Microsoft, para 'Psique' encontramos: Self[5], Atman, Soul[6], Spiritual Self, Spirit[7]; e para 'Subjetividade': Higher Self, Spiritual Self, Spirit. Isso nos lembra que as raízes da psicologia estão profundamente dentro da alma e do espírito do homem [...]".

Nos significados mais comuns, ela estuda as relações entre os seres vivos, eles mesmos e o meio ambiente. Relações entendidas como experiência, comportamento, processos mentais, por meio de pesquisas que podem ser experimentais, culturais, psicoterapêuticas, sociais etc. "Psicologia" é um termo que deriva do grego *psyché*, que significa espírito, alma, e do termo *lògos* que significa discurso, estudo. Nesse sentido, a psicologia é o estudo do espírito ou alma, mesmo que o significado do termo, que permaneceu inalterado do século XVI ao século XX, tenha mudado significativamente no último século, para se adaptar às novas perspectivas metodológicas. A palavra "psique", portanto, tem fontes antigas, até vários milênios antes de Cristo. Naquela época, significava a força ou espírito que animava o corpo ou parte material. No século XVI, a palavra foi associada ao estudo da alma e do espírito por Philip Melanchthon[8], um humanista e teólogo alemão, amigo pessoal de Lutero[9] e um dos principais protagonistas da Reforma Protestante[10]. Mas a data de 22 de outubro de

1850 foi a mais importante da história da psicologia, graças a Fechner[11]. No início do século XIX, Kant[12] afirmou que a psicologia não poderia ser uma ciência, porque era impossível medir os processos psicológicos em laboratório. Graças ao trabalho de Fechner, os cientistas começaram a medir a mente pela primeira vez. Esse autor conseguiu salvar a psicologia de ser contaminada pelos conceitos de alma e espírito, fazendo-a passar de conceitos puramente metafísicos para uma verdadeira cientificidade.

Desde a segunda metade do século 20, o autor Ken Wilber[13] tem procurado um modelo teórico que incorpore o maior número de visões que foi feito até agora. A ideia geral é que não importa qual teórico está certo ou errado, mas que todas as ideias estão basicamente certas. Wilber tenta ver "tanto as árvores quanto a floresta". Por exemplo, em seu conceito de "generalização orientadora", ele tenta encontrar um denominador comum para as várias questões relacionadas a qualquer método ou teoria. Com a psicologia integral, o autor procura incluir o melhor da pesquisa científica moderna sobre consciência e terapia, ao mesmo tempo em que se inspira no trabalho de Fechner, James, Baldwin e muitos outros a quem se refere. Essa tentativa de união, como ele diz, não é mero ecletismo, mas um abraço sistêmico com método.

"A psicologia é, portanto, o estudo da consciência humana e suas manifestações no comportamento. As funções da consciência incluem: percepção, desejo, vontade e ação. As estruturas da consciência, algumas facetas das quais podem ser inconscientes, incluem o corpo, a mente, a alma e o espírito. Os estados de consciência incluem estados normais (vigília, sono e sonho) e alterados (estados meditativos não comuns). Os modos de consciência incluem estética, moralidade e ciência.

O desenvolvimento da consciência se expande de todo o espectro do pré-pessoal para o pessoal e o transpessoal; do subconsciente, para o consciente, para o superconsciente; do id[14], para o ego, para o espírito. Os aspectos relacionais e comportamentais da consciência referem-se à sua interação mútua com o mundo objetivo externo e o mundo sociocultural compartilhado de percepções e valores compartilhados. Respeitar e incluir todos os aspectos legítimos da consciência é, portanto, o objetivo de uma psicologia integral. Para coordenar essas muitas abordagens, afirma Wilber, precisamos trabalhar com sistemas de sistemas de sistemas, e essa coordenação só pode progredir por meio de 'generalizações orientadoras'. Essas generalizações transparadigmáticas destinam-se principalmente a nos colocar no campo de jogo certo, lançando nossa teia conceitual na área mais ampla possível. O que é necessário é a lógica da inclusão, da rede, uma lógica da estrutura dentro das estruturas, cada uma das quais tenta legitimamente incluir tudo o que pode ser incluído. O ato de incluir tudo o que pode ser incluído faz parte de uma visão lógica. Por 'visão lógica' ou 'lógica da visão' queremos dizer um pensamento sintético integrado ou um pensamento racional integrado; uma lógica não só das árvores, mas também das florestas. Não que as árvores possam ser ignoradas. Mas a lógica da rede é a dialética do todo e das partes. O maior número possível de detalhes é observado e, em seguida, uma tentativa de uma visão mais ampla é reunida, que é comparada com outros detalhes e, assim, a grande visão é reajustada. E assim por diante *ad infinitum*, com mais e mais detalhes alterando constantemente a grande visão e vice-versa. Porque o segredo do pensamento contextual é que o todo revela novos significados não disponíveis para as partes, e assim a grande visão que construímos oferecerá novos significados sobre os detalhes que a compõem.

Abaixo da consciência individual encontra-se uma consciência cósmica que, na maioria dos indivíduos, é inconsciente, mas que pode ser despertada e plenamente realizada. E tornar o inconsciente consciente é o melhor bem para homens e mulheres" (Eaco Cogliani[15], *Uma síntese do pensamento de Ken Wilber*, Alba Magica, 2005).

> [...] *Após mais de 30 anos de experiência em psicoterapia e psicodrama, prática de*[16] *meditação vipassana*[17] *e Tai Chi Chuan, nasceu a intenção-necessidade de se dedicar, na própria prática metodológica, a um sistema mais integral dentro do meu cotidiano de trabalho...*

Com este livro, tentaremos, portanto, dar uma contribuição usando ferramentas que fazem parte do treinamento e da prática pessoal, em sinergia com as teorias revolucionárias do autor Ken Wilber.

As experiências vividas ao longo de percursos pessoais, tanto como seres humanos quanto no campo psicoterapêutico, nos fizeram refletir muito. Ao ser honesto consigo mesmo e com o trabalho, não se pode deixar de concordar com as teorias e conceituações deste autor sobre o estudo da psicologia.

Wilber nos diz: "O grande problema da psicologia, com a forma como ela se desenvolve historicamente, é que a maioria das correntes da psicologia considerou apenas alguns aspectos dos fenômenos extraordinariamente ricos e multifacetados da consciência e afirmou que esses eram os únicos aspectos que mereciam ser estudados (ou mesmo que eram os únicos aspectos que existiam). O behaviorismo[18] notoriamente reduz a consciência às suas manifestações comportamentais observáveis. A psicanálise[19] reduz a consciência às estruturas do ego e à influência do id sobre essa estrutura. Os junguianos fizeram uma espécie de elevacionismo, confundindo o pré-pessoal com o transpessoal. O existencialismo[20] reduz a consciência às suas estruturas pessoais e modos de intencionalidade.

Muitas escolas de psicologia transpessoal[21] se concentram apenas em estados alterados de consciência, sem uma teoria coerente que tente explicar o desenvolvimento da estrutura da consciência. As psicologias asiáticas se destacam por suas maneiras de considerar o desenvolvimento da consciência nos domínios pessoal e transpessoal, mas têm uma compreensão pobre dos desenvolvimentos pré-pessoais até o pessoal. A ciência cognitiva, admiravelmente, introduz um empirismo científico para lidar com problemas, mas em geral simplesmente acaba reduzindo a consciência às suas dimensões objetivas, seus mecanismos e funções neuronais que se assemelham a um biocomputador, devastando assim o mundo vivo de sua própria consciência". E então ele continua: "[...] Essas considerações são uma parte importante da história. Todos eles têm uma verdade intrínseca, mas parcial, em relação ao imenso campo da consciência".

É a primeira vez na história da psicologia que notamos a capacidade de ter conseguido desenvolver um quadro que integre coerentemente todas essas verdades, sem fazer um mero amontoado como uma visão eclética poderia fazer, mas usando uma referência que pode ser aplicada de forma sistemática, aceitando legitimamente o maior número de aspectos da consciência humana[22].

Tais "estruturas" explicativas abrangentes são bem-vindas, capazes de nos tirar de referências teóricas muito estreitas e narcisistas. Wilber continua dizendo: "Obviamente, o compromisso de considerar e aceitar todos os aspectos da consciência, pelo menos no início, só é possível em um nível muito alto de abstração. Para coordenar esses inúmeros aspectos, devemos trabalhar com sistemas de sistemas de sistemas, por meio de generalizações indicativas".

E é assim que J. Crittenden explica: "Como fazer isso? Qual é realmente a metodologia de Wilber? Ao trabalhar com qualquer campo do conhecimento, ele simplesmente se vira e recua para um nível de abstração, no qual as diferenças entre as várias teorias conflitantes realmente entram em acordo umas com as outras. Tomemos como exemplo as grandes tradições religiosas do mundo. Eles concordam que Jesus é Deus? Portanto, essa afirmação deve ser excluída. Todos concordam que existe um Deus? Depende do significado de Deus. Todos concordam com Deus, se por Deus querem dizer um espírito que não pode ser qualificado de maneiras diferentes, desde o "vazio" dos budistas até o "mistério judaico do divino"? Sim, portanto, nesse caso, estamos diante de uma generalização indicativa ou de uma conclusão firme. Em seguida, coordenamos essas várias verdades em uma rede de conclusões inter-relacionadas e, nesse ponto, Wilber se afasta de um simples ecletismo para avançar em direção a uma visão sistemática. O próximo passo é pegar essas várias generalizações orientadoras que foram reunidas na primeira etapa e encontrar um sistema que incorpore o maior número dessas verdades. A ideia geral é dita. Não importa qual teoria está certa e qual está errada. A ideia é que o mundo inteiro é basicamente certo [...]".

O terceiro passo na teoria de Wilber é o desenvolvimento de um novo tipo de teoria crítica. O esquema global de incorporar o maior número de generalizações orientadoras critica a parcialidade dos esquemas mais restritos, embora também inclua as verdades destes. Ele critica não suas verdades, mas a natureza parcial dessas verdades. Não estamos, portanto, a oferecer um colete-de-forças conceptual, mas sim o contrário.

Wilber diz: "[...] Espero estar mostrando que há mais espaço no Kosmos[23] do que todos suspeitamos. Não há, portanto, muito espaço para aqueles que querem preservar seus feudos, reduzindo o Kosmos a um único campo em particular (coincidentemente deles!), pois ignoram os outros campos".

> [...] O trabalho pessoal de todos esses anos, tanto na Itália quanto no exterior, tem sido a tentativa de dar uma resposta inclusiva de metodologias e conceitos. Ao discutir esses capítulos, pode parecer que se faz uma crítica aos setores da saúde ou a algumas conceituações teóricas, mas na realidade a crítica é à parcialidade da aplicação dos próprios métodos e à exclusão de visões que poderiam enriquecer e dar maiores possibilidades de intervenções...

Perceber o progresso que a psiquiatria[24] fez durante esses anos, principalmente na Itália, com comunidades terapêuticas, é emocionante. Mas é inegável a necessidade de uma visão mais integral e inclusiva, para poder realmente avançar; não apenas na saúde psiquiátrica, mas também em vários outros setores, como política, economia, educação, religião etc.

Um dos fatores que impede esse desenvolvimento é um tipo de mentalidade muito competente do ponto de vista racional, mas com uma forte contaminação narcísica.[25] Essa estranha mistura cria indivíduos refratários, obtusos e fechados à evolução da consciência, diante de métodos e intervenções melhores e mais eficazes. Não queremos criticar pessoas ou colegas que por vários motivos e apegos a esse tipo de mentalidade não permitem seu próprio desenvolvimento e o dos outros, mas na realidade o propósito pessoal é divulgar e facilitar um método mais consciente de examinar a realidade, para que todos possam se libertar e seguir seu caminho em direção a níveis mais abertos de consciência, compreensivo, inclusivo e compassivo.

Em São Paulo, Brasil, eram empregadas pessoas com sensibilidades altamente desenvolvidas, dotadas de qualidades particulares e capazes de receber sensações que iam além da ordem física e desafiavam a compreensão puramente racional[26]. Essas intervenções ajudaram a revelar aspectos inconscientes da personalidade a ponto de facilitar o tratamento e o cuidado de pessoas doentes. Foi por meio dessas pessoas "um tanto especiais" que o viés dos métodos tradicionais começou a ser compreendido e a importância de começar a ter visões mais abrangentes a serem consideradas.

Posteriormente, foi precisamente durante várias reuniões em várias ASLs no campo psiquiátrico que a necessidade urgente de uma visão mais integral foi sistematicamente reconfirmada, em que os vários aspectos emergentes de uma pessoa poderiam encontrar ajuda por meio de uma compreensão não fragmentada e em que um aspecto da personalidade não era privilegiado em detrimento de outro, embora isso seja muito importante. As discussões muitas vezes pareciam "interessantes", mas com comentários e observações na maioria das vezes em total desacordo entre si. Falando de uma pessoa doente, o médico referia-se à sua psicopatologia[27] e apenas às vezes à sua dinâmica de comportamento (dependendo da orientação do médico, as referências podiam ou não ser feitas à subjetividade da pessoa: aos sentimentos, pensamentos e dinâmicas subjetivas-internas). O mesmo acontecia com os enfermeiros: eles também seguiam a orientação médico-farmacológica dentro de um referencial mais objetivo do que subjetivo, sem dúvida muito importante, mas do qual se deduzia apenas uma parte da totalidade da pessoa e reduzir um indivíduo inteiro apenas aos aspectos neurofisiológicos é fragmentário e de pouca utilidade para o próprio indivíduo. Ao mesmo tempo, a visão da pessoa sofredora foi observada por educadores que, sempre dependendo de sua visão e preparo pessoal, puderam se concentrar em um aspecto objetivo-comportamental e não social e, às vezes, subjetivo-cultural. Soma-se a isso as visões dos assistentes sociais, de tipo objetivo-social (burocracia em geral, como o paciente era enquadrado economicamente etc.) e novamente as dos psicólogos que, novamente dependendo da formação pessoal, enfatizavam aspectos da pessoa de tipo interpretativo-cultural ou objetivo-comportamental.

Sabemos que existem muitas escolas de psicologia e que essa multiplicidade de cursos só seria boa se pudéssemos entender que cada escola propõe intervenções para níveis específicos de consciência e comportamento. De fato, nem todos os métodos psicoterapêuticos são adequados para todos e estes devem ser escolhidos e depois adaptados aos pacientes e não vice-versa. Não compreendendo esse aspecto mais amplo, o que acontece é permanecer prisioneiro da própria visão parcial do ser humano e da existência em geral. As consequências são as discussões intermináveis em direção a reflexões que visam apenas satisfazer o próprio desejo narcísico de poder. Todos permanecem convencidos e satisfeitos com sua razão, pensando que sua intervenção foi a mais justa. Fragmentação, pluralismo desconstrutivo, reducionismo, todos elementos que fazem com que cada um siga seu próprio caminho sem perceber a importância do próprio caminho na totalidade de todos os outros. A verdadeira compreensão é quando cada ser humano é observado de forma mais global (integral), considerando suas dimensões, níveis de consciência, tipo específico e potenciais próprios. Devemos analisar o outro dentro de uma lógica abrangente e inclusiva. Essa compreensão mais global, incluindo dimensões (intencionais, culturais, comportamentais, sociais) e níveis (arcaico, mágico, mítico, racional-pluralista e integral), que comentaremos nos capítulos seguintes, visa compreender melhor o potencial de crescimento de cada indivíduo e ao mesmo tempo divulgar e facilitar o desenvolvimento desse novo tipo de consciência e modo de análise nos terapeutas.

PARTE UM

O que é Psicologia Integral?

A VISÃO INTEGRAL

A conceituação dos Quatro Quadrantes e dos vários níveis, nos quais se propõe uma visão integral do ser e do saber, é wilberiana. Uma visão em que o todo, mas também o particular, é analisado, dentro de uma dialética construtiva entre o individual e o coletivo, em um abraço compassivo e em uma perspectiva ampla e particular ao mesmo tempo. Quando é possível observar em um único instante um maior número de partes do "Kosmo"[28], esse fato se transforma ou pode ser transformado em um verdadeiro programa operacional de liberdade. Você pode, então, respirar em um espaço criativo de movimento contínuo e intuição profunda. As dificuldades sentidas na divulgação dessa metodologia e visão, junto a um grupo que aparentemente parecia aberto e com potencial de compreensão suficiente, foram muitas e pelas várias razões que discutiremos mais adiante. Infelizmente, as assimilações dentro de um ambiente cultural são sempre lentas e com muitos obstáculos.

Enquanto a introdução deste livro estava sendo escrita, uma coisa digna de atenção aconteceu:

> [...] *Um vizinho, em frente ao alojamento-comunidade onde trabalho hospedando dois homens e duas mulheres, reclamou que não queria "dois homens e psiquiátricos" na frente de sua casa. Ele aceitou as duas mulheres porque disse que eram mais fáceis de administrar, o que era mais difícil com os homens porque eram fisicamente mais fortes. Desde que era policial, já havia participado de vários TSO (Tratamento Obrigatório de Saúde) e sabia, em sua opinião, como eram essas situações. Ele temia por sua família, assim como pelos inquilinos no andar de baixo...*

Na verdade, quando você ouve notícias, é fácil cair em uma espécie de desânimo e medo. No entanto, também é óbvio, para quem trabalha nesses setores, observar que certos casos isolados não formam a regra e que, geralmente, esses casos de notícias quase nunca fazem parte de pessoas acompanhadas de forma sistemática; muitas vezes, porém, quando fazem parte dela, esses casos isolados acontecem justamente por falta de visões mais abrangentes do ser e do saber e, consequentemente, de tratamentos mais adequados e *ad personam*.

Nas palavras de Wilber: "[...] Vivemos em uma era extraordinária: todas as culturas do mundo, passadas e presentes, são até certo ponto acessíveis a nós, tanto no registro histórico quanto nas entidades vivas. De tribos e gangues isoladas, a pequenas aldeias camponesas, a nações antigas, a impérios de conquista feudal, a estados corporativos internacionais, à aldeia global: o crescimento extraordinário em direção a uma aldeia integral que parece ser o destino da humanidade. Assim, a era emergente da consciência evolutiva está hoje à beira de um milênio integral — ou, pelo menos, da possibilidade de um milênio integral — onde a soma total do conhecimento, sabedoria e tecnologia humanos existentes está disponível para nós.

Mas o grande obstáculo para que essa nova forma de ser e saber venha à tona é uma dose comum de preocupação consigo mesmo. Essa estranha mistura de notável capacidade cognitiva com maravilhosa inteligência criativa, combinada com uma dose incomum de narcisismo emocional, é o obstáculo que interfere no crescimento do potencial humano. Isso é visto nas dimensões subjetiva e individual. A obsessão com os próprios pontos de vista e a fixação narcísica[29] no intenso subjetivismo da perspectiva relativista, levam à dificuldade da transição para um modo mais amplo e integral de sentir, pensar e agir.

O que pode ser observado objetivamente é uma espécie de defesa do feudo por aqueles que detêm o poder da medicina. Não estamos nos referindo a toda a classe médica, é claro, porque ela também sofre nas mãos de tantos senhores feudais, embora, no entanto, de forma menor do que os próprios servos (pacientes). O sofrimento é de diferentes modalidades. A fragmentação do conhecimento não leva a lugar nenhum, ou melhor, apenas leva à criação de mais fragmentação do pensamento e da ação e mais sofrimento.

Wilber continua dizendo que "as hierarquias dominantes são deploráveis e as classificações sociais opressivas e perniciosas. O pós-modernismo felizmente trouxe mais sensibilidade a essas injustiças, mas mesmo os críticos anti-hierárquicos têm suas próprias hierarquias (ou valores classificatórios) que também são muito fortes. O pós-modernismo[30] valoriza o pluralismo[31] em detrimento do absolutismo[32], e essa é sua hierarquia de valores. Mesmo os ecofilósofos que desprezam as hierarquias e colocam os seres humanos no topo da escada evolutiva têm suas próprias hierarquias, que são: os elementos subatômicos fazem parte dos átomos, que fazem parte das moléculas, que fazem parte das células, que fazem parte do organismo, que fazem parte dos ecossistemas, que fazem parte da biosfera. Dessa forma, eles valorizam a biosfera como se estivesse em cima de qualquer organismo em particular, como o homem; e depois desqualificar o uso da biosfera "a favor" do homem, mas na realidade em benefício dos próprios interesses egoístas e desastrosos. Tudo isso decorre de sua própria hierarquia de valores. Os teóricos sistêmicos têm centenas de hierarquias (a maioria dos sistemas naturais é organizada de forma hierárquica); biólogos, linguistas, psicólogos do desenvolvimento... todo mundo tem hierarquias; e mesmo aqueles que não reconhecem hierarquias têm alguma forma de estrutura hierárquica própria. O mundo inteiro parece ter alguma forma de hierarquia, mesmo aqueles que afirmam o contrário...".

O problema é que ninguém concorda com ninguém. Cada um tenta defender seu espaço de ser e saber, de modo a excluir todos os outros. Se os pacientes já estão fragmentados porque estão doentes, uma visão que também é assim não ajuda a melhorar a situação. Com a brilhante contribuição de Wilber, essa fragmentação parece ter seus dias contados se formos capazes de aplicar suas metodologias (dos quatro quadrantes e dos vários níveis). Depois de anos de trabalho meticuloso em que Wilber tentou reunir mais de 200 hierarquias, ele observou que elas eram enquadradas em apenas quatro grandes categorias (o que ele chamou, na verdade, de A Teoria dos Quatro Quadrantes). Algumas dessas hierarquias referem-se ao indivíduo, outras ao coletivo, algumas referem-se à realidade externa e outras à interna, mas todas elas se adaptam perfeitamente umas às outras. A realidade não é composta nem de todos nem de partes, mas de uma "parte inteira" ou de um "hólon". Como Arthur Koestler[33] apontou, uma hierarquia crescente é, na realidade, uma Holarquia, porque é composta de hólons. Um hólon é uma parte total. Em nenhum outro campo a metodologia dos quatro quadrantes é aplicada tão bem quanto na medicina e, em particular, na psiquiatria e na psicologia.

Uma breve análise dos quatro quadrantes pode mostrar por que um modelo integral pode ser útil. A medicina ortodoxa ou convencional é uma abordagem clássica do quadrante superior direito (tabelas e explicações adicionais serão encontradas mais adiante), que é quase inteiramente dedicada ao organismo físico e à implementação de intervenções físicas (cirurgia, drogas, medicamentos e mudanças comportamentais). A medicina ortodoxa acredita apenas nas causas físicas dos males e, portanto, recomenda intervenções físicas na maioria dos casos. De acordo com os modelos holônicos, por outro lado, cada evento físico (canto superior direito) tem pelo menos quatro dimensões (quadrantes) e, dessa forma, a doença física também deve ser vista na perspectiva desses quatro quadrantes. O modelo integral não nega a importância do quadrante superior direito, apenas o vê como um dos quatro aspectos da realidade.

A medicina alternativa e a psiconeuroimunologia[34] têm dado importância à interioridade da pessoa a ponto de afirmar o quanto isso é predominante na causa das doenças e seu curso. E assim como os fatores subjetivos são importantes, a consciência individual não existe no vácuo, mas está associada a valores e crenças culturais. A maneira como uma cultura (canto inferior esquerdo) interpreta uma doença específica (com atenção e compaixão ou com desprezo e distância) inevitavelmente leva a uma profunda influência de como as instalações e serviços públicos de saúde planejarão intervenções (canto inferior direito) e como uma pessoa lidará com essa doença (canto superior esquerdo), o que afetará diretamente seu próprio curso (canto superior direito).

De fato, muitas doenças não podem ser definidas sem influência do fator cultural. O quadrante inferior esquerdo inclui um grande número de fatores intersubjetivos que são cruciais em qualquer interação humana: comunicação entre médico e paciente, comunicação entre familiares e pacientes (principalmente com pacientes com problemas psicológicos), aceitação cultural (ou preconcepção) em relação a uma determinada doença (por exemplo, aids ou esquizofrenia[35])). Todos esses fatores são, em certa medida, responsáveis pelo aparecimento de qualquer doença física ou sua cura. É claro que, na prática, esses quadrantes precisam ser limitados a fatores que realmente têm influência, como habilidades de comunicação entre paciente e médico, entre grupos de apoio e parentes e compreensão geral do julgamento cultural e seus efeitos sobre a doença. Estudos mostram consistentemente, por exemplo, que pacientes com câncer que frequentam grupos de apoio vivem mais do que aqueles que não têm o mesmo apoio sociocultural. Portanto, alguns dos fatores mais relevantes do quadrante inferior esquerdo devem ser considerados em qualquer abordagem médica. O quadrante inferior direito refere-se a todos aqueles fatores materiais, econômicos e sociais que quase nunca estão relacionados à doença, mas que na realidade são, como qualquer outro quadrante, agentes causais de doença e recuperação (mortes por burocracia, má organização, estruturas insuficientes ou inadequadas etc.). Assim como um sistema social que não pode fornecer comida pode matar (como países devastados pela fome), mesmo nos países mais desenvolvidos, se você tiver uma doença grave e o seguro não a cobrir, você ainda pode morrer. A causa da morte deve ter sido a própria pobreza. Em geral, diz-se que foi um vírus que matou pessoas; o vírus é parte da causa, é verdade, mas tudo o que está incluído nos outros três quadrantes também é a causa.

> [...] *Um dia, eles transmitiram um programa na televisão em que quatro médicos foram entrevistados: três deles eram médicos-chefes e gerentes de seu setor. Pacientes com câncer, eles estavam lá naquela entrevista para contar suas experiências como pacientes. Conseguiram claramente transmitir a cisão das experiências de ambos os papéis: a falta de integração entre os vários setores de especialização médica, a falta de informação e comunicação entre os vários especialistas e um sentimento final, por parte de seu papel de pacientes, de estar em uma selva sem orientação e sem orientação suficiente para uma esperança maior. Eles experimentaram em primeira mão essa falta de coordenação e apoio mais integral e compassivo...*

Lembramos que, com o uso do termo "integral" queremos nos referir aos significados de: inclusivo, equilibrado, abrangente, e que a abordagem integral pode estar em contraste com outros métodos (míticos, racional-científicos, pluralistas), que, por sua vez, tendem a excluir outros por serem considerados inferiores. Portanto, tomando nota disso, é fácil deduzir que esses métodos são todos abordagens "parciais". De fato, além disso, eles são amplamente dominantes nas culturas do mundo, eles necessariamente geram soluções incompletas para os problemas e, como tal, são menos eficientes, menos confiáveis, menos equilibrados do que a abordagem integral. Wilber nos diz: "Essa visão integral certamente não é uma visão final ou uma visão fixa (imóvel) ou a única visão; mas precisamente uma visão que visa honrar e incluir o máximo de pesquisa possível do maior número de disciplinas, de forma coerente (que é uma definição de uma visão integral ou mais abrangente do Kosmos)".

[...] *Entrei no serviço como estagiário para o meu diploma de italiano em uma ASL no Piemonte em um momento bastante difícil, porque foi dedicado ao fechamento das últimas residências dentro de um asilo. Experimentei, em primeira mão, a transferência de pacientes ainda internados para acomodações que seriam fora do antigo asilo[36]. Eu acompanhei pessoalmente um desses hóspedes (N.N.), que vivia de forma "abusiva", segundo os critérios das instituições, dentro do antigo asilo. Ele era um paciente difícil de acordo com os membros da equipe, que vinham acompanhando essa pessoa há anos sem poder dar alta. Depois de várias tentativas, todas falharam. Comecei a ter entrevistas individuais com essa pessoa, seja em seu apartamento, no jardim daquele antigo asilo ou, às vezes, em qualquer sala do departamento. Os colegas olharam para essas conversas com desconfiança; para mim, em vez disso, foram momentos importantes de reconhecimento. Nossas conversas eram sempre interessantes: ele era um homem muito inteligente, estudioso e apaixonado por filosofias orientais e isso, coincidentemente, coincidia com meus estudos e interesses pessoais. Estou convencido de que foram encontros frutíferos para nós dois. O resultado dessa consideração mútua foi a aceitação de se mudar para um alojamento fora do asilo, que já havia sido oferecido a ele por algum tempo em vão. O sentimento comunicou aos colegas sobre sua comunicação com N. (e na minha opinião não só com ele) era de duas trilhas paralelas, onde um encontro só teria sido possível na linha imaginária do horizonte, ou seja, nunca. A equipe não confiava no paciente por razões óbvias e o paciente não confiava neles por tantas razões pessoais. E essas sensações mútuas continuaram de ano para ano, de operador para operador, indefinidamente. Não havia diálogo ou, pior, nenhum modo de comunicação; foi interrompido em ambos os lados. Naquela época, vindo de outro contexto cultural, era fácil observar os dois lados e servir, de certa forma, como mediador. A certa altura, durante uma das reuniões habituais, surgiu o problema de dar ou não as chaves de sua futura acomodação a esse paciente. Apesar da contínua e geral desconfiança dele por parte de todos, médicos e operadores, propus com determinação confiar nele por um momento e, portanto, dar-lhe aquelas chaves. A proposta foi aceita e a situação foi finalmente resolvida.*

> *Periodicamente eu ia visitar N. novamente em sua nova casa: feliz por ser assim e feliz, eu, por ver sua serenidade e bem-estar. Mas esse episódio não fez a maioria dos operadores pensar ou mudar sua maneira de pensar. Eles usaram esse evento para confirmar certas crenças contextuais e relativísticas e cair no reducionismo usual de suas interpretações previsíveis...*

A impressão é que todos almejam confirmar, com seu próprio comportamento, suas visões pessoais do mundo, e que, ao fazê-lo, todos são felizes, todos permanecem em seu próprio caminho solitário, com satisfação surda e narcísica. Vamos a conferências, discutimos muito, muitas palavras, muitas razões, muitos encontros multiculturais, interdisciplinares, pluralismos etc., mas no final todos permanecem sempre no seu caminho, satisfeitos com a sua verdade, num horizonte ilusório, sem níveis e valores, acumulando informação por vezes sem sentido e com verdades apenas parciais. O incrível paradoxo em que vivemos é que, apesar de termos muitos meios tecnológicos para trocar informações, na realidade não conseguimos nos comunicar. Quando você pensa que conseguiu fazer isso, ainda é comunicação com muito pouca empatia. As pessoas estão tão acostumadas a serem indelicadas e não atender às suas próprias necessidades, que quando se deparam com um comportamento empático se sentem desconfortáveis e desarmadas, e algo que deveria ser natural se torna estranho.

As pessoas muitas vezes acreditam que precisam ser arrogantes ou cruéis para provar que são inteligentes. Muito tem sido escrito sobre empatia, mas a prática ainda está muito longe de ser integrada à nossa visão de mundo moderna e pós-moderna (mais sobre esses dois termos mais tarde). Muitas vezes as pessoas falam muito, mas falar não é uma comunicação de fato, mas um simples "esvaziar o saco" que de certa forma ajuda a aliviar a tensão do falante. Outras vezes são comunicações para dar ou receber ordens para a realização de um trabalho específico. Todas essas comunicações são indispensáveis, mas não suficientes. Muitas pessoas confundem a comunicação dentro de uma função específica com uma comunicação mais humana e empática. Embora certos papéis, como médicos, enfermeiros, psicólogos, educadores etc. ainda sejam papéis que implicitamente deveriam conter um alto grau de empatia, vimos empreendedores, vendedores ou operários sendo mais empáticos do que os da área da saúde ou da educação. Talvez porque certos papéis exijam uma disposição interior que muitas vezes as pessoas não conseguem ter, pois falta um contrapapel complementar contendo uma comunicação mais empática e calorosa. Mas como você pode ter uma comunicação mais empática e calorosa quando todos têm que defender seu próprio feudo com a exclusão de todo o resto? Só quem ajuda nessa defesa e que é pago para isso, pode receber um "tapinha nas costas" de vez em quando (muito de vez em quando, porque é considerado um supérfluo inútil). É óbvio que há algo errado. E esse algo é a falta de uma visão mais integral, uma visão que dê a possibilidade de "incluir" e seguir em frente, aprendendo com o passado para abrir as portas para o potencial de amanhã.

> [...] *Lembro-me de muitas vezes em que fui confundido com meus pacientes psiquiátricos, tanto os próprios familiares quanto os novos operadores. Muitas vezes, quando posso, continuo a fazê-los acreditar que é esse o caso, desempenhando o papel, entendendo melhor como são tratados e podem se sentir. O resultado? Há uma espécie de desqualificação imediata da pessoa, muito forte, da qual não há saída. Você não é mais uma pessoa que tem um problema, é "uma coisa que dá problemas", se transforma no problema, você é "o problema". É como ter a pele vermelha em um lugar onde a maioria tem pele azul; você se transforma na cor da sua pele, você não é mais uma pessoa com aquela cor de pele em particular, você se torna apenas, desconfortavelmente, a própria pele. É assim mesmo. Você não é mais uma pessoa com certas características, mas você é apenas as próprias características...*

Dentro de um contexto "normal", portanto, o hábito não é diferenciar os níveis de consciência, as nuances, mas apenas reduzir tudo a uma superfície plana, sem profundidade ou altura, apenas terra plana, uma enorme superfície infinita e plana.

Uma das intervenções mais importantes que devem ser feitas é a informação sobre os vários níveis de consciência e as várias dimensões do ser, começando pela visão que a psiquiatria e a psicologia têm de si mesmas, continuando com os vários operadores das várias áreas e os executores dos tratamentos. Devemos começar a ter a coragem de questionar nossas crenças e convicções, reavaliando conscientemente métodos e pressupostos, a fim de sair desse "impasse psiquiátrico", mais fruto de uma mentalidade cristalizada do que da própria doença. Os pacientes "crônicos" estão tão acostumados a certos modos de pensamento médico que suas ações e sentimentos são totalmente identificados e adaptados à própria instituição que os trata. Mas essas modalidades não permanecem lá, vagando no ar, no nada, no vazio, sem efeitos: o contexto em que interagem as transforma automaticamente em modalidades desqualificantes para a pessoa que sofre. Imagine que essas pessoas estão em uma dimensão de consciência social de "caçadores-coletores" e em uma dimensão de consciência cultural (de interpretação da realidade) mágico-mítica. Viaje no tempo, vendo aquelas pessoas que vivem em uma caverna e observando quais ações devem tomar para sobreviver: ameaças da natureza, problemas de convivência de pequenos grupos, relações interpessoais, escolha de ferramentas de sobrevivência etc. Ao fazer isso, é mais fácil entendê-los. As partes do cérebro mais usadas nesses níveis são as partes instintivas e impulsivas. Todos nós temos esses aspectos, mas eles tendem a estar sob controle, dependendo da capacidade pessoal de "navegar" nas várias ondas do ser. Xamãs, feiticeiros, magos, um mundo de alma mágica povoado por fantasmas, perigos e soluções sobrenaturais. O problema surge quando essas visões de mundo se tornam as únicas visões.

E é assim que as coisas ficam complicadas.

> [...] *Como já disse, quando trabalhei no Brasil usamos pessoas com habilidades extra-sensoriais especiais (Canalização e PES), que ajudaram a entrar no mundo da alma dos pacientes para trazer à consciência aspectos reprimidos que não eram reconhecidos ou reconhecíveis. Quando esses aspectos reprimidos foram revelados pelas habilidades dessas pessoas, aqueles que se submeteram a esses métodos de tratamento muitas vezes exteriorizaram os conflitos, trazidos à consciência, por meio do choro catártico[37] e de um bem-estar difícil de explicar. O que aconteceu foi surpreendente, a experiência foi como assistir a um filme da vida emocional de alguém. Lembro-me de um paciente que entrou em nossa clínica com delírios incompreensíveis. Era uma jovem mãe de 19 anos, que após o parto entrou em um estado que a levou a ser internada em uma casa para atendimento psiquiátrico, onde permaneceu por oito meses sem resultados, além de um estado de dormência devido às drogas. Seus pais a trouxeram até nós e assim começamos seu tratamento que consistia em desintoxicar as drogas, administrar nutrição adequada e sessões de psicote-*

> *rapia que chamei de "Holodramática" (psicodrama conduzido por médiuns, em que eles fazem uma espécie de dramatização do mundo interior do outro). Os médiuns entraram em uma espécie de transe[38] começando a falar, descrever ou contar histórias, até que uma situação de "delírio grupal" foi criada e o paciente passou a responder e dialogar com suas imagens verbalizadas. Algo estava acontecendo! Os médiuns pareciam estar conseguindo derrotar aquele muro que separava o paciente do mundo real. A partir do que emergiu, foi possível construir uma maior compreensão da menina e, assim, foi possível simbolizar objetivamente, por meio de dramatizações externas, seu mundo interior. Como consequência disso, a menina começou a perder seus delírios e medo de se comunicar com o mundo, renascendo para uma nova vida...*

Mas voltemos ao assunto da desqualificação, um ponto muito difícil de desvendar. O que é evidente é a falta da "alma" na medicina e na saúde. Essa carência não é apenas no campo psiquiátrico, mas é generalizada, mesmo que nessa disciplina seja mais evidente pelo fato óbvio de que se está em contato direto com o sofrimento das pessoas. Esta falta de alma faz com que não se encontrem soluções para os problemas, muitas vezes simples, de comunicação e de realização de certas intervenções, tanto a nível social como cultural. Uma forte dependência da tecnologia serviu para desumanizar a cura. De fato, há uma crescente frustração e desespero entre profissionais e usuários.

> *[...] Quantas vezes me senti impotente diante de uma manifestação de doença mental... Querer derrotar o sofrimento da pessoa doente, tentar entender os delírios estruturados que persistem há anos, os comportamentos inadequados que trazem tanto desconforto tanto para o paciente, quanto para a família e para as pessoas próximas a eles... Vivenciar o sofrimento de pais imbuídos de sentimentos de culpa, raiva, angústia, confusão e profunda tristeza... Tudo isso é, e tem sido, muito desanimador. As intuições deixaram claro que as soluções não eram simples nem imediatas e que provavelmente tinham raízes em diferentes tamanhos e níveis de resposta, como em um arco-íris em que coexistem cores diferentes e onde cada uma é importante para a composição total...*

Ken Wilber, com sua metodologia, nos deu a oportunidade de refletir melhor nas várias dimensões e níveis do ser e do saber.

Cada cor do arco-íris é importante para sua existência e cada cor não tenta cancelar a outra porque, se o fizesse, o próprio arco-íris deixaria de existir. Mas é isso que acontece com nosso atual sistema de visão de mundo: é como se a cor laranja (consciência racional) quisesse anular todas as outras, como se o azul (consciência mítica) quisesse predominar sobre as outras, ou mesmo o verde (consciência pluralista) quisesse levar a melhor. Quase como se cada cor quisesse "puxar água para seu moinho" e se o moinho está no espaço cultural, social, comportamental ou intencional pouco importa; o importante é reduzir tudo em partes, para que cada parte esteja certa e possa controlar todas as outras. É essa forma de "redução do todo às partes" que é o fator que causa a fragmentação mencionada acima, e que podemos observar hoje em todas as áreas do ser humano e do saber.

Como disse Albert Einstein:

"O ser humano [...] percebe a si mesmo, seus pensamentos e sentimentos como algo separado do resto, uma espécie de ilusão de ótica de sua consciência. Esse engano é uma espécie de prisão para nós, limitando-nos aos nossos desejos pessoais e afeição pelas poucas pessoas que estão mais próximas de nós. Nossa tarefa deve ser libertar-nos dessa prisão, expandindo o escopo da compreensão e da compaixão para abraçar todas as criaturas vivas e toda a natureza em sua beleza".

Ou, conforme o Dalai Lama: "A verdadeira felicidade não vem de uma preocupação limitada com o próprio bem-estar, ou com o bem-estar daqueles de quem se sente próximo, mas do desenvolvimento do amor e da compaixão por todos os seres scientes".

Ou, como Buda disse:

"Os seres humanos, apanhados pela ganância, correm aqui e ali sem rumo, como coelhos em uma armadilha. Portanto, deixe de lado a cobiça e você encontrará a liberdade".

A abordagem de uma prática integral é perceber que ela tem muitos valores e visões de mundo diferentes, que alguns são mais complexos do que outros e que muitos dos problemas em um determinado estágio de desenvolvimento podem ser resolvidos usando um estágio superior de desenvolvimento. É a consciência que habita em cada indivíduo, cada grupo, cada nação, que influencia a educação, a sociedade, a política; e não cor da pele ou classe social ou crença religiosa. Ou, como Beck coloca: "A visão não é o tipo de pessoa, mas o tipo que está na pessoa".

Para concluir, enfatizamos um aspecto importante, pelas palavras de Ken Wilber:

"O ponto está na diferenciação entre hierarquia natural e hierarquia patológica. Durante o processo evolutivo, o que é um todo em um certo nível é transformado em uma parte do todo no próximo nível: por exemplo, o átomo inteiro é transformado em uma parte da molécula, a molécula inteira é transformada em uma parte da célula, uma célula inteira é transformada em uma parte do organismo... Tudo e tudo no Cosmos é uma parte inteira, um hólon, que existe em uma hierarquia aninhada ou Holarquia, uma ordem de totalidade e Holismo crescente. Mas o que transcende pode reprimir e, dessa forma, hierarquias normais e naturais podem degenerar em hierarquias patológicas e em hierarquias dominantes. Nesses casos, um hólon arrogante não quer ser ambos, um todo e uma parte; ele só quer ser um Tudo e é isso. Ele não quer fazer parte de algo maior do que ele mesmo, ele não quer estar em comunhão com seus companheiros hólons, ele quer dominá-los por meio de suas ações. E assim o poder substitui a comunhão, a dominação substitui a comunicação; a opressão substitui a reciprocidade. E qualquer consideração equilibrada da história é uma crônica extraordinária do crescimento e evolução das hierarquias normais, um crescimento que, ironicamente, permitiu uma degeneração em hierarquias patológicas que deixaram suas marcas queimadas na carne torturada de milhares de pessoas.

F. Capra escreve em seu livro *O Tao da Física*: "Conceitos clássicos como 'partícula elementar', 'substância material' ou 'objeto isolado', perderam seu significado: todo o universo aparece como uma rede dinâmica de configurações de energia inseparáveis [...]".

UM SISTEMA DE PRÁTICA INTEGRAL

Usaremos, para facilitar a compreensão, a terminologia da teorização de Wilber em *O Projeto Atman*[39], um trabalho brilhante sobre a pesquisa sobre a consciência, que tem sido uma fonte de verdadeiro esclarecimento. O conhecimento das teorias de Wilber foi um encontro emocionante, que poderia se tornar frutífero na tentativa de explicar certos fenômenos.

Este capítulo foi criado com o intuito de responder a algumas questões amadurecidas nesses anos de trabalho e estudos sobre alguns temas da Psicologia. Trabalhando em duas culturas aparentemente semelhantes, como Brasil e Itália, foi possível perceber as diferenças fundamentais em certas áreas e as semelhanças preponderantes em outras. Trabalhar em[40] comunidades psiquiátricas sul-americanas e italianas possibilitou a comparação de dados, informações e experiências, que são importantes para aumentar certos aspectos do desenvolvimento da psicologia como ferramenta para facilitar o suporte da dor das pessoas (não apenas pacientes psiquiátricos). Em ambas as culturas, pode-se ver o reducionismo tão sutil quanto grosseiro do pensamento médico institucionalizado, pelo menos do próprio ponto de vista.

> *[...] O encontro com as teorizações de K. Wilber foi, e é, uma fonte contínua de inspiração e reflexão. Até agora, nenhuma teoria e argumento foram encontrados tão exaustivos e claros quanto os desse autor. Foi somente a partir desse encontro que pude refletir de forma mais global e integral sobre as experiências que tive pessoalmente. Tendo lido sobre muitos mecanismos estruturais da psiquiatria e como ela se desenvolve, eu tinha vários elementos para poder começar a fazer pesquisas e tentar contribuir para a melhoria da prática psicológica e psicoterapêutica...*

Observar como os cuidados prestados aos pacientes seguem uma lógica redutora, eliminando aspectos igualmente importantes para o bem-estar do indivíduo, deixa com um profundo desejo de querer integrar outros tipos de abordagem, igualmente importantes para o desenvolvimento e crescimento total da pessoa.

Como Wilber bem explica, "a planície, a crença de que apenas o mundo real é o mundo da matéria-energia estudado empiricamente através dos sentidos humanos e suas extensões (telescópio, microscópio, instrumentos fotográficos, eletroencefalograma, análise cromossômica, análise objetiva do sistema nervoso etc.) e que todos os mundos internos são reduzidos e explicados através de termos objetivos externos, faz com que 50% de nossas experiências totais e nossas possibilidades de expressão sejam cortadas de nossa experiência e de nosso conhecimento". Segundo o autor, a ascensão da modernidade foi marcada por dois eventos importantes, um dos quais foi maravilhoso e o outro horrível.

E continua: "O aspecto maravilhoso é que pela primeira vez em grande escala houve uma diferenciação entre arte, moral e ciência, o que contribuiu para o que foram os grandes méritos da modernidade. A diferenciação de 'eu e nós' significava que o indivíduo não seria mais subserviente ao 'nós' coletivo (a igreja, o estado, a monarquia ou a mentalidade de rebanho), os direitos humanos universais foram proclamados no mundo e, finalmente, levaram a movimentos de libertação como o feminismo etc. A diferenciação do 'Eu e do Aquilo' significava que a realidade objetiva não esmagava mais as escolhas e o gosto individuais e, entre outras coisas, libertava a arte da representação. A diferenciação entre o 'Nós e o Isto' significava que a busca pela realidade objetiva da ciência não estava mais sujeita à autoridade da Igreja ou do Estado, e isso permitiu as impressionantes descobertas da física, da medicina, da biologia e da tecnologia, que, no curto espaço de alguns séculos, levaram, entre outras coisas, ao prolongamento da vida média no mundo. De fato, a diferenciação das esferas de valor permitiu avanços colossais antes inimagináveis. Isso é o que o Iluminismo e a modernidade oficial se comprometeram a fazer. Mas as desvantagens inerentes a essa abordagem talvez sejam óbvias: é muito fácil passar de dizer que todos os estados internos têm correlatos materiais objetivos para dizer que todos os estados internos nada mais são do que estados objetivos. (então aqui o distúrbio do pensamento é reduzido a uma disfunção orgânica). A modernidade colapsou todas as dimensões internas para o exterior. Todas as realidades subjetivas foram reduzidas a eventos externos empíricos e sensório-motores. Emoções no sistema límbico, símbolos no neocórtex e assim por diante. Ou seja, reduzido a lama".

Com o advento do pensamento moderno e pós-moderno que começou a dominar a elite cultural da época (no campo da saúde mental e além), com representantes como Basaglia[41], Lang e outros da antipsiquiatria, ele realmente começou a desafiar as convenções tradicionais. A psiquiatria tornou-se mais sensível e leis foram criadas para proteger mais os pacientes. Assim, foram estimuladas ondas de pensamento de multiculturalismo, relativismo cultural, anti-hierarquia, em que o espírito humano tinha que estar livre da ganância e dos dogmas e de criar divisão; os sentimentos de afeto prevaleceram sobre a racionalidade fria, com amor à terra, à vida, e essa nova visão de mundo tem sido chamada de relativismo pluralista, que é a busca de consensos e diálogos, de estabelecer conexões e vínculos. Mas até agora o aspecto negativo tomou conta, consistindo na dissociação e não consideração de certos níveis de interpretação, em que tudo é reduzido a um nível puramente social com um forte reducionismo sutil, limitando tudo ao social, à troca e à produção (é saudável se se produz), ou um reducionismo grosseiro onde tudo é reduzido ao aspecto material: átomo, molécula, célula do sistema nervoso etc.

Basaglia reivindicou um aspecto importante para o desenvolvimento da psiquiatria e questionou fatores de fundamental importância, para uma visão mais humana da pessoa doente.

Em total concordância com Wilber, as teorias de Basaglia eram verdadeiras, mas parciais; verdadeiro no sentido da abordagem mais humana e sensível que propôs, parcial porque resvalou para um reducionismo sutil ao limitar tudo ou quase tudo ao social. Não que isso não seja importante, mas esse aspecto, avaliado isoladamente, é limitado e limitante.

> [...] *Lembro-me de quando Basaglia estava em São Paulo, Brasil, e eu estava cursando a especialização. Ele era uma pessoa com carisma especial, um verdadeiro líder. Um dia, ele apareceu para uma conferência no instituto que eu frequentava. Primeiro, ele perguntou se havia algum psicanalista na plateia. Cerca de 30% das pessoas presentes levantaram as mãos e ele, muito gentilmente, disse que não havia nada de interessante para eles ali. Houve um longo silêncio e um mal-estar geral, após o que ele começou a falar com grande eloquência e envolvendo a todos...*

Na época das conferências brasileiras de Franco Basaglia (1979), foi necessária uma radicalização de certos pontos para abalar a atitude elitista da psiquiatria. Mais tarde, porém, como os vários níveis de ser não foram considerados, ou seja, as mensagens de Basaglia foram interpretadas de acordo com uma mentalidade pós-moderna e, portanto, necessariamente de tipo reducionista, com o fechamento dos manicômios, na realidade tudo terminou com o abandono dos pacientes às suas famílias. Hoje há uma tentativa de restaurar o acolhimento dos pacientes nas comunidades psiquiátricas, trazendo uma certa proteção ao doente, mas a mentalidade reducionista ainda reina tanto nas formas de recuperação dentro das próprias comunidades quanto na ignorância da pessoa comum em relação ao paciente. A causa encontra-se no colonialismo científico materialista, que se apropriou de setores inteiros de sua própria competência. Vamos tentar reconsiderar melhor esses aspectos analisando a conceituação de reducionismo sutil e grosseiro e também tentar explicar o que se entende por "vários níveis de ser". Vamos primeiro nos basear na teoria dos quatro quadrantes de K. Wilber:

Eu	ISTO
O Mundo Intencional e Subjetivo	O mundo comportamental e objetivo
NÓS	ISTOS
O mundo cultural intersubjetivo	O mundo social interobjetivo

Wilber começa a explicação dos quatro quadrantes com a visão do conhecimento na era do pré-moderno, moderno e pós-moderno.

A pré-modernidade usava mais a ontologia, ou o estudo do ser; modernidade, epistemologia, o modo de conhecer. Na pré-modernidade, o grande conhecimento herdado era o grande ninho do ser, que a filosofia perene estudava.

Todas as religiões foram baseadas nessa avaliação do ser da matéria, corpo, mente e espírito. As esferas de valor, que eram o belo, o bom e o verdadeiro, estavam todas ligadas a essa visão, tanto que se Galileu olhasse pelo telescópio e dissesse que era a terra que girava em torno do sol, ele ia para a prisão ou corria o risco de ser queimado na fogueira, porque era a religião que dizia o que era ou não a verdade (é apenas a Bíblia que diz a verdade). Quando isso aconteceu, ele teve que negar e dizer o que todos acreditavam naquela época, que era o sol que girava em torno da terra. Ele, portanto, passou toda a sua vida entrando e saindo da prisão, arriscando-se a morrer queimado.

Com o advento da modernidade, com o Iluminismo, as esferas de valor da beleza, da bondade e da verdade foram separadas e cada uma começou a se desenvolver separadamente. A verdade foi encarada pela ciência, a moralidade pela ética e a arte de acordo com seus princípios pessoais, libertando-se apenas da concepção religiosa. Essas esferas de valor serão posteriormente identificadas como Eu, Nós e Aquilo (ou belo-bom-verdadeiro, ou arte-moral-ciência). Essas são as três críticas de Kant (*Crítica da Razão Pura*, *Crítica da Razão Prática* e *Crítica do Juízo*) que demonstram muito claramente que cada uma das três esferas — ciência, moralidade e arte — eram irrevogavelmente diferenciadas.

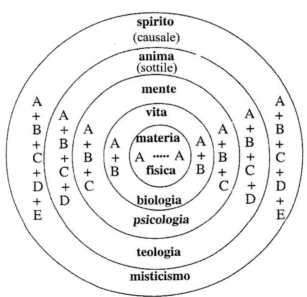

Fonte: Ninho do Ser

Com a pré-modernidade, essas três esferas de valor foram fundidas de forma indiferenciada. Raramente se entendia que os estados de consciência[42] tinham uma correspondência orgânica no cérebro e havia pouca compreensão dos estágios do desenvolvimento infantil, deixando de compreender os vários tipos de psicopatologia que derivam desses estágios iniciais. Em particular, psicose,[43] distúrbios neuróticos[44] e limítrofes[45], que muitas vezes surgem de problemas dos estágios primitivos do desenvolvimento do ego, podem ser melhor abordados com a compreensão de suas dimensões evolutivas. A meditação, que é uma forma de levar o desenvolvimento a níveis mais elevados de consciência, normalmente não funcionará na cura dessas feridas pré-pessoais.

Em outras palavras, para conhecer a Psicologia Integral devemos tentar entender o que há de melhor no conhecimento do ser humano nas várias épocas. Não podemos descartar o que era importante na pré-modernidade, porque muitas de suas verdades foram verificadas como reais e verdadeiras. Mas também temos que considerar os aspectos do conhecimento que temos no nível técnico no momento. A pré-modernidade é caracterizada pelo pensamento da filosofia perene, que é o grande ninho do ser; isto é, o nível de consciência que é matéria, corpo, mente e espírito. Em todo o conhecimento da antiguidade, essas classificações de consciência foram usadas. Como acabamos de dizer, a modernidade é caracterizada pela diferenciação das três esferas do ser e do conhecimento (o belo, o bom e o verdadeiro) e essas três podemos dizer que são as esferas do eu, do nós e do aquilo. Também podemos dizer que essas três esferas ainda podem ser divididas em quatro quadrantes, onde temos uma parte intencional do ser que está relacionada ao Ego, uma parte intersubjetiva que é o espaço cultural do Nós ou moralidade, e uma parte comportamental que é o Nós Cultural Intersubjetivo e uma Coisa Social Interobjetiva. Podemos, portanto, observar, nesses quadrantes, uma parte esquerda da Interioridade do Ser e uma parte direita do Exterior do Ser; a parte superior é o Indivíduo e a parte inferior o Coletivo ou Comunidade.

| (EU) SUBJETIVO | INFORMAÇÕES OBJETIVAS (Isso) |
Mundo intencional	Mundo comportamental
(NÓS) CULTURA	SOCIAL EXTERNO (Esses)
Mundo intersubjetivo	Mundo interobjetivo

Uma Psicologia verdadeiramente Integral, portanto, deve tentar incluir as dimensões espirituais do indivíduo que fazem parte da pré--modernidade (cristianismo, judaísmo, islamismo, budismo, hinduísmo, taoísmo e religiões indígenas etc.) e tentar integrar o ser e o saber, ou seja, a parte ontológica e epistemológica. A atual época histórica chamada modernidade (especialmente o Iluminismo ocidental) definiu-se como especificamente uma antirreligião. O empirismo científico do Iluminismo estava comprometido com a destruição das superstições, e uma psicologia integral, se realmente deseja abraçar tanto as intuições da "pré-modernidade" religiosa quanto as da modernidade "científica", precisa implementar um caminho de reconciliação para concepções antagônicas de espiritualidade. Como diz Wilber, "o propósito da psicologia integral é, portanto, compreender todos os aspectos legítimos da consciência humana".

A Psicoterapia Integral pretende, portanto, ser um tipo de prática transformadora que inclua o maior número possível de aspectos simultaneamente, de modo a facilitar uma verdadeira transformação dentro do indivíduo.

Ser capaz de viver e mover-se tanto no campo da matéria, ou seja, do corpo, quanto da alma e do espírito, ou ser capaz de mover-se nas várias dimensões do Ego, de nós e das coisas, tornará mais fácil mudar--transformar-transcender o que é comumente definido como o "nível de consciência". Os quatro quadrantes do saber e do ser interagem mutuamente, estão embutidos entre si e possuem diferentes características de patologias. Vimos que os eventos subjetivos na consciência individual (quadrante superior esquerdo) estão inteiramente inter-relacionados com os mecanismos objetivos do organismo (quadrante superior direito). No diagrama a seguir, você pode entender melhor as correspondências: cada número dentro de um quadrante corresponde a uma equivalência de reação ao mesmo número de todos os outros quadrantes.

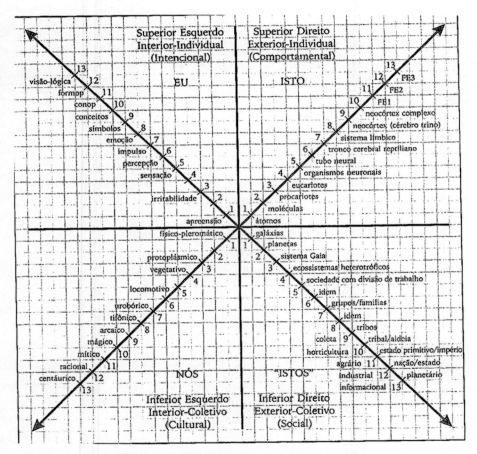

Fonte: Ken Wilber, Os quatro quadrantes 2000

Todos os quatro quadrantes estão contidos um no outro e, portanto, todos são necessários para entender as várias patologias em cada um deles. Os eventos subjetivos na consciência individual (quadrante superior esquerdo) estão intimamente ligados a eventos e mecanismos objetivos do organismo (quadrante superior direito), como eventos no tronco encefálico, sistema límbico ou neocórtex, sincronização dos hemisférios etc. Todos esses fatores do quadrante superior direito devem ser cuidadosamente incluídos em qualquer compreensão da psicopatologia individual. Isso inclui as verdades parciais da psiquiatria biológica, que se concentra na farmacologia e nos tratamentos da psicopatologia ou da medicina. Da mesma forma, precisamos olhar para as amplas correntes culturais (canto inferior esquerdo) e estruturas sociais (canto inferior direito) que são inseparáveis do desenvolvimento da consciência individual. Mas, como Wilber aponta, "de que adianta sintonizar e integrar o ego em uma cultura que é doente em si mesma? O que significa ser um nazista bem integrado? É saúde mental? Ou uma pessoa que não está integrada a uma sociedade nazista é a única sã?".

É essencial considerar que uma patologia dentro de um quadrante terá seus efeitos em todos os outros três quadrantes: se você produzir muito e com baixo ganho (quadrante inferior direito), ficará frustrado (quadrante superior esquerdo), poderá adoecer (quadrante superior direito) e recorrerá a medicamentos ou apoio social (quadrante inferior esquerdo). É por isso que as patologias individuais estão relacionadas ao Ego, mas também a fatores culturais, estrutura social e parte espiritual. Ao inibir ou frustrar um desses aspectos, todos os outros sofrerão consequências mais ou menos graves. A terapia individual é apenas uma "fatia de intervenção". Uma verdadeira terapia deve ser do tipo Integral, em que a reconstrução não é apenas individual, mas também social, cultural e espiritual.

Aqui estão alguns exemplos dos quatro quadrantes com algumas práticas representativas para cada um deles:

Superior esquerdo **Individual-Subjetivo-Intencional** *Emocional* Tai Chi, yoga, bioenergética, circulação de *prana*, Gi Gong, comunhão sexual tântrica, auto-transcendência, toda sexualidade corporal. *Mental* Psicoterapia, terapia cognitiva, trabalho nas sombras. Adote uma filosofia de vida consciente, visualizações, afirmações. *Espiritual* Misticismo da natureza, início do tantrismo. Misticismo da divindade, oração contemplativa, tantrismo avançado. --- *Relações* Com a família, amigos, seres sencientes em geral, tornando os relacionamentos parte do crescimento de alguém, descentralizando o Ego. *Serviço comunitário* Voluntariado, abrigos para sem-teto, hospícios... Lidar com o mundo intersubjetivo do bem, praticando a compaixão por todos os seres sencientes. **Canto inferior esquerdo** **Cultural – Intersubjetivo**	**Canto superior direito** **Individual-Objetivo-Comportamental** *Físico* Dieta, vitamina, hormônios. Ginástica com pesos, aeróbica, caminhadas, Rolfing. *Neurológico* Farmacologia, vários medicamentos. Meios para alcançar os estados de consciência e delta, por exemplo, com música apropriada, técnicas relaxantes. --- *Sistemas* Exercer responsabilidade para com Gaia, a natureza, a biosfera e as estruturas geopolíticas em todos os níveis. *Instituições* Exercer deveres educacionais, políticos e cívicos para com a família, a cidade, o estado, a nação, o mundo. **Canto inferior direito** **Social-interobjetivo**

Temos o mau hábito de separar e ver as coisas de forma absoluta. O relativismo científico também se tornou absoluto dentro do que é, e é visto como verdadeiro e real. Isso em si não é errado, mas é errado considerar uma parte como se fosse o todo. Não pode ser reduzido a apenas dois aspectos: o objetivo individual e o coletivo. Vivemos em um universo que não consiste em tudo nem em parte, mas, mais precisamente, em um "tudo-parte" (Wilber) ou "hólons". Arthur Koestler cunhou o termo "hólon" para se referir ao que, sendo um todo em um contexto, é simultaneamente uma parte em outro. O todo não existe em si mesmo, assim como as partes também não existem por si mesmas. Cada todo existe simultaneamente como parte de outro todo, e isso até o infinito. Mesmo todo o universo, neste momento, é apenas uma parte do universo do próximo momento. Como já foi dito, uma célula é um todo que faz parte de um tecido que é um todo, que é parte de um órgão que é um todo, que é parte de um organismo que é um todo, e assim por diante.

"O que é tudo em um estágio torna-se parte de um todo maior em um estágio posterior. [...] Em outras palavras, um pensamento simples, como ir a um supermercado, evoca todo o pensamento e seus significados (as imagens, os símbolos, a ideia) (este é o quadrante superior esquerdo ou intencional). Portanto, o pensamento interior só faz sentido em termos de bagagem cultural de alguém. Se falássemos outra língua, o pensamento seria composto de símbolos diferentes e teria um significado diferente. Se vivêssemos em uma sociedade tribal primitiva, milhões de anos atrás, não teríamos o pensamento de 'ir ao supermercado', talvez houvesse o de 'matar o urso'. A questão é que os pensamentos de uma pessoa vêm de um contexto cultural que dá sentido às ideias individuais e, na verdade, não seríamos capazes de falar com nós mesmos se não vivêssemos em uma comunidade de indivíduos que falam conosco (este é o quadrado inferior esquerdo, o Cultural). A comunidade em que vivemos serve como uma bagagem cultural e um contexto para quaisquer pensamentos individuais que possamos ter. Nossos pensamentos individuais, portanto, existem apenas quando confrontados com um pano de fundo de práticas, linguagem, significado e contextos culturais. E nossa cultura não pode ser separada de seu corpo, suspensa no ar. Tem componentes materiais, assim como nossos pensamentos têm componentes cerebrais (este é o quadrante superior direito). Todos os eventos culturais têm correlatos sociais. Esses componentes sociais concretos incluem tipos de tecnologia, força produtiva (agrícola, industrial etc.) e instituições concretas, localizações geopolíticas e assim por diante (quadrante inferior direito). Dessa forma, nossos pensamentos chamados de 'individuais' são, na verdade, 'hólons', que contêm todos esses diferentes aspectos (intencionais, comportamentais, culturais e sociais). Todos eles causam e são causados, são contextos dentro de contextos, como esferas concêntricas infinitas. Em última análise, um único pensamento é enxertado nos quatro quadrantes e não pode ser facilmente compreendido sem referência a todos os outros" (K. Wilber, *O Olho do Espírito*).

SUBPERSONALIDADE E NÍVEIS DE CONSCIÊNCIA

Tentaremos, agora, ver como fortalecer o aspecto subjetivo sem cair no reducionismo e sem considerar apenas o Quadrante Subjetivo como o único verdadeiro. Um conhecimento profundo da teoria dos quatro quadrantes em si tornaria possível evitar ou reconhecer quando alguém cai no reducionismo.

> [...] *Quando morei em São Paulo, tive a oportunidade por vários anos de observar como certos tipos de trabalho psicoterapêutico se assemelhavam a certos rituais religioso-animistas. No Brasil existe uma cultura católica sincretizada com uma cultura africana, e a união dessas duas tradições facilita uma espécie de psicoterapia popular de autogestão. Os rituais ligados às práticas incluem danças e música com tambores, em que as pessoas podem personificar as várias divindades, livrando-se, assim, das tensões e conflitos acumulados. É a partir da observação dessas práticas populares que nasceu a ideia de criar, no campo psicoterapêutico, uma metodologia que reproduzisse as mesmas situações-emoções. O objetivo ritualístico era o de uma integração natural das várias subpersonalidades dos participantes. O trabalho deu excelentes resultados, principalmente nas especificidades das psicopatologias mais graves, como esquizofrenia, neuroses limítrofes e graves. O objetivo era usar o contexto cultural (para não cair apenas no reducionismo materialista de uma prática puramente farmacológico-institucional) e avançar para uma integração que pudesse melhorar o nível de consciência das pessoas; portanto, não negando o aspecto objetivo, mas integrando-o com o aspecto subjetivo. Nessas práticas, as entidades personificadas tinham vozes e comportamentos que eram considerados e adotados, os quais, devidamente revelados e apoiados, poderiam levar a mudanças significativas, em vez de serem removidos...*

As subpersonalidades têm suas próprias necessidades e características e precisam ser expressas para não se tornarem entidades alienadas dentro da pessoa. Quando a energia é "esvaziada", a pessoa começa a integrar aquelas partes de si mesma que até então não conseguia administrar.

Como bem descreve o autor Ken Wilber, "o Ego contém inúmeras subpersonalidades e isso aparece de forma mais clara e significativa nas patologias, diagnósticos e tratamentos. A pessoa média geralmente tem cerca de uma dúzia ou mais de subpersonalidades, conhecidas como: eu parental, eu infantil, eu adulto, eu dominante, eu submisso, eu idealizado, falso eu, eu autêntico, eu real, eu crítico, superego, ego libidinoso e assim por diante. A maioria deles é experimentada como voz, vocal ou subvocal, no próprio diálogo interno. Às vezes, uma ou mais subpersonalidades tornam-se quase completamente dissociadas, e isso pode levar, em casos extremos, a múltiplos transtornos de personalidade[46]. Para a maioria das pessoas comuns, essas várias subpersonalidades competem apenas pela atenção e controle do comportamento, e formam uma espécie de sociedade subconsciente do ego, com a qual o ego identificado tem que lidar com negociações em cada um dos níveis. Cada uma dessas subpersonalidades pode estar em um nível diferente de desenvolvimento. Em outras palavras, as subpersonalidades podem se desenvolver em praticamente qualquer nível. Por exemplo, subpersonalidade instintiva (urobórica), animista-tribalística (tifônica-mágica), deuses do poder (mágico-mítico), religioso-absolutista (mítico), individualista (racional-egoico), relativista (primeiro pensamento integrado da Lógica da Visão), sistemática integrativa (Lógica da Visão média) e global-holística (Lógica da Visão tardia)".

Visões do mundo (o que eu sou)	Cor	Autoidentificação (quem sou eu)	Modalidade Resposta
Integral (holístico)	*Segundo nível*	Autônomo	Integre o todo
Pluralista (relativo)	Verde	Individualista	Diálogo e Consenso
Formal (racional)	Laranja	Consciencioso	Em defesa da civilização
Mítico (pertencimento social)	Azul	Conformista	Bem contra o mal
Magia (animista)	Roxo	Egocêntrico	Ira e Vingança
Arcaico (instintivo)	Bege	Impulsivo	Segurança e certeza

O ponto é que estamos famintos por completude, por sentir que somos Um. E essa necessidade é traduzida em cada nível com o "alimento" desse nível específico. Segundo a pesquisa, o desenvolvimento dos seres humanos tem o mesmo objetivo da evolução natural: a produção de unidades cada vez mais elevadas. Em todos os níveis evolutivos, no entanto, o crescimento em direção à unidade (ou seja, em direção a um nível mais alto de evolução) pode ser impedido por gratificações substitutas ou mesmo impedido.

O que se tem observado no trabalho cotidiano é a falta de avaliação ou uma avaliação restrita do potencial humano, com uma espécie de desvalorização da pessoa que parece coincidir com uma visão materialista, científica e consumista do mundo.

O ser humano sem uma consideração de suas várias dimensões internas é plano, e sem uma profundidade de avaliação não se pode sair de uma análise reducionista. Esse vício de pensamento parece estar motivado a manter uma racionalidade objetivista, esquecendo que o universo é multidimensional e que o ser humano está cheio de potenciais que só precisam ser revelados e realizados.

> *Durante meu trabalho em comunidades psiquiátricas na Itália, tentava garantir que os pacientes sejam os protagonistas de sua própria jornada interior: grupos de cinco ou seis pessoas (que defino como um "grupo de espontaneidade") devem continuar, por sua vez, uma história que iniciei anteriormente. O objetivo é coordenar o senso comum e, posteriormente, encontrar parâmetros com a realidade. Essas histórias foram e sempre são muito ricas em material simbólico, que pode ser usado para orientar melhor o cuidado de pacientes individuais. Mesmo que os dados e informações importantes derivados dessas reuniões tenham sido relatados nas reuniões habituais, nada foi avaliado ou considerado para futuras elaborações e projetos de intervenção. O que muitas vezes se percebia era apenas uma sensação generalizada de desamparo, desconforto e descuido: raramente de curiosidade superficial.*

A atitude de "falta de vontade de mudar" não se restringe apenas à comunidade psiquiátrica, por causa do reducionismo cultural generalizado que condena nossa experiência e seu próprio potencial. Com isso, não queremos negar a utilidade ou validade de certos aspectos colocados em prática dentro das próprias comunidades psiquiátricas, mas apenas destacar como uma visão puramente orgânica ou apenas social não é suficiente para obter resultados significativos.

Trabalhos que não consideram o potencial da pessoa podem não ter muita chance de sucesso. Há necessidade de construir mapas que tornem a leitura o mais completa possível do ser humano e de seu desenvolvimento na grande jornada da vida. Somente com mapas maiores conseguiremos nos abrir para experiências que nos levem a ser mais amorosos, colaborativos e, consequentemente, mais completos.

As várias leituras da realidade podem ser um grande obstáculo para uma abertura mais significativa, tanto que encontramos tanto conformismo e muito pouca análise real e aprofundada, sem perspectiva de soluções.

Como Michael Murphy disse em seu livro *O Futuro do Corpo*: "Vivemos apenas uma parte da vida que nos foi dada. O crescente conhecimento de culturas que não são mais exóticas, novas descobertas sobre nossas profundezas subliminares e o reconhecimento nascente de que cada grupo social enfatiza apenas certos atributos humanos, negligenciando ou suprimindo outros, estimularam a aceitação mundial de que todos nós temos grande potencial de crescimento. Talvez nenhuma cultura tenha possuído tanto conhecimento publicamente disponível quanto temos hoje sobre as capacidades transformadoras da natureza humana. Infelizmente, porém, as especializações profissionais e os sistemas filosóficos divergentes, juntamente com a explosão de informações, dificultam a reunião desse conhecimento em uma perspectiva unificada. Como as peças individuais de um grande quebra-cabeça, as descobertas sobre nossas possibilidades de desenvolvimento estão espalhadas por toda a paisagem intelectual, isoladas umas das outras em diferentes campos de pesquisa".

A VISÃO INTEGRAL NA PRÁTICA

Para não sobrecarregar o trabalho realizado até agora com argumentos dignos de mais detalhes para melhor compreendê-los e assimilá-los, deixamos ao leitor recorrer pessoalmente à rica fonte bibliográfica sobre as teorias wilberianas que encontrará no final do livro. Em vez disso, vamos agora entrar em uma visão geral de algumas das metodologias mais importantes que podem ser consideradas e usadas durante uma abordagem integral.

Todos os vários tipos de teorias e metodologias são adequados para uma visão integral, porque a lógica desse tipo de visão-mentalidade é a da inclusão. Isso nos dá a flexibilidade de escolher a ferramenta mais adequada para um determinado momento e nível de consciência de uma pessoa, mas, conhecendo apenas uma ferramenta e sendo especialistas nela, a visão integral ainda nos dá a oportunidade de usá-la de uma maneira melhor. Abaixo está um gráfico explicativo dos vários níveis de consciência com as terapias mais adequadas para esses mesmos níveis.

Nos próximos capítulos, haverá referências ao psicodrama, análise transacional, psicologia junguiana, métodos orientais como meditação, filosofia taoísta, práticas de artes marciais como Tai Chi Chuan etc., pois as raízes da psicologia moderna estão nas tradições espirituais, precisamente porque a psique é enxertada em fontes espirituais, e nas profundezas da psique não encontramos instintos, mas o espírito!

O estudo da psicologia deve, portanto, ser o estudo de tudo isso: do corpo, à mente e à alma; do subconsciente, para o consciente e para o superconsciente (do sono, para a meia vigília, para o despertar completo).

Exemplos das melhores terapias/intervenções para cada nível de consciência

CONSCIÊNCIA UNITÁRIA	Hinduísmo, budismo, taoísmo, islamismo esotérico, cristianismo esotérico, ebraísmo esotérico.
ORGANISMO E AMBIENTE	Psicanálise de Jung, Psicossíntese, Maslow, Groff, Análise Bioenergética, Terapêutica de Rogers, Gestalt-terapia, Análise Existencial, Logoterapia, Psicologia Humanística.
CORPO E EU	Psicanálise, Psicodrama, Análise Transacional, Terapia da Realidade, Psicologia do Ego.
EGO E INCONSCIENTE	Aconselhamento, terapias de suporte, Terapia Cognitivo Comportamental (TCC)

PARTE DOIS

Exemplo de Prática Integral em referência à Sabedoria Espiritual e Filosófica

O Taoísmo, Tai Chi Chuan e Meditação

A FILOSOFIA DO TAO

Morra sem morrer e viverá para sempre.
(Lao Tzu)

Para entender melhor a natureza intrínseca da filosofia do Tao[47], a seguir citaremos passagens selecionadas dos escritos de Lao Tzu[48] em seu livro *Tao: O Livro do Caminho e da Virtude*:

"O sábio vive sem agir, ensina sem falar, não impede o devir das coisas, permite o seu desenvolvimento sem tirar proveito delas, não atribui méritos a si mesmo e por isso são evidentes. Por essa razão, o homem sábio se coloca entre os últimos e ainda é colocado na frente. Ele se coloca à margem e ainda assim está protegido. Somente com tranquilidade a água se torna clara e a tranquilidade é alcançada lentamente. Certifique-se de que há algo em que confiar. Mostra simplicidade, permanece natural. O homem sábio não se exibe e, portanto, brilha, não finge estar certo e, portanto, se impõe, não se vangloria e, portanto, se destaca, não se exalta e, portanto, é exaltado. Um bom orador não suscita críticas. Quem sabe amarrar bem não usa cordas ou pregos e, no entanto, nada pode ser desamarrado. O professor é sempre um bom salvador dos homens porque não rejeita nenhum homem. O homem sábio não se considera um mestre, nem considera os outros como seus discípulos. O homem sábio evita o excesso, evita a ação, evita o abuso. Ele ganha e não se vangloria, ele vence e não se vangloria, ele vence porque é forçado, ele vence e não se aproveita disso. Quem vence os outros é forte, mas quem vence a si mesmo é poderoso. Quem conhece os outros é inteligente, mas quem conhece a si mesmo é sábio. A flexibilidade supera a dureza e a fraqueza supera a força. O Tao está constantemente inativo, mas não deixa nada inacabado. Portanto, o homem sábio sabe sem viajar, entende sem olhar, realiza sem agir. Ele é bom para os homens bons, ele é bom para os homens maus, e assim ele obtém a bondade. Ele vive tranquilamente no mundo e torna seu coração imparcial para com todos. E todos olham para ele, e todos o ouvem. O Tao gera, a virtude nutre, a matéria forma, a energia aperfeiçoa. Gera, mas não se apropria, realiza, mas não se vangloria, orienta, mas não se impõe.

Conhecer a harmonia é ser eterno, conhecer a eternidade é ser iluminado. Forçar a vida é uma coisa sinistra. Na verdade, a paixão nos torna rígidos e quando os seres se tornam rígidos, eles envelhecem. Assim, o homem sábio é colocado acima dele sem que o povo sinta o fardo; é colocado na frente sem que o povo sinta sua superioridade; portanto, o mundo inteiro o leva adiante sem se cansar dele; na verdade ele não contende com ninguém e, portanto, ninguém pode contender com ele. Pois quem luta com amor vence, e quem se defende com ele é salvo; aquele a quem o céu quer salvar é protegido com amor. Ser inteiro no fragmento, reto no curvo, cheio no vazio, intacto na corrupção. Coletado é alcançado, disperso é fracasso. Ele pratica o não agir, ele lida com o não fazer, ele prova o que não tem gosto, ele considera o pequeno como grande, o pequeno tanto, ele retribui o mal com o bem, ele começa o difícil do fácil, ele enfrenta o grande do pequeno. As coisas mais difíceis do mundo começam com o fácil. As maiores coisas do mundo começam com o pequeno. É por isso que o homem sábio nunca faz nada de grande, e é aí que consiste sua grandeza. Aquele que considera as coisas fáceis encontra dificuldades, e é por isso que o homem sábio considera tudo difícil e, portanto, não encontra dificuldades. Quando o homem nasce, ele é terno e fraco, quando morre, é duro e rígido; quando as plantas nascem, são tenras e delicadas, quando morrem, são áridas e secas. É por isso que o duro e o rígido são companheiros da morte, enquanto o terno e o fraco são companheiros da vida. O que é duro e rígido murcha, o que é tenro e fraco floresce. Morrer e não perecer, essa é a verdadeira longevidade...

O QUE É O TAO?

Os principais conceitos relativos ao Tao são virtude ou força espiritual, yin e yang[49] e wu-wei[50] ou não ação. E não agir não significa ser inativo, mas receptivo.

O Tao é, no pensamento taoísta, a origem do universo. Do Wu Chi (vazio) foram gerados yin e yang, um par de opostos que se completam e que se transformam continuamente um no outro. Yin e yang estão, portanto, em contínua transformação. E assim como a noite gera o dia e o dia gera a noite, assim a meia-noite contém em si o germe do novo dia que nascerá, e o meio-dia contém em si o germe da nova noite que está por vir. Podemos, portanto, resumir que:

Yin e yang são opostos.
Yin e yang são complementares.
O yin máximo gera o yang, o yang máximo gera o yin.
Yang está em yin.
Yin está em yang.

A harmonia, para os pitagóricos, era a unificação da multiplicidade, a relação e a reconciliação dos opostos. Esse último conceito está ligado ao que encontramos no taoísmo, uma antiga filosofia chinesa do século VI a.C.; o taoísmo estava interessado principalmente na observação da natureza e na descoberta do Caminho, ou seja, o Tao. O Tao é o processo cósmico no qual todas as coisas estão imersas; o mundo é, portanto, fluxo e mudança ininterruptos.

A felicidade humana, de acordo com essa filosofia, é alcançada quando os homens seguem a ordem natural, agindo espontaneamente e confiando em seu conhecimento intuitivo. O homem sábio reconhece as leis da natureza e regula suas ações de acordo com elas; desta forma, ele se torna "um com o Tao", vive em harmonia com a natureza e tem sucesso em tudo o que empreende. "Aquele que se conforma com o curso do Tao, seguindo os processos naturais do Céu e da Terra, acha fácil dirigir o mundo inteiro" (Huai Nan-tzu, século II a.C.).

Na concepção chinesa, todas as manifestações do Tao são geradas pela interação de duas forças polares: yin e yang. Originalmente, os termos yin e yang indicavam respectivamente os lados sombreados e ensolarados de uma montanha, uma imagem que dá uma boa ideia da relatividade dos dois conceitos: "o que faz a escuridão e a luz aparecerem uma vez é o Sentido (Tao)".

Desde os primeiros tempos, os dois polos arquetípicos da natureza foram representados não apenas pela luz e pela escuridão, mas também pelo masculino e feminino, rígido e flexível, acima e abaixo. Yang, o poder criativo forte e masculino, estava associado ao Céu; enquanto yin, o elemento feminino, maternal, escuro, receptivo, representado pela Terra.

Os chineses acreditam que toda vez que uma situação se desenvolve em suas consequências extremas, ela é forçada a reverter seu curso, transformando-se em seu oposto. Essa crença subjacente deu-lhes coragem e perseverança em tempos de luto e os tornou cautelosos e modestos em tempos de sucesso. A manifestação da natureza em opostos, onde a síntese é criação, criatividade e harmonia, é uma grande dança cósmica, uma harmonia de movimentos e acordes espontâneos que surgem do equilíbrio entre esses mesmos pares de opostos e da unificação da multiplicidade.

A prática do Tao (ou harmonização) pode ser feita a partir do Tai Chi Chuan. O Tai Chi Chuan, antiga arte marcial chinesa, é uma técnica de movimento harmônico que imita simbolicamente a luta entre a cobra e a cegonha, dois animais de grande flexibilidade e agilidade. É também, portanto, uma ginástica, uma dança, uma prática que favorece a circulação da energia vital (Ki[51]), uma técnica de concentração e uma arte de longa vida. As práticas taoístas de origem milenar para a saúde e longevidade convergem no Tai Chi.

"Tai Chi" significa "Unidade Suprema" e é o princípio da união e equilíbrio do yin e yang. Em um dos textos chineses mais importantes, o *Tao Te Ching*, de Lao Tzu, podemos ler: "Todos no mundo reconhecem o belo como belo, desta forma o feio é admitido. Todos reconhecem o bem como bom, desta forma o não-bom é admitido. De fato: Ser e não-Ser se geram, o difícil e o fácil se complementam, o alto e o baixo se invertem, sons e voz se harmonizam, o antes e o depois se sucedem".

Os taoístas acreditam em duas regras principais, que são fundamentais para a conduta humana: sempre que você quer alcançar algo, dizem eles, você tem que começar com exatamente o oposto. Aqui está o que Lao Tzu diz:

> "Se você quiser restringir, você tem que (primeiro) estender.
> Se você quer enfraquecer, você deve (primeiro) fortalecer.
> Se você quer perecer, você deve (primeiro) fazê-lo florescer.
> Se você quiser tomar posse, você deve (primeiro) oferecer.
> Isso é o que se chama de visão sutil".

Assim, no Tai Chi, alternam-se movimentos de contração e expansão, que vão criar uma dança de energias yin e yang, a dança dos opostos.

A prática do Tai Chi Chuan envolve a transformação (usando a respiração meditativa) do *CHI* da energia físico-vital em energia mental *SHEN* que, por sua vez, será transformada em uma "não energia" ou estado de vazio *SHU* de tal intensidade que permite a identificação e o retorno ao vazio do Tao.

O sábio se abstém de qualquer esforço para alcançar um fim e, como lemos no *Tao Te Ching*:

> "Há uma coragem ativa que leva à morte
> Há uma coragem inativa que preserva a vida
> Ambos são às vezes bons, às vezes ruins
> O julgamento do Céu, quem pode conhecê-lo?"

Mas o caminho do Céu é:
> "Não lute e vença
> Para ser obedecido sem mandar
> Calma, traz tudo para a conclusão...
> A rede do Céu tem uma malha larga
> Mas nada escapa a isso"

TAI CHI COMO ARTE MARCIAL

Muitas pessoas ficam surpresas com o fato de o Tai Chi Chuan ser uma arte marcial, por causa de sua doçura e leveza. Você não vê a agressão e, a partir disso, conclui que não é uma luta.

Na verdade, existem dois tipos de arte marcial: a externa e a interna.

O primeiro tipo é fácil de identificar, pois seus métodos de treinamento consistem em socar sacos de areia, chutar linhas de madeira etc... E há adversários com quem lutar, onde o objetivo do treinamento é vencer, mostrar superioridade mediante uma técnica aperfeiçoada. Aqui os praticantes gastam energia, geralmente terminando seu treinamento com fadiga e corpo e mente agitados. Muitas vezes há também lesões no corpo devido a ataques e defesas, lesões não menos do que aquelas que podem existir na alma quando se é seduzido pela vaidade da vitória ou pelo ressentimento da derrota.

O segundo tipo é composto por artes marciais internas, nas quais o Tai Chi Chuan está inserido. Diz-se, com razão, que é interno porque os praticantes têm o autoaperfeiçoamento como objetivo, e a vitória ou a derrota é apenas um parâmetro para demonstrar o grau de aprendizado sobre si mesmo, seus potenciais e limites.

O termo arte marcial originou-se no Ocidente, associado ao deus da guerra Marte. As artes internas, segundo a tradição oriental, são artes místicas, isso porque os praticantes procuravam antes de tudo ser alquimistas, transformando-se, tentando desenvolver virtudes em suas ações diárias, como justiça, compaixão, bondade, amor, coragem, bom senso, flexibilidade, cooperação, paciência e, finalmente, a principal busca era a Iluminação[52] (ouro), para que se pudesse dissipar a inferioridade (chumbo). Sua sabedoria estava em desenvolver no exercício a compreensão da vida não dual. Os treinos foram baseados no fortalecimento do corpo físico, educando e conduzindo a mente para a luz e cultivando a livre circulação da energia "Chi", para alcançar uma saúde integral e uma vida longa.

Em algumas artes externas há uma tendência a enfatizar um tipo de categoria, como: no Karatê bater, no Taikondo chutar, no Judô arremessar no chão; de modo que o oponente está sempre em desvantagem. O Tai Chi

Chuan reúne as principais categorias que são bater, chutar, arremessar no chão e agarrar, mas não requer um oponente para que os movimentos sejam executados. Um verdadeiro guerreiro que compreendeu o princípio nunca pode ferir ou ferir um oponente, porque nunca deve alimentar a agressão, a raiva ou as manifestações egoístas, porque, agindo dessa forma, irá contra si mesmo. O máximo que pode ser feito é remover o oponente sem machucá-lo, apenas para mostrar o valor e a natureza dessa arte, deixando claro que não há necessidade de confronto. Isso destaca a bondade, que não deve ser perdida de vista em nenhum momento da luta, bem como o relaxamento e a calma. Você nunca vai contra o oponente, mas sempre tenta fluir através dos movimentos dele.

É crucial ressaltar que o Tai Chi não foi criado para o guerreiro, mas para os monges taoístas que buscavam a paz primordial. O taoísmo é uma filosofia que tem como fundamento o amor e a liberdade, uma atitude despreocupada, espontânea e jovial. Desta forma, podemos dizer que o Tai Chi é a arte de buscar a paz no conflito. É provável que seja por isso que é considerada uma técnica eficaz e eficiente apenas quando é praticada em sua verdadeira essência. Tornando-se invencível. Você não usa força bruta, mas força interior, é algo de natureza muito sutil, onde a mente deve estar presente o tempo todo, conquistando assim o estado de meditação e clareza mental.

O caminho da arte marcial, como no Tai Chi Chuan, não é, portanto, projetado para desenvolver a força bruta, nem para cultivar poderes estranhos ou competições esportivas. O Tai Chi Chuan tem como objetivo treinar as pessoas em equilíbrio consigo mesmas, com os outros e com a natureza. Homens dotados de consciência social, para a paz, felicidade e harmonia por meio da prática contínua e do respeito adequado às regras comportamentais. Cada um se volta para a prática que melhor se adapta à sua inclinação. O guerreiro não procura um simples passatempo, mas escolhe um estilo de vida real, que exige tenacidade, aplicação e rigor. A vida é transitória, como o orvalho da tarde ou a geada da manhã: cada momento deve ser vivido como se fosse o último, com intensidade e consciência. Essa é a única regra a ser seguida.

PRINCÍPIOS BÁSICOS DA DISCIPLINA TAOÍSTA

Respeito e preservação da naturalidade.
A não violência como objetivo.
Serenidade e harmonia como método.
A evolução interior e espiritual do homem.
O desenvolvimento de uma existência vital e pacífica.

A primeira etapa da prática do Tai Chi é, sem dúvida, executar a forma corretamente, mas a segunda é usar a concentração mental para direcionar o Chi para todas as partes do corpo durante a execução dos exercícios. A mente deve, então, direcionar o Chi, a respiração, e fazê-lo descer ao abdômen. O abdômen está relaxado e o Chi penetra profundamente nas costas e concentra a energia na medula óssea. Os exercícios de Tai Chi Chuan realmente têm a ver com a coleta de energia vital para transformá-la em medula óssea. A medula óssea está intimamente ligada à energia sexual e cerebral, bem como à energia das pernas. Portanto, aqueles que têm boa energia sexual também têm pernas fortes e inteligência. Nos idosos ou doentes, essa energia é muito fraca, por isso eles não têm memória ou costumam cair. Todo o processo meditativo é na verdade um processo alquímico de transformação. O clássico Tai Chi Chuan chamado *A Canção das Treze Posturas* diz que quando a parte inferior da coluna é mantida reta, o Chi da vitalidade alcança o topo da cabeça; e que quando a nuca está ereta, ele usa a mente para direcionar o Chi para o topo da cabeça e depois afundá-lo no abdômen. Depois, há a distribuição-circulação da energia Chi, para transformação em energia Shen[53] (energia espiritual).

O texto taoísta *Nei Ching* afirma: "O movimento gera fogo. Fogo significa energia. A quietude gera água. Água significa medula". Assim, o Tai Chi Chuan corresponde ao movimento e à energia e a meditação à quietude. Portanto, as duas práticas, juntas, são eficazes na prevenção e tratamento de doenças.

ORIGENS DO TAI CHI CHUAN

Tai significa *Caminho Supremo*, *Chi* é a energia em movimento contínuo de yin e yang, *Chuan* significa literalmente *Punho*. Assim, *Tai Chi Chuan* (ou *Tai Ji Quan*) significa a *Luta da Dualidade Suprema*, ou "um caminho a ser percorrido com o máximo compromisso de harmonizar a energia do yin e yang, da terra e do céu, da calma e do movimento, do corpo e da mente" (P. Muller). O Tai Chi é, portanto, uma expressão dinamicamente equilibrada das energias opostas. É um dos ramos mais importantes das artes marciais chinesas e é o resultado da fusão de várias artes e disciplinas. É um sistema de exercício para a saúde física, mental e emocional e em seus ensinamentos filosóficos encontramos o caminho para caminhar na vida, e é nessa área que encontramos uma dimensão espiritual.

O médico chinês Hua-Tuo foi quem sistematizou as artes marciais na China, com a luta dos cinco animais. Ele disse que exercícios físicos e mentais devem ser feitos para cultivar a saúde e reforçou a ideia de que os homens devem imitar animais como pardais, tigres, cobras, ursos etc. para reabilitar as habilidades naturais. Conforme relatado por Patricia Muller, em seu livro *Práticas Taoístas*, existem, no entanto, muitas tradições lendárias sobre o nascimento do Tai Chi, uma das quais conta que um certo Zhang San Feng (1247-1447 DC), depois de espionar o ataque de uma cegonha contra uma cobra, percebeu que a suavidade e a redondeza dos movimentos do réptil cancelavam os ataques da cegonha e que, ao mesmo tempo, a leveza e a velocidade dos movimentos da cegonha impediram que a cobra a atacasse.

Em 475 d.C., Ta-Mo (Bodhi Dharma) veio da Índia para viver no templo Shaolin[54] no norte da China. Esse templo é o berço do Kung-Fu e do Zen chinês[55] (*Cha'n*). Bodhi Dharma, um homem muito elevado espiritualmente, introduz na rotina dos monges, composta por obrigações religiosas e meditação, a luta dos cinco animais, pois percebeu a necessidade de aperfeiçoar o corpo e ter um trabalho corpo-mente-espírito no processo de crescimento espiritual. Essa disciplina começou a dar espaço para o aprimoramento das lutas que, mais tarde, se transformariam em uma arte refinada de alto nível. As capacidades gradualmente alcançadas pelo corpo exteriorizaram os níveis de desenvolvimento da mente e as realizações internas. Os seguidores de Tao-Mo saíram do mosteiro para divulgar os ensinamentos do Templo Shaolin e, consequentemente, também trouxeram suas artes marciais.

O aspecto de treinamento mental dessa escola era baseado na meditação budista, enquanto os chineses, estudiosos de yin e yang, ainda consideravam essa luta como um simples sistema de treinamento físico, como uma arte marcial externa, tomando como princípio a refinada filosofia taoísta. Mas parece que o Tai Chi Chuan tira seus princípios mais importantes do *I Rei*[56], a Bíblia chinesa, que inclui três aspectos básicos (simbolicamente a base dos movimentos está nos oito trigramas do Pa Kua[57]):

em Chi (energia) inclui yin e yang (dureza e suavidade);
em Razão ou Princípio;
no Tai Chi o princípio do amor, da mudança e da honestidade.

Para os mestres de Tai Chi é necessário aprender a simbologia (estrutura), cultivar o Chi (energia intrínseca) e, aos poucos, será possível entender o Li (ou o princípio). No entanto, a compreensão mais ampla da filosofia de vida de I King foi defendida pelos neoconfucionistas da dinastia Sung (960 a 1279 d.C.). Para entender a filosofia do Tai Chi mais profundamente, devemos nos voltar para a explicação de Chou Tun Yi (1017 a 1073 d.C.), o primeiro filósofo da lógica, mais tarde conhecido como o mestre Lien Chi. O neoconfucionismo é a continuação da ala idealista dos antigos confucionistas[58] e especialmente das tendências de Mêncio (ou discípulo mais próximo de Confúcio). Fung Yu Lang conseguiu traçar uma origem do neoconfucionismo em três linhas de pensamento.

A primeira é o próprio confucionismo.

A segunda é o budismo[59], junto do taoísmo. Para o neoconfucionismo, Zen e budismo são termos sinônimos. E de um certo ponto de vista, o neoconfucionismo pode ser considerado o desenvolvimento lógico do Zen.

A terceira é a religião taoísta, da qual a visão cosmológica do yin e yang formou elementos importantes. A cosmogonia do neoconfucionismo está intimamente ligada a essa linha de pensamento.

O neoconfucionismo formulou um sistema genuíno de pensamento, um todo homogêneo. Esse sistema não foi totalmente formulado até Chou Tun Yi, no século XI. Seus principais escritos são o diagrama de Tai Chi e Tung Shu. Antes disso, os taoístas prepararam uma série de diagramas místicos e quadrados gráficos de princípios esotéricos, por meio dos quais acreditavam que poderiam conquistar a iniciação individual e alcançar a imortalidade. Dizem que Chou se apoderou do diagrama original de Ho Shang da Dinastia Tang (618-907 d.C.), que mais tarde foi reinterpretado em seu próprio diagrama, baseando sua filosofia em certas passagens do apêndice de I King. O diagrama resultante é chamado de *Tai Chi Tu* ou "Explicação do Diagrama do Grande Supremo". O resultado é uma síntese dos pensamentos filosóficos do confucionismo, taoísmo e zen-budismo e a abertura de uma nova era por Li Shi das dinastias Sung e Ming (1368-1644).

Em resumo, o conteúdo da teoria do Tai Chi Tu Shuo é que o Tai Chi é absoluto, essa é a realidade do universo ou o primeiro princípio. É universal, onipresente e não pode ser designado para uma coisa ou evento. Ele também é chamado de "Supremo Genuíno" (Wu-chi), pelos neoconfucionistas. O Tai Chi produz duas forças, movimento e quietude, a partir das quais o yin e o yang são produzidos. Essas duas formas são os atributos do Tai Chi e, como movimento e quietude, representam as forças opostas desses dois atributos. A partir da interação de yin e yang, os cinco elementos ou éter (metal, madeira, água, fogo e terra) são produzidos. Cada um desses elementos tem sua própria natureza. Mediante a composição dos dois Chi, yin e yang e dos cinco elementos, são criados os inúmeros fenômenos em que homens e mulheres estão incluídos. O ser humano é o mais inteligente de todos os seres porque ele é a cristalização da forma e do espírito, do corpo e da mente.

Essa teoria é virtualmente idêntica ao dualismo de Descartes[60]. Os valores de comportamento como coragem, honestidade, humildade e equilíbrio foram destacados. Essas são as mestrias supremas do homem, mas a quietude é essencial para o estabelecimento da realização mais elevada. Com a profunda realização do Tao, a estrutura e a função do sábio são idênticas às dos céus, da terra, do sol e da lua, das quatro estações e do espírito, incluindo o Teh ou moralidade do sábio, e é praticamente o mesmo que todo o universo. O símbolo do céu é yin e yang. A naturalidade da terra é gentileza e dureza. A moralidade do homem é amor e honestidade. Com a compreensão do começo e do fim, o sábio conhece a teoria da vida e da morte. Com o estabelecimento da concepção dos 3 fatores cósmicos (o Tao do céu, da terra e do homem), a filosofia da unidade do céu e do homem é completada. Esta é a filosofia tradicional do universo da China, que é a mesma que a concepção científica do organismo.

BENEFÍCIOS DO TAI CHI CHUAN

1. Reduz a pressão alta e regulação da pressão arterial;
2. Melhora a dor na dor geriátrica, retardando o processo de envelhecimento do corpo;
3. Útil em casos de bronquite crônica, asma e enfisema pulmonar;
4. Reduz a necessidade de medicação para insônia, melhorando a duração e a qualidade do sono;
5. Aumenta a capacidade de consumir oxigênio, a flexibilidade da coluna lombotorácica e contribui para a redução da tensão, depressão, ansiedade e transtornos de humor;
6. Aumenta a concentração no trabalho e a qualidade da saúde física e emocional;
7. Movimentos suaves e fluidos geram paz interior, relaxando a mente e os músculos e aumentando a flexibilidade;
8. Estimula a circulação e fortalece o sistema imunológico;
9. Reduz o estresse, fortalece a energia vital, melhora a coordenação motora;
10. Ajuda no pleno desenvolvimento do potencial mental e do espírito e e reequilibra todos os sistemas orgânicos do corpo.

TAI CHI CHUAN E MEDITAÇÃO

Hoje, a meditação não é mais considerada um simples ritual religioso. Inúmeras pesquisas em várias partes do mundo mostram que meditar diminui os níveis de alguns hormônios liberados em situações de alto estresse, como adrenalina e cortisol que, se produzidos em excesso, são capazes de quebrar as defesas do organismo. Ao mesmo tempo, essa técnica oriental estimula a produção de endorfinas, substâncias semelhantes à morfina que atuam como tranquilizantes naturais.

Existe uma interdependência sutil entre mente e corpo, e manter uma atitude mental positiva aumenta a eficiência do sistema imunológico, além de diminuir significativamente muitos males. Através da prática da meditação, o indivíduo implementa um desenvolvimento integral do corpo, mente e espírito. A memória e a capacidade intelectual são aumentadas, a compreensão e a tolerância são desenvolvidas, a força de vontade e o autocontrole são aumentados, promovendo uma mente equilibrada e uma personalidade integrada. A prática integrada de Tai Chi e Meditação acalma os pensamentos e diminui os conflitos e perturbações mentais, permitindo-nos alcançar um equilíbrio em todos os aspectos do nosso ser. O Tai Chi Chuan também ajuda no desenvolvimento da concentração. Em nossa vida normal, nossa atenção não está focada na mesma coisa por muito tempo, há muitas distrações e muitos assuntos para lidar. Mesmo dormindo, a mente permanece ocupada por sonhos. Como consequência lógica, continua cansado. Para relaxá-lo profundamente, devemos unidirecionar a concentração para objetivos positivos, como compaixão e alegria.

Durante a execução dos movimentos do Tai Chi, por exemplo, é necessário manter a concentração em cada parte do corpo, percebendo os ligamentos e a interdependência das partes. Conforme os textos clássicos do Tai Chi, "quando uma parte do corpo se move, todo o corpo se move". Mas para que esse equilíbrio e concentração existam, a mente deve estar quieta e serena, sem distração. É por isso que a prática do Tai Chi Chuan é chamada de "meditação em movimento". E somente mediante a persistência da prática é possível condicionar e disciplinar a mente para permanecer em um estado quieto e sereno, elevando o espírito do praticante. Esse trabalho de concentração da mente é muito benéfico para prevenir dores de origem psicossomática, bem como, é claro, ajudar no desenvolvimento de emoções virtuosas e pensamentos corretos.

Os estágios da meditação são um pouco semelhantes aos dos processos alquímicos[61]. Os processos foram baseados na combinação de diferentes elementos e na purificação da mistura obtida. O corpo do meditador participa de seu processo de purificação por meio da respiração e canalização da energia Chi, que é canalizada dentro dos vários distritos do corpo, usada, purificada e direcionada para propósitos mais elevados ou usos subsequentes.

Como Da Liu explica em seu livro *Tai Chi Chuan e Meditação*, "a porção branca com o ponto preto significa que o yang contém yin e simboliza o movimento do Tai Chi (yang externo) com o silêncio da mente (yin interno). A parte preta com o ponto branco, por outro lado, significa que o yin contém yang em si mesmo e simboliza a quietude da meditação (yin externo) com a direção ativa da mente para a respiração (yang interno)".

OS EFEITOS DA MEDITAÇÃO NA SAÚDE

A meditação é uma daquelas poucas experiências que podem transformar sua vida e a percepção que você tem de si mesmo e do mundo. Como disse Sir John Eccles, ganhador do Prêmio Nobel de neurofisiologia, "devemos perceber os grandes mistérios da estrutura material e do funcionamento de nossos cérebros, da relação entre cérebro e mente e de nossa imaginação criativa". E, como disse Roger Sperry, outro ganhador do Prêmio Nobel de neurofisiologia, "a consciência não é redutível a eventos neuronais".

Cada estado de consciência corresponde a uma imagem particular do EEG e a um estado psicofísico preciso. O sofrimento mental e um cérebro que funciona de forma desequilibrada e desarmônica criam sofrimento físico. Quando nossa parte emocional está em harmonia consigo mesma, a atividade eletromagnética do cérebro também se torna harmoniosa e equilibrada. Os estados alterados de consciência produzidos pela meditação produzem um efeito de equilíbrio no cérebro. Responder de forma equilibrada e diversificada às várias situações da vida, onde cada emoção, tanto positiva como negativa, pode encontrar o seu próprio espaço, significa dar naturalidade às próprias necessidades expressivas. Está provado que a saúde também depende de um uso equilibrado dos dois hemisférios cerebrais, direito e esquerdo, do nosso cérebro.

Também foi demonstrado que pequenas predominâncias hemisféricas representam uma capacidade normal de adaptação a certas condições; enquanto predominâncias excessivas ou crônicas demonstram patologias psicossomáticas.

O funcionamento excessivo do hemisfério esquerdo está ligado à hiperatividade do sistema simpático, criando formas de hiperexcitação e, portanto, tensão. É a clássica síndrome do estresse, cujos sintomas são: dificuldade para dormir, problemas digestivos, incapacidade de viver e trabalhar de forma relaxada, agitação psicomotora e sensação de "obrigação" de estar sempre ativo apesar da falta de energia e da sensação de fadiga. Quando a mente se concentra em um objeto ou propósito, toda a atividade cerebral parece encontrar seu ponto focal, um propósito para sincronizar.

O que acontece no cérebro quando você entra na meditação, ou seja, em um estado de consciência alerta sem pensamentos?

A meditação, através de várias técnicas como vipassana, mantra, yoga, oração e Tai Chi, transforma as pessoas interior e comportamentalmente, resultando em estados de consciência positivos e criativos. Redescobrir a unidade e a fluidez interior é essencial para uma visão holística da existência. A intuição, frequentemente associada ao hemisfério direito do cérebro, pode resultar de uma sincronização incomum entre os dois hemisférios. Quando a intenção de saber é acompanhada por um foco adequado, o cérebro pode produzir insights poderosos, indicando um estado de maior organização.

Novas teorias sugerem que a esquizofrenia pode surgir de uma má comunicação entre os hemisférios cerebrais. Max Birchwood e seus colegas propuseram que a esquizofrenia pode estar ligada a um defeito no corpo caloso, que conecta os hemisférios. Eles argumentam que o defeito na transmissão de informações entre os hemisférios pode explicar fenômenos esquizofrênicos, como alucinações auditivas e ilusões (2007).

Arnold e Marcia Stillman propuseram que a dislexia pode resultar de erros de sincronização entre os hemisférios. A estratégia de padronização cerebral, baseada na hipótese de que o cerebelo dos disléxicos foi mal estruturado na infância, visa coordenar melhor os hemisférios (2007).

A meditação, definida por Wallace como um estado de vigília hipometabólico, permite um relaxamento profundo em uma condição de alerta, levando os hemisférios cerebrais a uma alta sincronização. A meditação pode diminuir o consumo de oxigênio, eliminar dióxido de carbono, reduzir a frequência cardíaca e equilibrar as ondas cerebrais, proporcionando benefícios fisiológicos e psicossomáticos (2025).

> Estudos mostram que a sincronização dos hemisférios está associada a estados emocionais positivos, enquanto a dessincronização está ligada a emoções negativas e estresse. A prática da meditação aumenta a sincronização inter-hemisférica, resultando em maior bem-estar e resiliência ao estresse (2025).
>
> Durante a prática meditativa, o cérebro funciona como um único órgão, com alta sincronização, diferentemente do estado de vigília, onde os hemisférios ficam dessincronizados. Estudos destacam que a dessincronização durante a vigília permite realizar várias tarefas simultaneamente, enquanto a alta sincronização durante a meditação promove um estado de relaxamento e integração das funções cerebrais (2024).

Este fenômeno pode ser explicado em termos físicos através da Terceira Lei da Termodinâmica. De acordo com a Terceira Lei da Termodinâmica, todo grau de excitação da matéria está associado a um gradiente de entropia ou desordem; desta forma, uma alta excitação em um sistema corresponde a um alto nível de entropia, enquanto uma excitação mais baixa está associada a um nível mais baixo de desordem. Esse processo continua até atingir o estado mais baixo de excitação (que corresponde ao zero térmico absoluto), onde o nível de entropia, ou estado de desordem, é zero. Durante o processo de desexcitação da matéria, surgem fenômenos que poderíamos definir como 'ordem', 'regularidade' e 'simetria' que são inerentes ao sistema, mas geralmente são obscurecidos pelos níveis mais altos de excitação. A meditação tem muitas semelhanças com a Terceira Lei da Termodinâmica, porque causa uma redução na excitação do organismo. Ao mesmo tempo, nesse estágio de baixa excitação, o organismo manifesta fenômenos de alta coerência cerebral intra e inter-hemisférica, com aumento da ordem e simetria (2025).

A jornada da introspecção meditativa parte de uma ação voluntária de disposição para atingir um fim, contemporânea a uma capacidade consciente de dominar e controlar qualquer interferência do pensamento que possa perturbar a própria prática. Avançando no caminho meditativo, passamos da consciência das funções mentais e corporais, em que cada pensamento e sensação é observado em seu surgimento e manifestação, para alcançar percepções e sensações de tranquilidade extática, misturadas com imperturbabilidade e clareza mental. À medida que se toma consciência da dor física, desejos e insatisfações, a contemplação torna-se sem esforço e a dor começa a cessar, a dar lugar a uma consciência a princípio imperturbável diante de cada estímulo, depois sozinha consigo mesma e, finalmente, também na total ausência de si mesmo (2025).

A plasticidade cerebral, ou neuroplasticidade, refere-se à capacidade do cérebro de mudar e se reorganizar em resposta a novas experiências, pensamentos e emoções. Estudos têm demonstrado que a prática regular de meditação pode promover mudanças positivas na estrutura e função do cérebro. A meditação pode aumentar o volume de matéria cinzenta, responsável pelo processamento de informações, regulação de emoções e controle da atenção. Além disso, a meditação *mindfulness* fortalece as vias neurais responsáveis pelo controle atencional, regulação emocional e autoconsciência, sugerindo que a prática consistente pode aprimorar habilidades cognitivas e o bem-estar emocional (2025).

PARTE TRÊS

Exemplo de Prática Integral com referência à Psicologia Científica e Técnicas Psicológicas

O JOGO E O JOGAR

Dos conceitos taoístas milenares, passamos, através de um mergulho no tempo, aos conceitos de um bom e conhecido psiquiatra nascido na Romênia em 1889: Dr. Jacob L. Moreno (Bucareste, 18 de maio de 1889 – Beacon, 14 de maio de 1974), psiquiatra americano, criador do psicodrama[62] (1919). O psicodrama é uma técnica de psicoterapia de grupo, muito utilizada em todo o mundo para tratar pessoas com os mais variados transtornos psíquicos. O Dr. Moreno desenvolveu, dentro de sua teoria, a técnica de dramatização. A dramatização se encaixa perfeitamente na teoria taoísta, levando em consideração também o fato de que Moreno realizou estudos sobre filosofia oriental e que provavelmente conhecia o taoísmo.

Por meio do *role-playing*, no nosso caso usado como ferramenta de harmonização, as pessoas que participam dele podem acessar diferentes ângulos visuais, olhar para a mesma coisa de diferentes pontos de vista, entendendo assim a relatividade de cada conceito e ganhando autoconsciência de vez em quando. Essa consciência ocorre por meio da troca de papéis que surgem em determinada situação, para que uma pessoa possa personificar, por exemplo, a vítima, desempenhando o papel, e posteriormente o agressor ou o salvador, conseguindo assim uma visão mais ampla e articulada dos acontecimentos, da relação entre eles, das relações interpessoais e dos próprios sentimentos e comportamentos. O resultado a que essa visão ampliada leva é a unificação dos opostos, a integração das partes em conflito; isso só pode passar por um conhecimento mais profundo de si mesmo e, portanto, um enriquecimento pessoal. Outro conceito que encontramos tanto no taoísmo quanto na técnica moreniana é o de espontaneidade[63].

A espontaneidade é o princípio de atividade do Tao, segundo o qual agir em harmonia com a natureza significa agir espontaneamente e de acordo com a verdadeira natureza de alguém; também significa confiar na inteligência intuitiva, que é inata na mente humana, assim como as leis da mudança são inatas em todas as coisas ao nosso redor. Na conceituação de Moreni, a espontaneidade é de fundamental importância para o desenvolvimento da personalidade; "espontâneo" (do latim *sua sponte* = do interior para o exterior) é o que constitui a resposta apropriada a uma nova situação ou uma nova resposta a uma situação antiga. A espontaneidade se dá no presente, no aqui e agora, e está estrategicamente ligada à oposição de dois polos: o automatismo-reflexão e a produtividade-criatividade. Em sua evolução, a espontaneidade é provavelmente mais antiga que a sexualidade e as funções de memória e inteligência; no entanto, permaneceu a força menos desenvolvida em humanos, pois é frequentemente inibida e desencorajada pelas normas culturais. Grande parte da psicopatologia e sociopatologia humanas pode ser atribuída ao desenvolvimento insuficiente da espontaneidade.

Moreno usou a dramatização, entre outras técnicas, para facilitar o desenvolvimento da espontaneidade. Nesse sentido, ele fez com que seus pacientes interpretassem, por meio da dramatização, os vários e diferentes papéis que os próprios pacientes experimentaram em suas vidas; isso permitiu que eles vivessem e se observassem, dentro de uma estrutura teatral, tanto como personagens quanto como espectadores.

A espontaneidade consiste basicamente na liberdade de escolha entre toda a gama de comportamentos e sentimentos da pessoa. Uma pessoa espontânea é autônoma e flexível, não insanamente impulsiva; ela vê todas as escolhas que pode fazer e adota o comportamento que lhe parece mais adequado, em relação à situação e aos seus objetivos pessoais. Quando as pessoas são espontâneas, elas são livres e autoconscientes; consequentemente, mais harmoniosas consigo mesmas e com os outros.

As técnicas que favorecem a liberação da espontaneidade são variadas; tanto a dramatização quanto o Tai Chi são úteis para facilitar a consciência emocional e corporal (mediante o envolvimento e conhecimento da expressão corporal e do movimento).

Na Análise Transacional (AT), o sujeito alcança uma maior autoconsciência cognitiva, ou seja, em relação a um nível racional. A AT foi criada por Eric Berne (Montreal, 10 de maio de 1910 – 15 de julho de 1970, nascido Eric Leonard Bernstein), um psicoterapeuta contemporâneo de Moreno que desenvolveu suas teorias observando as mudanças de comportamento que ocorriam em um paciente quando um novo estímulo a um gesto, uma palavra ou um som atraía sua atenção. Essas mudanças podem afetar a expressão facial, entonação de palavras, estrutura de frases, movimento corporal, gestos, tiques, marcha e postura; era como se um único indivíduo abrangesse várias pessoas, cada uma das quais, de tempos em tempos, parecia assumir o controle da personalidade total do indivíduo.

Berne observou que esses vários "eus" interagiam nas relações externas de maneiras muito diferentes e notou que era impossível analisar essas interações, bem como que algumas delas tinham propósitos ulteriores, ou seja, eram usadas como meio de manipular os outros por meio de armadilhas psicológicas e sentimentos que funcionavam como chantagem; que não estavam ligados à situação real, mas à repetição compulsiva do único sentimento que havia sido permitido na situação original (aquele em que esse modo de interação havia sido aprendido). Berne também pôde observar que as pessoas se comportavam de certas maneiras predeterminadas, como se estivessem em um palco e encenando um roteiro teatral; a partir dessa observação, ele desenvolveu sua teoria. A AT é uma ferramenta útil para o conhecimento do comportamento humano. É facilmente compreensível e fácil de praticar e incentiva o uso de palavras simples e diretas em vez de jargões exclusivamente psicológicos e científicos. Por exemplo, as partes principais da personalidade são chamadas de estados do ego: Pai, Adulto, Criança. Esse tipo de análise é uma abordagem racional para entender o comportamento, baseada na suposição de que todos podem aprender a confiar em si mesmos, pensar por si mesmos, tomar suas próprias decisões e expressar seus sentimentos.

De acordo com Berne, um propósito importante do AT é estabelecer a comunicação mais aberta possível entre os componentes afetivos e cognitivos da personalidade. Os princípios da AT podem ser aplicados nos mais variados campos: do trabalho à família, da escola às relações com os vizinhos; isto é, onde quer que existam relações sociais. O objetivo final, em suma, é tornar as pessoas mais conscientes. Qualquer um que não esteja ciente de como age ou sente é uma pessoa profundamente incompleta; sem um núcleo de autoconfiança, flutua à mercê de forças internas conflitantes. Ele é uma pessoa incompleta porque alienou partes de si mesmo: pensamentos, emoções, criatividade, sensações corporais ou algum comportamento particular. Quando ele se torna consciente disso, ele se move em direção à sua própria completude; o que por si só o enriquece. Uma pessoa será, então, capaz de identificar, expressar e controlar seus sentimentos, conter impulsos e adiar a gratificação, controlar a tensão e a ansiedade. Nesse sentido, uma habilidade fundamental para conter os impulsos está em saber a diferença entre sentimentos e ações, em aprender a melhorar as próprias decisões, em primeiro lugar, restringindo o impulso de agir e depois identificando (antes de agir) as ações alternativas e suas consequências (Goleman D., 1995).

Pode-se, portanto, ver novamente como as várias teorias e técnicas apresentadas até agora podem ser integradas em um todo harmonioso.

Voltando aos conceitos taoístas: as ações do sábio taoísta brotam de sua sabedoria intuitiva, espontaneamente e em harmonia com seu ambiente. Ele não precisa forçar a si mesmo, nem a nada ao seu redor, mas apenas adaptar suas ações aos movimentos do Tao. "Aquele que segue a ordem natural flui para a corrente do Tao" (Huai Nan-tzu).

O sábio taoísta, a nosso ver, é aquele que pratica a autoconsciência, que desenvolve sua espontaneidade e que, portanto, no aqui e agora do fluxo da vida, encontra-se em harmonia com tudo.

Se observarmos as crianças em sua maneira espontânea de brincar, podemos ver a sabedoria em sua expressão mais natural e livre. A brincadeira é inerente à natureza infantil e as crianças brincam para aprender, para simular situações da vida real, para elaborar suas emoções e fantasias. Ao observar cuidadosamente o comportamento das crianças durante suas brincadeiras, percebemos sua crença na realidade absoluta nas situações que escolhem transpor para o jogo. Brincar permite que a criança viaje para o mundo da fantasia e da imaginação; é assim que, por exemplo, uma pequena caixa pode se tornar um trem ou uma boneca um ser humano. No entanto, se você perguntar à criança que brinca com seu "trem" sobre a natureza desse objeto, ela dirá que é uma caixa. Em suas brincadeiras imaginativas, as crianças alcançam o domínio pleno da situação, vivendo e convivendo com a fantasia e a realidade, e são capazes de passar de uma para a outra por meio de respostas rápidas a novas situações e novas respostas a situações já conhecidas, movendo-se no terreno da espontaneidade.

A essência do jogo está na capacidade de ser espontâneo e é a espontaneidade que dá a sensação de liberdade. Portanto, é importante que o indivíduo queira brincar ou esteja disposto a fazê-lo, para que possa experimentar e praticar a espontaneidade. A brincadeira também serve, como forma de reaprendizagem emocional, para curar traumas profundos. A brincadeira abre dois caminhos para a cura: por um lado, a memória se repete em um contexto caracterizado por um baixo nível de ansiedade, de modo a levar à dessensibilização e permitir a associação com respostas diferentes daquelas às quais o trauma está conectado. O outro caminho para a cura é aquele que permite à criança, pelo menos em sua mente, como que por mágica, dar à tragédia outro final melhor.

O brincar é uma atividade livre, agradável e divertida, que parece ser inerente à natureza do homem, mas que contém em sua essência um sentido mais amplo do que a mera e simples manifestação de uma necessidade. Ele contém um significado: há algo em jogo no jogo que transcende a necessidade imediata de vida e dá sentido à ação. O brincar dá alegria e, em sua intensidade, uma energia fascinante que pode ser transformada, que promove a autodescoberta, o encontro do homem consigo mesmo, com os outros e com o universo.

Dentro da filosofia taoísta, brincar é fluxo, movimento e vida; no entanto, se for realizado de forma inconsciente — ou seja, quando não se tem consciência de fazer parte, como protagonistas, de um jogo — pode se transformar em seu oposto, como yin em yang. O jogador deve saber que jogo é, para poder jogar também.

Os jogos psicológicos que são jogados não são puramente lúdicos e, portanto, não são jogados por diversão; em vez disso, eles têm uma motivação oculta que os sustenta. Berne define o jogo psicológico como "uma série recorrente de transações, muitas vezes repetitivas, superficialmente racionais, com uma motivação oculta ou, em termos mais simples, uma série de transações com um truque". Sempre que uma pessoa reconhece outra com um sorriso, um aceno de cabeça, com uma carranca orgulhosa ou uma saudação verbal etc., esse reconhecimento, na linguagem da AT, é chamado de "carícia". Uma transação consiste em duas ou mais carícias. Os jogos psicológicos impedem relacionamentos abertos, íntimos e leais entre as pessoas; no entanto, eles são jogados para ocupar o tempo, atrair a atenção, reforçar velhas opiniões sobre si mesmo e os outros e confirmar um sentimento de fatalidade. Por exemplo, no jogo "chute-me", o jogador leva o outro jogador a uma reação de desaprovação:

Estudante: "ontem à noite eu estava atrasado e hoje não estou preparado" (além da motivação racional que poderia justificá-lo em suas palavras, a mensagem que ele envia é: "eu sou uma pessoa preguiçosa, me chute").

Professor: "você é realmente azarado, este é o último dia que pergunto" (a mensagem com a qual o professor responde é: "você está realmente apático, aqui está o chute que você queria").

Nesse caso, o aluno confirma a opinião sobre si mesmo de que não é uma pessoa capaz e que merece ser chutado por isso. Quando as pessoas jogam esses tipos de jogos, elas não estão cientes disso; são jogos inconscientes que partem de velhas opiniões sobre si mesmos, como marcas dos primeiros relacionamentos significativos, que levam as pessoas a acreditar que não são dignas de um tratamento melhor. Essas opiniões que as pessoas têm de si mesmas tendem a se manter e buscar confirmação, até que as pessoas tomem consciência de sua irrealidade e não sintam mais a necessidade de confirmá-las por meio de jogos psicológicos.

A repetição de jogos psicológicos implica escravidão, enquanto a espontaneidade implica a liberdade de fazer as próprias escolhas pessoais, aceitando responsabilidades; ser espontâneo significa libertar-se do desejo de viver de acordo com um estilo predeterminado e aprender a enfrentar novas situações, a explorar novas formas de pensar, sentir, agir. Ser espontâneo enriquece e reavalia continuamente nosso repertório de comportamentos; permite-nos usar ou recuperar a nossa capacidade de decidir de forma independente. Dessa forma, somos capazes de tomar novas decisões sem ficar à mercê da história passada.

Os jogos psicológicos causam uma interrupção no fluxo da espontaneidade e por isso a pessoa permanece presa a comportamentos antigos que se tornam cada vez mais rígidos e cristalizados. Nos jogos naturais — ou seja, aqueles que são feitos conscientemente, como os de crianças que brincam para aprender a criar — o fluxo da espontaneidade é livre e estimulante, de modo a incutir flexibilidade e vigor. Nesse contexto, brincar é um movimento de liberdade.

Jogo natural____Eu____Jogo psicológico

Os *jogos naturais* têm o propósito de aprender, simular situações da vida, processar emoções e fantasias, garantir a espontaneidade, o crescimento. Eles são realizados de forma consciente.

Os *jogos psicológicos*, por outro lado, impedem relacionamentos íntimos e leais e escondem motivações para manipular. Eles são realizados inconscientemente.

Os desejos e satisfações de que o corpo necessita devem ser satisfeitos pela mente em perfeita harmonia. O objetivo é o equilíbrio entre flexibilidade e rigidez, entre espontaneidade e condicionamento cultural;

por condicionamento cultural, queremos dizer a necessidade que leva os seres humanos a repetir suas ações para obter segurança. Na verdade, o homem aciona um mecanismo que pode tranquilizá-lo de que reagiu da melhor maneira; ou seja, ao se deparar com um problema (pergunta), ele busca uma solução (resposta), e acaba armazenando essa resposta, e depois a repetindo diante de uma pergunta semelhante à primeira, com o objetivo principal, ainda que inconsciente, de se tranquilizar. De fato, não existe um critério objetivo que possa decretar uma resposta melhor do que outra, ou questionar as escolhas pessoais de cada um em relação ao seu modo de ser; no entanto, cada um de nós se descreve de maneira bem definida e sabe imaginar sua própria maneira de reagir a estímulos predeterminados. Isso — ou seja, a repetição — é o resultado do condicionamento cultural, mas também social e familiar, recebido.

Quando colocamos em prática uma repetição, colocamos uma cena em jogo, agimos de acordo com um roteiro.

Nossa resposta com espontaneidade ou, em vez disso, implementando uma repetição, torna-se visível ao olhar de um observador atento por meio de expressões faciais, posturas e movimentos corporais. Isso nos torna conscientes de nossa profunda identificação com nosso corpo e com os gestos que ele faz (identificação com um certo nível de consciência).

Nesse ponto, o brincar em nosso trabalho de conscientizaçãc adquire enorme importância, como ferramenta que permite uma consciência de nossa identificação com o corpo, pensamentos, sentimentos e ações que realizamos no mundo. Tornar-se consciente dessas identificações é perceber o Tao, ser você mesmo, estar em sintonia com a totalidade do eu. Sempre que conseguimos praticar o desapego de tais identificações, estamos mais próximos do cumprimento do Tao.

O caminho da busca pela autoconsciência pode, portanto, passar pelo brincar e pelo abandono de nosso condicionamento ilusório, para levar à conquista da espontaneidade e harmonia com o eu.

Quando os véus de nosso condicionamento caem, a luz interior começa a brilhar e a ilusão de estar separado do universo dá lugar à experiência de harmonia com o universo; nesse caso, não experimentamos mais a nós mesmos, nossos pensamentos, nossas emoções, como algo separado de todos os resto. As ilusões se revelam como tais e, tornando-se prisões, desaparecem, para sair do campo para uma consciência nova, mais clara e mais ampla (nível superior de consciência).

Nessa dimensão acontece o que Mihaly Csikszentmihalyi, psicólogo da Universidade de Chicago, define como fluxo: "no fluxo, as emoções não são apenas contidas e canalizadas, mas positivas, energizantes e em sintonia com a tarefa à qual se está se dedicando" (Goleman D., 1995). Aqui, por exemplo, é como um compositor descreve os momentos em que ele dá o seu melhor em seu trabalho:

"Você está em um estado de êxtase que faz você se sentir quase como se não existisse. Eu experimentei isso várias vezes pessoalmente. Minha mão parece não ter nenhuma conexão comigo, e não tenho nada a ver com o que está acontecendo. Eu apenas sento lá e assisto, em um estado de admiração e êxtase. E tudo isso então flui desaparecendo" (lembre-se de que você pode entrar em um estado diferente de consciência dentro de qualquer estágio-nível de consciência em que se encontre).

Os atletas conhecem esse estado de graça como "a zona" em que a excelência não requer esforço e a multidão e os oponentes desaparecem em um estado de absorção feliz e constante no momento presente (Goleman D., 1995). A. H. Maslow (Brooklyn, 1º de abril de 1908 – Califórnia, 8 de junho de 1970, psicólogo americano conhecido por ter elaborado uma hierarquia de necessidades humanas, a chamada pirâmide de Maslow, que, a partir de necessidades primárias ou fisiológicas, chega à necessidade de autorrealização, passando pelos vários estágios que se não forem satisfeitos não permitem a progressão) dá o nome *de experiências de pico* a este estado de graça.

Vamos agora explicar melhor qual é o significado do jogo: o mundo da percepção nos aparece por meio dos mecanismos da mente e do intelecto, que mudam, colorem e escolhem. As percepções são recebidas através de órgãos que não podem capturar mais do que a milionésima parte do espectro total de energia eletromagnética. Assim, o mundo que conhecemos em um dado momento é apenas uma infinidade de eventos simultâneos, cada um dos quais pode ser percebido em um número infinito de organizações possíveis da mente e do intelecto. As possibilidades estão simplesmente além da compreensão. Mas não devemos esquecer de raciocinar considerando o nível em que estamos falando (mágico, mítico, racional, sensível ou integral). As mesmas organizações possíveis da mente podem ser realizadas sobretudo quando abandonamos nosso condicionamento, empreendendo o processo de consciência por meio de brincadeiras naturais, que também estimulam a espontaneidade e a criatividade. Tudo parece acontecer em um espaço sagrado, em um tempo que não existe e que está presente, sempre presente, em um movimento contínuo de formas, na sincronicidade dos acontecimentos.

O conceito de sincronicidade é semelhante ao de Tao e foi teorizado, bem como definido com este termo, por outro famoso e distinto psiquiatra: Dr. Carl Gustav Jung (Kesswil, 26 de julho de 1875 – Bollingen, 6 de junho de 1961, psiquiatra e psicanalista suíço. Sua técnica e teoria da derivação psicanalítica é chamada de "psicologia analítica").

Sincronicidade é um termo descritivo, designando um vínculo existente entre dois eventos, que liga esses dois eventos por meio de seu significado; de modo que dos dois eventos, um intrapsíquico e outro externo, o primeiro pode dar sentido ao segundo e vice-versa. Para poder avaliar um evento sincrônico é necessário ter a capacidade de observar um estado subjetivo interno, um pensamento, um sentimento, uma visão, um sonho ou uma premonição, de modo a conectá-lo intuitivamente a um evento externo, dando-lhe sentido.

A compreensão dos eventos sincrônicos está ligada a uma expansão da consciência e, portanto, favorece a auto-harmonização e a autor-realização (ver, a esse respeito, o livro de Deepak Chopra *Coincidências*, Sperling, 2008).

Jung conta um episódio que aconteceu com ele com um de seus pacientes; uma senhora muito racional, que sempre soube de tudo e cuja análise não estava dando bons resultados. As várias tentativas de Jung de reduzir o racionalismo de sua paciente e levá-la a uma compreensão um pouco mais humana e afetiva foram infrutíferas e algo inesperado e irracional teve que acontecer para que sua retórica intelectual cedesse. Jung diz que durante uma sessão, a paciente estava na frente dele, enquanto atrás dele estava a janela: ela estava ocupada descrevendo um sonho impressionante, no qual uma pessoa lhe dera um objeto precioso em forma de besouro. Durante a história, Jung foi forçado a virar na direção da janela por causa de um ruído repetido contra a vidraça. Virando-se, ele viu um grande inseto batendo contra o vidro para entrar: ele abriu a janela e o pegou nas mãos, e notou com surpresa que era um besouro. Jung disse à paciente: "Este é o seu escaravelho". Essa experiência conseguiu abrir uma brecha no racionalismo da senhora, e a análise pôde continuar com resultados mais satisfatórios.

A sincronicidade é o princípio que conecta nossa psique a uma situação externa, em uma condição em que causa e efeito são eliminados pela impossibilidade de traçar qualquer explicação racional, e que, portanto, nos faz perceber um profundo sentimento de união entre interioridade e exterioridade. Quando ocorre uma experiência sincrônica, em vez de nos percebermos como uma entidade separada e isolada em um vasto universo, sentimos uma conexão intensa com os outros e com tudo, em um nível profundo e significativo. A conexão, a conexão, é o Tao, e o evento sincrônico é sua manifestação. O que para os orientais é chamado de Tao, para os ocidentais é chamado de Self (lembre-se de que o Tao está em todos os níveis, do primeiro ao último).

Para Jung, o eu é uma fonte de energia que leva a pessoa a ser ela mesma; é um sentimento e um pensamento que dá ordem, significado e orientação à personalidade. É um centro de orientação, em torno do qual gira a consciência, como a Terra em torno do Sol; a imagem é a de uma dança em torno de um ponto central de repouso, um princípio eterno, infinito, inexplicável e indescritível, que dá sentido.

Sincronicidade, Tao e Self fazem parte da mesma realidade; são aspectos da mesma realidade focados a partir de diferentes perspectivas. De um ponto de vista metafórico, poderíamos referir esses conceitos à descoberta da relatividade da matéria na física quântica ou ao mistério cristão da Santíssima Trindade, no qual Deus é um e três ao mesmo tempo. Nosso cérebro, em particular o hemisfério esquerdo dominante, tem dificuldade em entender a totalidade e, portanto, percebemos apenas uma parte de um quadro maior e damos à mesma realidade, em todos os aspectos que percebemos, um nome diferente. O que observamos interiormente quando sentimos uma conexão profunda e significativa com o universo é o Ser, é o Tao.

O caminho que leva ao Eu é o da espontaneidade, que nos conduz através do reconhecimento de nossa interioridade; e o caminho da espontaneidade por excelência é o jogo. "O brincar é tão precioso quanto o jade e nos ajuda a encontrar o caminho de volta às origens, à fonte", dizem alguns ideogramas chineses, e continuam: "O que é a vida sem brincar? É claro que, para viver bem, precisamos trabalhar duro e ser disciplinados. Mas apenas uma pessoa realmente de coração duro pode privar alguém da chance de jogar. Talvez essas pessoas de coração duro sejam simplesmente aquelas pessoas infelizes que raramente se divertem na vida" (Deng Ming-Dao, 1996).

Os seguidores do Tao acreditam em diversão e brincadeira. Por meio do jogo e do afrouxamento das inibições, da associação alegre e irracional de diferentes elementos, da inversão da ordem estabelecida, eles abrem o caminho para nossa criatividade. Muitas conquistas foram alcançadas com a força de grande estudo e esforço, mas os seguidores do Tao preferem celebrar as conquistas daqueles que tiveram suas melhores ideias enquanto brincavam, tomavam banho, tomavam café da manhã, caminhavam, tomavam chá ou simplesmente ficavam ociosos.

Uma pessoa inteligente leva o jogo a sério: seja espontâneo e você chegará ao Tao muito mais rápido!

Voltando, então, aos nossos conceitos de jogo, pudemos ver como existem pelo menos dois tipos de jogo: o Jogo Natural e o Jogo Psicológico.

No jogo natural, as pessoas são espontâneas, livres de condicionamento e seus movimentos são fluidos. Nos jogos psicológicos, por outro lado, as pessoas são rígidas, contidas e seus movimentos são posturais.

Então, dissemos que brincar é movimento e que geralmente existem dois tipos de movimento: o controlado e contido e o livre e natural. Dois tipos distintos de movimento caracterizam dois tipos diferentes de jogo. O movimento contido e postural é criado dentro do jogo psicológico, com base no modelo psicomotor de contenção e transformação de afetos (raiva, alegria, tristeza, medo), por exemplo: expressões (faciais ou gestuais) de náusea, ressentimento ou desconfiança, que são naturais se estiverem ligadas a uma causa externa rastreável e, sobretudo, se forem momentâneas, eles podem continuar ao longo do tempo e se tornar estáveis, até se tornarem posturas (movimentos cristalizados do corpo). Nesses casos, poderíamos dizer que a energia permaneceu estacionária em certos músculos do corpo e aqui se cristalizou. O movimento postural também é reconhecível pelo fluido; na verdade, uma expressão fluida cria um movimento fluido, quando se funde com a ação (os gritos tristes, os golpes de raiva, o amante abraça, o assustado foge). Uma expressão contida cria um movimento postural, que em vez de dar vida a uma ação, parece estar limitado a uma intenção, que, no entanto, nunca leva à ação, mas que se confunde com ela. Estar pronto para fugir não é fugir, estar pronto para lutar não é lutar, e estar pronto para amar não é amar.

Expressões cristalizadas são condicionadas, não espontâneas e muitas vezes inadequadas à situação.

O que isso tem a ver com autoconsciência?

Hoje tudo é aparentemente muito simples e tomar consciência de si mesmo tornou-se um *slogan*, junto de um número infinito de outras coisas; mesmo a mais esquálida das ofertas comerciais apela ao "conhece-te a ti mesmo" de Delfos, de modo que essas palavras acabam banalizando o pensamento e tornando-o um conceito abstrato.

Se você falar com atenção às palavras ou refletir sobre seu significado, elas ganham vida. O mesmo processo pode ser observado observando uma pintura; estou a pensar, por exemplo, em Salvador Dali. Você pode olhar para a mesma pintura dele cem vezes e cada vez vê-la de uma maneira diferente, vendo algo novo. A pintura dá vida ao espectador, que por sua vez a traz de volta à vida para si mesmo. Mas você também pode passar na frente da mesma pintura observando: "Ah, Dali, que interessante" e continuar em direção à próxima. Nesse caso, você viu a pintura, mas é como se nunca a tivesse visto. Esses dois tipos de percepção também ocorrem nas relações pessoais.

Costumamos nos limitar a olhar para os outros superficialmente e, da mesma forma, nós mesmos nos limitamos ao nível superficial da aparência. Desses modos de relacionamento só podem surgir relacionamentos escassos e qualitativamente pobres, cuja pobreza é muitas vezes mascarada pela camaradagem ou por formas afetadas em vez de afetuosas. É nesse ponto que a autoconsciência, o significado de conhecer a si mesmo, é proposto novamente. Conhecer a si mesmo significa tomar consciência não apenas do que fazemos, mas também do que está inconsciente em nós; de nossos pensamentos, de nossas emoções, do movimento de nosso corpo, que fala uma linguagem sem palavras. Conhecer a si mesmo, portanto, significa iluminar a parte mais ampla de nossa vida psíquica e física, aquela que opera independentemente da nossa, nossos pensamentos e ações conscientes, que emerge à noite nos sonhos, que se manifesta em gestos ou fantasias inconscientes; isto é, aquele que tendemos a deixar nas sombras.

O autoconhecimento e a autoconsciência também passam pelo conhecimento e aceitação do outro. A partir da autoconsciência, despertamos para uma nova dimensão da vida, feita de liberdade e relações interpessoais mais verdadeiras e profundas. É um fato que, enquanto pensamos que estamos acordados, a maioria de nós está como se estivesse dormindo. Na realidade, estamos acordados apenas se formos forçados a realizar as tarefas que são indispensáveis para vivermos. Ser nós mesmos e nos perceber como tal é a principal tarefa de nossa existência; é para isso que transcendemos os animais, o que implica algo mais do que a mera execução, o que nos torna superiores às máquinas construídas para alimentar e reproduzir, e o que devemos adquirir uma capacidade de introspecção bem diferente daquela suficiente em um estado de sonambulismo. O ser humano autoconsciente é aquele que despertou, aquele que vai além da superfície para alcançar suas raízes.

Para poder atingir esse objetivo, é essencial adquirir a capacidade de relaxar. O relaxamento referido aqui é um relaxamento amplo; ou seja, uma prática que envolve o corpo, as emoções e os pensamentos, numa aceitação que os torna um todo harmonioso e integrado.

Mas quando é possível relaxar emoções e pensamentos? Quando você está ciente de sua existência, você percebe sua presença sem se identificar com eles, e você é desapegado e equânime apesar de sua presença.

Muitas vezes, porém, nos encontramos implementando subterfúgios conosco mesmos para esconder sua presença, pois muitas vezes nossos pensamentos e emoções são desconfortáveis ou nos fazem sofrer e sua intensidade é tão forte que nos assusta; de modo que sua mera presença nos faz nos fechar de maneira rígida, para nos defendermos de sua ameaça. Nossa percepção deles como uma ameaça faz com que nosso corpo enrijeça, criando uma armadura muscular e condiciona nossa percepção da realidade, tornando-a distorcida.

A partir da atitude do corpo é possível deduzir o estado emocional de uma pessoa; na verdade, varia de acordo com o que se sente, sendo a expressão de tudo o que acontece na psique e vice-versa. Existem alguns indivíduos que são capazes de conhecer o estado de espírito do outro pela maneira como andam, antes mesmo de olhar para o rosto; porque tal movimento não deve estar sujeito a fatores intencionais e conscientes e, portanto, não pode enganar. O mesmo vale para gestos. Claro, mesmo nesse caso existem pessoas que aprenderam a se mover como atores, mas não é difícil perceber imediatamente um gesto falso ou estudado.

A consciência do nosso corpo é um passo fundamental na conquista de uma consciência global e profunda de si mesmo; através do relaxamento e da meditação, realizando exercícios como o Tai Chi, a pessoa toma consciência do próprio esquema corporal e passa a conhecer e sentir partes do corpo que antes não eram perceptíveis. A meditação promove a concentração e a consciência: com a concentração você alcança um relaxamento mais amplo, enquanto com a consciência você lança luz sobre a dinâmica da personalidade para entendê-la.

Concentração, relaxamento e *consciência* são, em resumo, os objetivos que tentamos alcançar por meio do nosso método.

Em nossa psique, como em nosso corpo, existem partes que nossa consciência normal é incapaz de alcançar por vários motivos, emocionais, pessoais, culturais, energéticos. Muitas vezes, quando a consciência normal deixa partes importantes da personalidade global fora de si, ocorrem fenômenos graves de desequilíbrio mental que levam a várias patologias físicas ou psicológicas, como fadiga, fobias, neuroses, até psicose ou, no que diz respeito a distúrbios físicos, gastrite, úlceras, enxaquecas, até o desenvolvimento de tumores.

Quando a consciência normal é expandida, a energia anteriormente mantida parada, que causou conflito, é transformada em energia dinâmica em movimento e, portanto, não mais apenas potencial. Essa energia se torna o motor da mudança e da fluidez. Com o termo meditação, queremos nos referir a todas as disciplinas que têm como objetivo básico a intensificação das percepções através da direção consciente da atenção. No caso do Tai Chi, chamamos nossa atenção para o movimento relaxado e lento, para que nossas percepções possam aumentar de intensidade.

Todo estado de emoção, angústia, espanto é acompanhado por tensão muscular; se tivermos medo, nosso rosto fica tenso, vamos cerrar as mandíbulas ou cerrar os punhos. Se algum medo envolve tensão do corpo, qualquer relaxamento do corpo determina inversamente o relaxamento mental e a supressão do medo. Os resultados das pesquisas mais modernas no campo neurofisiológico mostram que em nosso cérebro temos um sistema regulador, uma espécie de termostato da emoção, que uma vez bem ajustado, equilibra as mudanças causadas pelo estresse da vida moderna. Infelizmente, os eventos estressantes ou traumáticos em nossas vidas são tantos que esse sistema regulatório nem sempre é capaz de funcionar de maneira ideal; deve, portanto, ser aperfeiçoado.

O sistema que temos é composto por um duplo circuito: *ativador* — no momento do despertar —, de dinamização, atenção, motivação, ação; e *desativador* — no momento do sono — que permite o descanso e a meditação. Esse circuito duplo está localizado no cérebro e forma uma espécie de rodovia chamada formação reticular; está intimamente ligado ao tônus muscular, de modo que quanto mais ativo, mais fortes são as contrações musculares, até que se tornem cãibras dolorosas. Pelo contrário, reage ao relaxamento dos músculos com uma desativação, com um estado de calma e quietude: com paz.

 Poderíamos dizer que existem dois tipos de mente: um racional e outro emocional. A mente emocional é muito mais rápida do que a mente racional, porque age sem nem mesmo parar por um momento para pensar no que fazer. Então, em nosso cérebro há uma parte que é responsável por nossas emoções, a amígdala, outra responsável por nosso estado de vigília e sono, o sistema reticular, ainda outra responsável pelo pensamento racional e processamento de emoções, correspondendo aos níveis corticais dos hemisférios direito e esquerdo. Nossa mente emocional é caracterizada por uma característica importante: tende a reagir ao presente como se fosse o passado. O problema é que, principalmente quando a avaliação é rápida e automática, pode acontecer que você não perceba que as coisas mudaram em relação à situação passada. Alguém que aprendeu com o dolorosamente espancado que sofreu na infância a reagir a um olhar de raiva com grande medo e nojo manterá, até certo ponto, essa reação quando adulto, mesmo quando um olhar maligno não envolve a mesma ameaça. A manutenção da mesma reação é evidente ao olhar de um observador atento através da manifestação de movimentos ou enrijecimento dos músculos do corpo e em particular da face. A manutenção dessa reação antiga está ligada a um esforço que, embora nem sempre seja claramente perceptível, envolve um grande dispêndio de energia e, por sua vez, pode trazer consigo somatizações e patologias de vários tipos.

 A situação é diferente para aqueles que são capazes de se observar e reconhecer seus sentimentos para construir um vocabulário que lhes permita se expressar; daqueles que conhecem a relação entre pensamentos, sentimentos e ações-reações. Para essas pessoas, a rigidez perde força gradualmente e se transforma em energia fluida. As técnicas de "brincar" servem precisamente a esse propósito, ou seja, autoconsciência, gerenciamento de sentimentos e estresse. Voltando ao nosso esquema sobre o jogo natural e o jogo psicológico, poderíamos dizer que, se a primeira direção é a do crescimento, a segunda é a da regressão. No jogo psicológico, encontramos o narcisismo — aquela parte do Eu inteiramente centrada no ego, que não está ciente do mundo externo —, enquanto no jogo natural encontramos amor, liberdade e autonomia.

Quanto mais a criatividade é estimulada por meio de brincadeiras naturais, ou relaxamento, ou Tai Chi, mais espontaneidade, intuição [64]e sensibilidade podem ser desenvolvidas. Este último funciona como uma espécie de sonda que se move no espaço psíquico em busca de emoções, pensamentos e memórias que, afastadas da consciência do Ego, não podem ser profundamente experimentadas ou compreendidas e constituem o potencial da personalidade global. Por exemplo, em um estado de relaxamento profundo, em que uma pessoa atinge um estado semelhante ao meio sono, se você deixar sua imaginação correr solta, com a ajuda de um facilitador experiente é possível fazer viagens indescritíveis aos espaços infinitos de nossa mente. Dessas viagens retorna-se trazendo consigo um tesouro de experiência, que, elaborado e integrado, amplia a consciência atual trazendo maior segurança, tranquilidade e autoestima, de modo a permitir que você viva em uma dimensão mais ampla e real.

> [...] *Durante meu trabalho em uma clínica particular em São Paulo, como já disse, pude trabalhar com médiuns que puderam intervir de uma maneira muito particular. Estes, colocando-se em estado de relaxamento profundo (transe), foram capazes de descrever detalhadamente a história de vida e a situação de sofrimento em que um paciente se encontrava. O estado de transe em que essas pessoas foram capazes de se organizar (captura telepática do inconsciente) deu a possibilidade de agir como um espelho para a pessoa sofredora, para que ela pudesse ver mais claramente a natureza de seus problemas e tomar consciência deles. Este tipo de intervenção revelou-se particularmente útil e eficaz com um determinado tipo de paciente, para quem o contato com os sentimentos e pensamentos retirados da consciência a partir de um trabalho convencional de psicoterapia teria provavelmente sido muito longo e cansativo, sem talvez produzir os mesmos resultados...*

Mesmo em uma técnica psicoterapêutica como o Psicodrama, a "função espelho" é usada: nesse caso, o fato de o paciente rever e reviver a cena em que o conflito se originou com um distanciamento particular permite que ele alcance e integre as partes mais sombrias de sua personalidade em sua consciência. Isso é ainda mais evidente no Psicodrama Analítico, pois neste caso o trabalho é conduzido em um nível simbólico e o símbolo facilita ainda mais o desapego; isso permite ao indivíduo menos sofrimento e maior consciência.

O conhecimento simbólico pressupõe um conhecedor e um conhecido, um sujeito e um objeto, um observador e um observado, entre os quais se interpõe um certo desapego. No conhecimento experiencial proposto pelos jogos naturais, o conhecedor e o conhecido se tornam um. No jogo natural é possível dar rédea solta a todos os impulsos criativos latentes em nós, porque o pré-requisito do jogo natural é precisamente o fato de que não temos consciência de que possuímos todas as faculdades necessárias para nos fazer felizes e capazes de amar uns aos outros, e seu principal objetivo é nos tornar conscientes disso.

O simbolismo da ação em geral e do jogo natural em particular é o mais primitivo e fundamental; tem suas raízes na experiência ontogenética de cada pessoa, mas também na experiência filogenética e sociogenética da humanidade. É nesse nível que se encontra o terreno comum de todas as religiões, filosofias e culturas.

A brincadeira natural é espontânea e autêntica e, portanto, séria, como a das crianças, e geradora de alegria autêntica; pelo contrário, o jogo psicológico, típico dos adultos, é forçado, agitado, superficial e gera alegria fictícia. A reiteração dos jogos psicológicos permite que os adultos mascarem e escapem do desconforto que um relacionamento autêntico lhes causa.

C. Rogers (Oak Park Illinois, 8 de janeiro de 1902 – 4 de fevereiro de 1987), psicólogo americano, partindo da convicção de que a necessidade de autorrealização é a principal motivação do comportamento humano, desenvolveu uma técnica terapêutica denominada Terapia Não-Diretiva ou Terapia Centrada no Cliente. De acordo com essa modalidade, o terapeuta estabelece uma relação de empatia e facilita a obtenção pelo paciente de uma compreensão autônoma de sua própria realidade psíquica), "nada pode realmente ser integrado pelo ser, se não passar primeiro por sua organização tônico-emocional". No simbolismo organizado dos movimentos do Tai Chi, o indivíduo é ajudado a redescobrir a espontaneidade em seu estado mais puro, o prazer de viver o próprio corpo em relação ao mundo: espaço, objetos, outros. O trabalho sobre as estruturas anatômicas-fisiológicas e energéticas do corpo reforça a organização tônico-emocional, proporcionando assim à pessoa maiores possibilidades de integração. O Tai Chi funciona desse ponto de vista como um jogo natural, reproduzindo os movimentos da natureza; por exemplo, o movimento da raposa, tartaruga ou cegonha

Voltando agora aos dois conceitos de conhecimento, simbólico e experiencial, podemos destacar como no segundo, típico do jogo natural, não há fratura entre sujeito e objeto, que está presente no raciocínio simbólico. No jogo natural não existe tal separação e sujeito e objeto são um com a experiência da situação em jogo, eles não existem um sem o outro (esses conceitos são bem explicados no livro de Ken Wilber *The Spectrum of* Consciousness, Chrysalis, 1993).

Olhando para o jogo psicológico e o jogo natural de outro ângulo, podemos acrescentar que o primeiro se volta para a busca de segurança, enquanto o segundo busca crescimento, entretenimento e experiência. No primeiro, prevalecem os ataques à segurança e às defesas contra o medo; prevalece a tendência à regressão, que depende do passado, e o medo do crescimento e do desenvolvimento, que envolvem independência, risco em relação ao que já se possui, liberdade e separação dos outros.

No jogo natural, há outro conjunto de forças que impulsiona para a totalidade e singularidade do Ser, para o pleno funcionamento de todas as suas capacidades, para uma profunda confiança no mundo externo e nas partes internas mais profundas e inconscientes.

Essas duas tendências são naturais e fazem parte do movimento de oposição entre yin e yang, entre regressão e progressão, segurança e independência, condicionamento cultural e espontaneidade. No entanto, é importante ter em mente que ambas as forças fazem parte da totalidade e que ambas devem ser respeitadas igualmente. Essa declaração não pretende fortalecer os mecanismos de defesa, mas respeitá-los. Por exemplo, a criança doente deve ser respeitada tanto quanto a saudável; somente quando seus medos são aceitos com respeito, ele pode ousar ser ousado. Devemos entender que as forças das trevas[65] são tão "normais" quanto as positivas.

Essa é uma tarefa delicada porque implica, simultaneamente, que saibamos o que é melhor para a criança, uma vez que a induzimos a uma situação de nossa própria escolha, e também que só ela sabe o que, a longo prazo, é preferível para ela. Isso significa que só teremos que oferecer e raramente forçar. Teremos que estar prontos não apenas para empurrá-lo para frente, mas também para respeitá-lo quando ele recuar para lamber suas feridas, para recuperar as energias ou para considerar a situação de um ponto de vista seguro, ou mesmo para regredir a um nível inferior de domínio ou um prazer "inferior", para que possamos recuperar a coragem de crescer.

Tudo isso, levado em consideração do ponto de vista do equilíbrio dinâmico do nosso equilíbrio — jogo psicológico (GP) e jogo natural (GN) — ou das forças complementares do yin e do yang, não coloca o problema de uma escolha *a priori*, pois a escolha de ambos os comportamentos seria sábia. De acordo com Maslow, existem de fato dois tipos de sabedoria: defensiva e aumentativa. Esse último é a escolha do risco, da descoberta de coisas novas que podem ocorrer ao se aventurar por caminhos nunca percorridos antes; é sábio na medida em que fornece soluções inovadoras para problemas antigos, permitindo assim o enriquecimento e o crescimento pessoal. A escolha da defesa pode ser tão sábia quanto a audácia. Defender-se[66] colocando-se em segurança é sábio quando permite evitar dores que podem ser maiores do que a pessoa seria capaz de tolerar no momento, ou se proteger da possibilidade de correr um risco considerado muito forte em relação às suas habilidades.

Existem regras que caracterizam o GP e essas regras estão a serviço de mecanismos de defesa que têm como finalidade a regressão e a segurança. Outras regras caracterizam a GN e são a favor do crescimento e, portanto, da autorrealização (isso não significa que a regressão não possa servir para a autorrealização). De acordo com Maslow, uma pessoa autorrealizada é mais integrada do que fragmentada, mais aberta a experiências, mais expressiva e espontânea ou em pleno funcionamento, mais criativa, mais rica em humor, mais especificamente individual e ainda mais fácil de transcender o eu, mais livre e independente de suas necessidades inferiores.

É a BN que realiza o ser humano; nesse caso, o jogador tem o único propósito de se tornar ele mesmo, descobrindo o Ser, o Tao, a Consciência cósmica.

Dentro do GP o jogador se identifica apenas com uma parte do Self: ou seja, ele acredita que é seu pensamento, ou que consiste em suas ações, ou que se limita aos seus sentimentos, sem considerar que é a soma de tudo isso e muito mais. No GP a pessoa é fragmentada e não integrada, prisioneira em vez de livre, de modo que o fluxo da espontaneidade é bloqueado. As regras do GP garantem que o jogador sempre se mova em torno do ponto de partida, sempre dando-lhe as mesmas sensações e confirmando seu ponto de vista em relação a si mesmo e aos outros; as regras do GN, por outro lado, empurram o jogador ainda mais na direção de uma maior autonomia e confiança em si mesmo, nos outros e no mundo ao seu redor, bem como em uma descoberta contínua de si mesmo.

Uma implicação interessante que a espontaneidade da GN dá à pessoa que o faz é, por exemplo, uma maior facilidade em encontrar o movimento certo que ajuda a transformar a separação entre ação e emoção em uma nova integração que une os dois sistemas (sistema emocional e sistema muscular). Dos resultados de alguns estudos realizados sobre psicoterapias corporais (Ambrosio, 1979) emerge que o movimento correto tem um impacto psicológico que permite eliminar as dificuldades de transtorno, confusão e sensação de irrealidade.

Pode-se imaginar que movimentos repetidos, realizados lentamente durante um estado de introspecção silenciosa, facilitam a conexão entre emoções viscerais e ações musculares; reduzindo assim o estado de dissociação e inibindo as causas da patologia. No Tai Chi, os movimentos são lentos e voltados para a introspecção; nesse sentido, facilitam a conexão entre emoção e ação, reduzem a tensão emocional ao induzir uma sensação de libertação.

Voltemos, agora, ao jogo natural, entendido como o jogo que tem o único propósito de alcançar, através do caminho da consciência, ser você mesmo, entrando na Consciência Cósmica ou consciência do Ser.

Partindo da dimensão da consciência do Eu, podemos ver como ele é delineado e reduzido à consciência subjetiva-individual, através de uma ilusão que consiste na identificação com partes individuais do Eu. Sempre que nos identificamos com uma parte do Eu, estamos procurando segurança porque realmente nos sentimos inseguros e nos encontramos dentro de um jogo psicológico. Sempre que o jogador percebe que ele é tal e que ele pode sempre e apenas perceber aspectos da realidade, mas nunca toda a realidade, ele então se encontra dentro do jogo natural.

Tudo o que é percebido pelo jogador sobre o mundo fenomenal é, no entanto, algo que existe dentro dele, antes de fora, na forma de um impulso sensorial; é, portanto, ilusória. Tanto a ciência moderna quanto a sabedoria antiga teorizam uma única substância primordial à qual todas as várias formas de matéria podem ser rastreadas. Toda existência fenomênica nada mais é do que a manifestação múltipla da mesma unidade subjacente, e os elementos são formas diferentes dessa substância única. A verdade de nossa experiência se deve à combinação de átomos de matéria em que a energia primordial se materializa. Tudo o que percebemos do mundo fenomenal realmente existe dentro de nós; a conquista final a que a consciência conduz é, portanto, a reunião do sujeito perceptivo e do objeto percebido, de modo a alcançar a unidade, pondo fim à separação.

Isso é o que as crianças fazem quando brincam, elas entendem a importância dos papéis e a flexibilidade das mudanças quando jogam, e passam de guarda a ladrão ou do papel de médico ao de paciente; a disposição de mudar de papel tem a ver com o entendimento de que um papel não existe sem o outro. Mesmo quando uma criança escolhe desempenhar o mesmo papel repetidamente, ela entende intuitiva e emocionalmente que deve haver um papel complementar para criar uma situação de brincadeira. Os dois papéis complementares em jogo são, portanto, parte, para as crianças, de um todo divertido e dinâmico. O movimento no jogo acontece naturalmente e o movimento certo pode acontecer na liberdade que é trazida pela espontaneidade do jogo.

É característico das crianças colocar em jogo as situações que lhes causaram angústia. Trata-se de uma tentativa de encontrar uma solução para uma situação de tensão, vivenciando-a em um contexto que a criança sente ser mais adequado a si mesma, o da brincadeira; isso significa que essa situação é percebida como menos ameaçadora e mais administrável do ponto de vista emocional. Assim, uma briga entre os pais é transposta para uma cena em que um papel está em conflito com outro, dentro de um contexto lúdico (na criança, a brincadeira serve para consolidar o nível de consciência relativo àquele estágio particular de desenvolvimento em que ela se encontra).

O jogo pode ser funcional tanto para entreter quanto para transmitir segurança. Entreter-se implica o fato de que se torna muitos; implica também a aceitação dos outros e das muitas partes de si mesmo, o que favorece a integração e o retorno a ser um.

Nesse sentido, é extremamente importante abandonar o antigo hábito de dicotomizar, quebrar e separar de acordo com o estilo da lógica aristotélica (A e não A são completamente diferentes um do outro e mutuamente exclusivos; não se pode ter um e outro juntos). Por mais difícil que seja, devemos pensar de forma holística, global, e não atomística. Nossas qualidades divinas repousam em nossas qualidades animais e precisam delas para existir e se manifestar. Nossa maturidade não deve ser apenas uma renúncia à infância, mas a inclusão dos valores úteis da infância, sobre os quais podemos construir. Valores mais altos são integrados hierarquicamente com valores mais baixos.

O importante é poder levar em consideração o GN e o GP em sua dinâmica dialógica; a dinâmica dessa dialética está na compreensão que vem da libertação das cadeias do condicionamento. O jogo de movimento entre as forças da GN e do GP, entre a força centrífuga e centrípeta, pode ser libertado da atração gravitacional dos Arquétipos que condicionam as divisões e fragmentações entre observador e observado. É essencial nos libertarmos (considere a palavra "libertar-se" no sentido de "transcender") do condicionamento educacional-cultural. No desenvolvimento normal da criança saudável, agora é possível acreditar que, muitas vezes, se ela tiver uma escolha real, escolherá o que favorece seu crescimento. Isso ocorre porque o objeto de escolha tem um gosto bom, dá prazer ou alegria, o que implica que a criança "sabe" melhor do que ninguém o que é conveniente para ela.

Um regime não inibitório não significa que os adultos satisfaçam diretamente as necessidades da criança, mas que possibilitam que ela mesma o faça, faça suas próprias escolhas; também deixando ser o que é. É necessário, para que as crianças cresçam bem, que os adultos tenham confiança suficiente nelas e nos processos naturais de crescimento; ou seja, eles não interferem muito, não os forçam a projetos predeterminados, mas sim os deixam crescer e os ajudam a crescer.

As motivações que desencadeiam os mecanismos do jogo psicológico são a falta de segurança, autoaceitação, proteção, aprovação, respeito ou estima. O desejo de receber tais sensações empurra para um jogo que é condicionado *a priori* e se volta contra si mesmo. Os motivos que movem o GP têm a ver com necessidades urgentes, como comida ou abrigo; mas há também a necessidade de liberdade, a necessidade de desenvolver adequadamente os próprios talentos e habilidades, a necessidade de autorrealização ou necessidades de natureza espiritual. Esse último, superior ao primeiro e igualmente fundamental, pode parecer simples ou óbvio, mas poucos são os que parecem capazes de assimilar seu significado. Essas necessidades abrangem a pessoa como um todo e, nesse sentido, são menos suscetíveis à manipulação e menos predispostas à GP.

Consideramos que as necessidades primárias e urgentes são facilmente condicionadas e condicionadas e envolvem uma visão e avaliação muito limitadas de si mesmo e do mundo, intimamente ligadas às tentativas de receber proteção ou segurança. Nesse sentido, a criança diante da difícil escolha entre suas próprias experiências prazerosas e a experiência da aprovação dos outros, geralmente escolherá a aprovação dos outros e depois manipulará seu próprio prazer por meio da repressão, ou o deixará morrer, não prestará atenção a ele ou o controlará pela força de vontade. Em geral, uma certa desaprovação da experiência do prazer se desenvolverá correspondentemente, uma espécie de vergonha, constrangimento ou sigilo em torno dela, o que pode até levar à incapacidade de experimentá-la.

Essas passagens podem levar a uma visão de si mesmo como incapaz ou impotente, com base no dramático jogo triangular de salvador-perseguidor-vítima.

O triângulo referido é baseado em necessidades primárias e se desenvolve nos três *chakras* iniciais[67], que se referem a essas necessidades. Os *chakras* são círculos de energia colocados em pontos corporais específicos, através dos quais a energia flui em sincronia com o ritmo vibratório do indivíduo. Os ritmos vibratórios individuais dependem de como o sujeito percebe a realidade, do nível de consciência que ele tem dela, do nível de consciência de si mesmo e do mundo. Nas vinte e quatro horas, a energia vital passa por todos os sete *chakras*; ao amanhecer está no terceiro *chakra* e após o pôr do sol chega ao sétimo. Assim, a energia vital é influenciada pelas forças solares, lunares e gravitacionais. Como é difícil levar uma existência natural e pacífica, sem sofrimentos e conflitos, formam-se bloqueios muito complexos ao longo dos caminhos da energia, que impedem seu fluxo regular e adequado pelo organismo, criando assim uma disparidade entre as idades mentais e cronológicas.

Cada *chakra* possui características particulares que permitem que as pessoas determinem, a qualquer momento, dependendo da vibração do *chakra*, onde a energia está localizada.

O *primeiro chakra* está localizado na base da coluna dorsal, a meio caminho entre os órgãos genitais e o ânus. Indivíduos que vibram nesse nível são inseguros e estão preocupados principalmente com a sobrevivência física. O olfato é predominante.

O elemento do primeiro *chakra* é a terra — a manifestação mais grosseira da realidade. O maior problema com esse *chakra* é o comportamento violento que pode surgir de uma insegurança profunda; essa mesma insegurança também pode ser um fator positivo, na forma da força que motiva o desenvolvimento da tecnologia de materiais.

No segundo chakra, o indivíduo é pego na percepção dos órgãos sensoriais. O *chakra* está localizado na região dos órgãos sexuais, tendo o paladar como sentido dominante; seu elemento é a água. Os principais problemas associados a esse *chakra* são a corrupção e a desordem causadas pela falta de energia causada pelo excesso de indulgência nos prazeres sensuais e na fantasia. Mas essa mesma sensualidade é a força responsável pelo impulso para todas as artes criativas.

No terceiro chakra, a característica dominante é o reconhecimento do ego e a busca pela imortalidade. O feto no útero recebe nutrição desse centro para apoiar seu desenvolvimento. Contém a grande conjunção das cadeias simpáticas à esquerda com o eixo cérebro-espinhal e está localizado na base do umbigo no plexo lombar; aqui, os nervos simpáticos estão conectados, correlacionados com as funções do sono e da sede. A visão é o sentido dominante, o fogo é seu elemento. O principal problema com esse *chakra* é o exercício do poder; impor a vontade do ego aos outros. O atributo positivo é a capacidade organizacional gerada pelo uso altruísta do poder.

No quarto chakra, o indivíduo se torna consciente dos padrões de comportamento em sua vida. Ele vibra na região do coração, a sede da árvore dos desejos celestiais. O coração é a sede do princípio cósmico — a vida. Esse *chakra* está no meio dos sete: três estão abaixo e três estão acima, então o *chakra* do coração é influenciado simultaneamente por forças superiores e inferiores. O ar é o elemento associado. Aqui, o maior problema é a tendência ao desequilíbrio, que envolve gastar muito tempo tentando corrigir o que foi. O atributo positivo é a fé como força motivadora da vida.

No quinto chakra, o indivíduo percebeu a compaixão e quer compartilhar com os outros como ele foi capaz de lidar e resolver as situações com as quais teve que lidar.

Esse *chakra* está localizado na garganta, na junção da coluna vertebral com a medula oblonga. É o *chakra* do conhecimento. O indivíduo se torna um conhecedor; sem educação formal e sem estudo, ele se torna um conhecedor de todas as escrituras. Ele é firme, gentil, estável, modesto, corajoso e livre de doenças e dores. Ele é generoso com todos e não tem expectativas. O problema é o autoritarismo. O éter é o elemento.

No sexto chakra, a preocupação dominante é a tarefa austera de elevar o conhecimento cada vez mais. Esse é o centro de comando dos movimentos. A pessoa que vibra nesse nível não tem problemas, está além da possibilidade de ser afligida por qualquer problema. Esse *chakra* é focado no terceiro olho, a região da glândula pineal. No sexto *chakra*, a dualidade se dissolve e a unidade é estabelecida na consciência, ele não é mais o indivíduo, mas percebe que é a Consciência Superior; ele habita nessa união e medita em sua verdadeira natureza, que está além do nível dos elementos.

No sétimo chakra, o indivíduo está além de todo prazer e dor. Esse *chakra* tem sua casa no lótus de mil pétalas no topo da cabeça. As escrituras dizem que aqueles que se estabelecem no sétimo *chakra* se tornam verdadeiros mestres, que por sua própria vontade podem criar tudo. Ele não se torna inerte ou inativo, mas é preenchido com a Consciência Superior e a bem-aventurança.

Mas é aqui que o egoísmo pode dominá-lo e as conquistas alcançadas até agora podem se tornar grilhões; ou a inércia pode fazer com que ele regrida ao engano e o traga de volta aos *chakras* anteriores. O movimento contínuo da energia, em sua ascensão e queda ao longo do caminho constituído pelo *chakra*, permite uma consciência de si mesmo pelo indivíduo, que se torna consciente de diferentes partes de si mesmo, de diferentes modos de reação e diferentes níveis; isto é, tornar-se consciente de suas necessidades altas e baixas, de seus potenciais e limites.

Esse movimento de energia é o movimento dinâmico entre GP e GN, que funcionam de forma complementar e antagônica. Em cada *chakra* há uma GN e um GP como meio de levar o indivíduo aos *chakras* seguintes ou anteriores, dependendo da consciência alcançada e do jogo que é jogado no presente.

De acordo com o hinduísmo, além e acima de todos os outros fenômenos está "Vaikuntha"[68], o mundo da Consciência Cósmica, que é a energia de todas as coisas manifestadas. Este mundo também é composto de "Mahat", o elemento que é a fonte dos elementos e não um elemento em si. A realização do homem consiste na autoconsciência total, na identificação com a Consciência Cósmica. Ainda de acordo com o hinduísmo, a partir do momento em que o indivíduo nasce, ele aceita a importância e o significado desse objetivo, que sempre será seu objetivo; qualquer que seja o desejo que o afaste de seu caminho, seu desejo primário e mais elevado sempre permanecerá o mesmo: sua própria libertação na autorrealização.

Vaikuntha é a morada de Vishnu e é o plano ao qual o indivíduo aspira depois de passar pela forma de existência em que se encontra no momento. *Brahma, Shiva e Vishnu*[69] compõem a *tríade*[70] da religião hindu. Brahma é o criador da existência fenomenal, ele é a força que energiza a consciência e a transforma em infinitas formas e padrões; Vishnu é a verdade que protege a consciência durante seu movimento ascendente, enquanto Shiva é a transformação, aquela que alquimicamente transforma o magnético em elétrico e o traz de volta à fonte. O Criador (Brahma), o Preservador (Vishnu) e o Transformador (Shiva) que compõem a tríade hindu, são os equivalentes da Trindade Ocidental.

Essa concepção, como todas as teorias, sejam religiosas, filosóficas ou científicas, constitui uma tentativa de compreender a realidade, visando também facilitar o aprendizado dos outros por meio de uma formulação clara.

Aqui está uma pequena história Zen:

"Naropa foi um grande estudioso e essa história aconteceu antes de ele se iluminar. Diz-se que ele foi um reitor distinto em uma grande universidade e que tinha dez mil discípulos. Um dia, Naropa estava sentado, cercado por seus discípulos e por milhares de textos sagrados, muito antigos e muito raros. De repente, ele adormeceu e teve uma visão; foi tão intenso que chamá-lo de sonho não seria preciso. Foi uma visão.

Ele viu uma mulher muito velha, feia, horrível, uma bruxa; era tão feia que Naropa estremeceu. A mulher perguntou-lhe: 'Naropa, o que você está fazendo?'.

Ele respondeu: 'Estou estudando'.

'O que você está estudando?', perguntou a velha.

Ele respondeu: 'Filosofia, religião, epistemologia, linguística, lógica...'.

A velha perguntou: 'Você é capaz de entendê-los?'.

E Naropa disse: 'Sim, eu os entendo'.

A mulher perguntou novamente: 'Você entende as palavras ou o significado?'. E seus olhos eram tão penetrantes que era impossível mentir para ela. Diante desse olhar, Naropa se sentiu completamente nu e transparente e disse: 'Eu entendo as palavras'.

A mulher começou a dançar e rir... e sua feiura mudou. Uma beleza sutil começou a brilhar em seu ser.

Naropa pensou: 'Eu a fiz tão feliz, por que não fazê-la ainda mais feliz?'. Então ele acrescentou: 'Claro, e eu também entendo o significado disso'.

A mulher parou de rir, parou de dançar. Ela começou a chorar e se desesperar e toda a sua feiura voltou, mil vezes mais acentuada.

Então, Naropa perguntou: 'por que essa mudança?'.

A mulher disse: 'Fiquei feliz porque uma pessoa tão sábia como você não mentiu. Mas agora estou chorando porque você mentiu para mim. Eu sei, e você sabe, que você não entende o significado disso.

A visão desapareceu e Naropa foi transformado por ela. Ele deixou a universidade, nunca tocou em um texto sagrado em toda a sua vida. Ele entendeu...".

Um homem de sabedoria, um homem de entendimento, tem ao seu redor um frescor, uma vida perfumada, totalmente diferente daquela que existe em torno da vida de um erudito, de um homem de conhecimento. Um homem que pode entender o significado torna-se bonito, um homem que só pode entender palavras torna-se feio. A mulher que Naropa vira era apenas uma projeção da própria interioridade de Naropa, de seu ser, que se tornara horrível por causa do conhecimento.

Naropa começou a procurar; agora os textos sagrados não eram mais de nenhuma ajuda para ele (Osho Rajneesh, *YOGA: O Alfa e o Ômega*, Fundação Rajneesh, 1977).

Compreender o significado significa ver a realidade como ela é, sem divisões, na própria experiência. O conhecimento pode ser um obstáculo a essa visão mais profunda e global da realidade, é como um véu que separa o sujeito do objeto.

A verdadeira sabedoria não divide, mas entende o significado de vivenciar a situação, sem a necessidade de criticar, avaliar, julgar. Para o homem sábio, mais simplesmente, a compreensão da realidade ocorre por meio de um processo de aceitação ativa, que não leva às armadilhas do julgamento e do preconceito.

Para a maioria de nós, é muito difícil ter constantemente em mente os limites e a relatividade do conhecimento conceitual. Como nossa representação da realidade é muito mais fácil de entender do que a própria realidade, tendemos a confundir os dois e tratar nossos conceitos como se fossem realidade. Um dos principais propósitos do misticismo oriental é nos libertar dessa confusão.

Os zen-budistas dizem que você precisa de um dedo para apontar para a lua, mas que não precisa mais se preocupar com o dedo quando avistar a lua.

O sábio taoísta Chuang-Tzu escreveu:

"O objetivo da panela é o peixe; depois de pegar o peixe, reserve a panela. O fim da armadilha é pegar a lebre; pegou a lebre coloque a armadilha de lado. O propósito das palavras é a ideia: uma vez que você entenda a ideia, coloque as palavras de lado.

No Ocidente, o estudioso semântico Alfred Korzybski apontou exatamente a mesma coisa com sua fórmula concisa: "O mapa não é o território".

O renomado psicólogo William James diz: "A consciência racional normal é apenas um tipo particular de consciência, enquanto ao seu redor, separada por telas muito sutis, existem formas potenciais completamente diferentes de consciência".

Nas brincadeiras naturais das crianças, esses aspectos não racionais, mais intuitivos e emocionais, são o motor de suas ações; o que os leva a novas descobertas e novos estímulos, para continuar o jogo e o crescimento.

A consciência, para os orientais, não nasce e não morre, é sempre ela mesma, o que muda é a forma com que ela se exterioriza no mundo fenomênico da matéria. Essa visão é comparável aos Arquétipos Junguianos e ao pneuma dos filósofos gregos. No jogo natural, o princípio não muda, permanece sempre o mesmo: espontaneidade. O que muda é o ato de criar.

Quando o indivíduo é levado a buscar uma resposta adequada a uma nova situação ou uma nova resposta a uma situação antiga, a força motriz é a espontaneidade. A espontaneidade é, nesse sentido, a voz do Eu. Viajando pelos mares na época da Guerra de Tróia, muitos marinheiros morreram ao contornar a ilha das sereias, guerreiros sedutores e poderosos que atraíam suas vítimas cantando canções nostálgicas. Enquanto os marinheiros procuravam a fonte daquelas vozes encantadoras, incapazes de resistir ao impulso de se aproximar da ilha, os navios colidiram com as rochas próximas e as sirenes os atacaram e destruíram. Odisseu estava ciente desses perigos, então, quando teve que atravessar a ilha, elaborou um plano: seus remadores colocavam tampões nos ouvidos para que não ouvissem a música sedutora e não se deixassem atrair, colocando em risco o navio. O próprio Ulisses se amarrou ao mastro para poder ouvir as canções encantadoras, sem, no entanto, se quebrarem nas rochas.

Em nossa opinião, o mastro do navio é como a espontaneidade; a experiência de estar ligado a ela é a sensação de estar ancorado ou ter uma base no centro de si mesmo, de modo que forças estranhas, pensamentos perturbadores ou poderosos, ou sensações dolorosas, não podem nos desviar do curso. Quebrar nas rochas representa cair nas mãos de forças estrangeiras, cair em jogos psicológicos, perder a conexão com a espontaneidade.

O contato com o Eu, ser um consigo mesmo, começa com a saída da unidade com o outro para se tornar dois; é um processo de separação, uma queda do paraíso. É nesse momento que começa a jornada do herói, nosso processo de transformação no tempo e no espaço.

A jornada também é um Arquétipo e segue os dois polos opostos da morte e do renascimento. Ocorre no tempo e fora do tempo; é um caminho descontínuo no qual constantemente nos encontramos tendo que superar uma condição inicial para ir mais longe. Esse processo é delineado em forma de espiral, a espiral eterna da vida. Caminhando por ele encontramos várias vezes o paraíso, do qual devemos nos separar para nos recuperarmos e podermos encontrá-lo novamente, mais tarde ao longo da estrada. O Paraíso nos tenta com suas satisfações, impedindo-nos de deixá-lo para seguir nosso caminho de crescimento; mas é apenas deixando-o crescer na consciência de nós mesmos e encontrá-lo novamente, sendo capazes de desfrutar de satisfações mais profundas.

O herói é o arquétipo de quem embarca na jornada e supera os obstáculos que encontra ao longo de seu caminho; aquele que faz sua a energia universal, tornando-a individual. Nos mitos e contos de fadas, o herói é um princípio de destruição e renovação, agindo no mundo como salvador e libertador. O herói se vê tendo que enfrentar grandes dificuldades que, uma vez superadas, lhe fornecem novas ferramentas para enfrentar as próximas e continuar a jornada de sua libertação. Para atingir esse objetivo, no entanto, o herói terá que enfrentar sua Sombra e lutar com ela, de modo a alcançar as regiões transpessoais onde o símbolo de sua imortalidade é guardado.

A sombra pode ser caracterizada por projeções poderosas, como a bruxa ou o feiticeiro, ou o outro em si desprezível. A sombra parece grande e opressiva. Para o Ego, a parte mais consciente e racional, o encontro com a sombra representa uma ameaça mortal, porque, do ponto de vista do nosso Ego, se ele assumisse o comando, o Ego seria relegado ao banco de trás, enquanto a parte proibida de nós mesmos, para não dizer repelente, ocuparia a parte da frente, ficando atrás do volante.

A esse respeito, Jung escreveu: "o encontro consigo mesmo é, antes de tudo, o encontro com a nossa Sombra. A sombra é um gargalo, uma porta estreita, cuja dolorosa restrição não poupa ninguém entre aqueles que descem às profundezas de si mesmos. Para saber quem somos, devemos aprender a conhecer a nós mesmos; porque depois da porta nos espera uma expansão ilimitada de nova insegurança, onde parece não haver nem dentro nem fora, nem acima nem abaixo, nem meu nem seu, nem bem nem mal. É o mundo da água, onde sou isso e aquilo ao mesmo tempo; onde experimento o outro contido em mim e onde o outro me experimenta".

Em nossos jogos psicológicos, encontramos o aspecto Sombra da personalidade, como uma cobra tentadora que nos leva de volta ao tempo interior do espaço psicológico. Isso leva à repetição de comportamentos estereotipados. Podemos dizer que o GP é ativado pelo conteúdo da sombra: pode ser um sentimento de vergonha em relação aos tabus relacionados ao sexo, defeitos físicos, decepções emocionais ou em relação a tudo o que gostaríamos de fazer, mas nunca ousamos colocar em prática. A sombra emerge em nossas projeções, em nossas reações violentas a um aspecto que vemos nos outros, mas não podemos ver em nós mesmos. Emerge das formas de dependência; de serem vítimas de comportamento compulsivo. Os conteúdos da personalidade que ativam a GN são aqueles que correspondem à curiosidade, à observação sem julgamento, à compreensão, aos aspectos que desejam compreender para alcançar um objetivo maior, que aspiram a uma realização satisfatória e total. A espontaneidade encontra na GN o meio mais apropriado para sua expressão e realização.

Esses dois jogos, esses dois movimentos, coexistem em nossa natureza: um busca a realização autônoma, o outro a regressão simbiótica. A busca por situações conhecidas, seguras e não criativas de um corresponde à busca pelo novo, pelo desconhecido e criativo do outro.

Esses dois elementos fluem naturalmente, alternando-se em um movimento harmonioso e livre, até encontrarem uma situação ao longo do caminho mais difícil que as outras, que nos obriga a nos garantir através de uma situação segura e conhecida, que não pode ameaçar nossa existência.

Os dois movimentos só podem se alternar por um tempo, para que não se tornem chatos e repetitivos. De fato, a repetitividade é por um certo tempo natural e desejável, um instrumento de experimentação e, portanto, potencialmente criativo. No entanto, quando atinge o automatismo e é colocado em ação por muito tempo, cai na memória de longo prazo e fica inconsciente. Estabelece-se assim o GP, que não é voluntário nem desejável, mas automático e desprovido das características da criatividade, que dão lugar à manipulação e à chantagem. Se a princípio isso pode ser uma estratégia do jogador, um pouco mais tarde se torna uma prisão que tirou a liberdade do jogador de escolher o próximo movimento; uma prisão da qual ele se sente incapaz de escapar.

A evasão é a interrupção da tendência à repetição, que pode ocorrer quando o indivíduo toma posse do material interno esquecido e removido, tomando consciência dele. A experiência esquecida torna-se uma ameaça à consciência, centrada nos conteúdos do Ego, e permanece como uma área não integrada e, portanto, caótica para a consciência atual. Quando ocorre a conscientização, a pessoa pode brincar novamente e continuar no caminho do crescimento pessoal.

As áreas caóticas fazem parte da estrutura da personalidade e são portadoras de conteúdo que foi removido por motivos relacionados à história de vida do indivíduo ou à cultura em que vive. Pode ser um conflito com uma figura parental ou uma situação de vida em que o indivíduo não conseguiu se expressar e permaneceu um buraco em suas experiências emocionais.

O brincar pode ser considerado a ferramenta que por excelência promove o crescimento e desenvolvimento físico, psíquico e emocional; é indispensável principalmente nas primeiras fases da vida e pode ser rastreada em sua importância fundamental tanto no comportamento das crianças quanto no dos animais. Os filhotes aprendem coisas de primordial importância para seu crescimento, mas também para sua própria sobrevivência: brincam para aprender a caçar e se defender de predadores. Nos humanos, as crianças brincam para aprender os papéis que terão que desempenhar nas relações pessoais e sociais no futuro.

Podemos observar como as crianças brincam de dominar certas situações, muitas vezes difíceis de resolver. Essas são dramatizações. De acordo com Johan Huizinga, o drama é um jogo e jogar significa interpretá-lo. Nas fases mais primitivas da infância, o drama pode ser composto por aprender a andar e brincar pode consistir na realização de diferentes movimentos, que podem ser usados lentamente para manter o equilíbrio. Dramas posteriores podem ser encenados sobre conflitos e sofrimentos que a criança encontra, para os quais ela tentará encontrar uma solução. Dessa forma, as crianças aprendem conceitos por meio da prática, que serão formulados em um nível simbólico muito mais tarde. O jogo é um movimento entre forças, que se opõem para criar um equilíbrio e promover o desenvolvimento. Isso é bem exemplificado no conceito do Tao, que se baseia na oposição e equilíbrio das duas forças chamadas yin e yang; o jogo de movimento entre as duas forças às vezes faz a luz aparecer, outras vezes a sombra. Esse é o jogo da consciência, que, com a alternância de luz e sombra, cria um movimento de crescimento, para a realização da personalidade global do indivíduo.

O CENTRO DE GRAVIDADE EMOCIONAL

O centro de gravidade de qualquer corpo é um lugar de equilíbrio pontual, um centro hipotético, no qual seu peso parece estar concentrado.

Os estudos de engenharia de construção baseiam-se no centro de gravidade das diferentes estruturas a serem construídas, para que possam subir de forma estável. Outro exemplo prático pode ser encontrado no transporte de objetos; quando transportamos um objeto, primeiro identificamos seu centro de gravidade, para que possamos distribuir seu peso igualmente.

Quanto ao nosso centro de gravidade, ele está localizado na pelve, alguns centímetros abaixo do umbigo, mas pode variar enormemente, e estar localizado em diferentes pontos do nosso corpo, dependendo da posição que assumimos. Como nosso corpo tem a possibilidade de assumir várias posições, a relação entre a projeção vertical do centro de gravidade e o polígono de suporte, que resulta da união dos pontos de contato com a superfície de apoio, é continuamente alterada. Quanto mais a projeção vertical do nosso centro de gravidade sai do polígono de suporte, mais aumenta a tendência de queda. Muitas vezes experimentamos perda de equilíbrio e possibilidade de queda, sem que isso aconteça.

O famoso *aterramento* dos Bioenergéticos, baseado na consciência do próprio corpo e do seu peso em contacto com a superfície de apoio, encontra aqui o seu fundamento. Se você não tiver os pés firmes no chão, existe a possibilidade de cair. Essa percepção causa uma sensação de insegurança. Na verdade, a pessoa é insegura porque está "mal apoiada em si mesma" e os segmentos do corpo estão, consequentemente, em desequilíbrio e capazes de cair a cada movimento.

A Terra tem um grande poder de atração sobre nós e isso não se deve apenas à força da gravidade, que nos mantém em contato constante com ela; a terra é a Grande Mãe. A terra nos convida a interromper qualquer atividade, a esticar nosso corpo em contato com ela. É somente na posição deitada que podemos existir sem ter que fazer nenhum esforço muscular.

A Mãe Terra atrai eternamente, com um convite constante para retornar ao útero, com um estímulo a ações involuntárias, as ações automáticas e inconscientes dos GPs. São aquelas ações que realizamos inconscientemente e pelas quais não nos sentimos capazes de assumir a responsabilidade.

Essa é, basicamente, a nossa expectativa primária e mais natural: deixar-nos levar por nossas ações involuntárias, sem perceber qualquer fadiga, nem nos engajar em nenhum esforço. Agir sem responsabilidade é a perda de escolha, dúvida, conflito e culpa.

Pode-se dizer também que o homem, ao longo de sua existência, está em luta com a terra, com a mãe primordial, a quem se opõe para não cair.

Desde o primeiro movimento que fazemos com o braço, até o momento em que conseguimos ficar de pé e andar, lutamos continuamente para apoiar as partes do nosso corpo no ar; nós nos "carregamos" no sentido mais literal do termo, impedindo-nos de nos deixarmos cair.

É a oposição à terra que nos permite a individualidade da posição ereta, assim como é a separação da mãe que permite autonomia e independência.

Assim como as proporções corporais (comprimento, largura e peso) e as qualidades dinâmicas (precisão, força e velocidade) de cada um são únicas, as posturas de cada um também são peculiares e únicas. Encontrar a(s) postura(s) significa encontrar-se, reconhecer-se em força e forma.

No entanto, é possível encontrar as posições que permitem que você se mantenha equilibrado ou aja da melhor maneira, até mesmo se permitindo cair para aprender. Muitas vezes é muito difícil deixar ir, deixar-se cair. Na verdade, temos milhares de reflexos que funcionam na direção oposta: ao mesmo tempo em que percebemos a tendência espontânea de cair, são acionados os mecanismos que tendem, com a mesma espontaneidade, a nos manter ou nos colocar de pé.

O orgulho humano depende essencialmente do conjunto de tensões, mais ou menos crônicas, que tendem a nos manter de pé.

As posturas são as formas que temos disponíveis para nos mantermos equilibrados em todos os momentos. São posturas que dão expressão aos diferentes papéis que assumimos na vida; cada papel tem posturas que se adequam a ele e cada postura tem seu próprio ponto de equilíbrio.

Querendo estender alguns conceitos da psicologia analítica junguiana, poderíamos dizer que as posturas estão conectadas ao conceito de Arquétipo. Você assume um papel sob a influência de um Arquétipo; esse último se manifesta em um papel, por meio das posturas adotadas para interpretar esse papel. Tudo isso ocorre dentro do contexto cultural, que fornece modelos de comportamento a serem seguidos; na verdade, nós os encontramos na ficção, na arte teatral ou cinematográfica, na literatura ou na mitologia.

Os modelos coletivos propõem maneiras de se expressar e organizar seu comportamento. Os arquétipos oferecem modelos psicomotores projetados para conter e transformar afetos.

De nossas inúmeras possibilidades motoras e comportamentais, algumas são mais simples, ou mais imediatas de perceber, ou mais utilizadas do que outras: são chamadas de papéis (Gaiarsa J. A., *Rev. Saúde Pública*, v. 21, n. 5, São Paulo, 1987).

No processo de crescimento, o Eu é o objetivo final a ser alcançado; equilíbrio, harmonização global, individuação. No entanto, não é um objetivo rígido, um objetivo fixo a ser alcançado, mas um processo dinâmico, no qual uma nova transformação ocorre em cada nível de integração. Ao longo desse caminho, o movimento entre GP e GN pode fornecer as ferramentas para facilitar o objetivo. Esse objetivo, embora permaneça sempre o mesmo — a realização do Eu —, muda sua forma de tempos em tempos e as ferramentas que usamos para perseguir o fim mudam. Cada novo equilíbrio passa por uma nova transformação, que produzirá um equilíbrio mais profundo e um estado de maior consciência; em que os mecanismos de GP e GN serão mais claros e a possibilidade de confundir e se identificar com eles mais manejável, de modo que as repetições compulsivas serão cada vez mais distantes e menos senhores de nós mesmos.

A aceitação é um dos passos mais difíceis de dar ao longo do processo de crescimento, porque é difícil para nós nos desapegarmos de nossas identificações mais primitivas, que nos dão segurança. Desprezar a inferioridade não é uma ação sábia. Jesus disse que é ao nosso irmão mais pobre e infeliz que devemos ouvir, entender e aprender com ele. O filósofo Carpócrates (primeiro século d.C.) sustentou que o menor de nossos irmãos somos nós mesmos; o homem inferior que habita dentro de cada um de nós.

Ouvir e aceitar o homem inferior em nós é o passo que nos permite crescer, dando um salto qualitativo em nossa consciência.

A principal diferenciação entre o GN e o GP está na forma como funcionam; enquanto a GN trabalha de forma descontraída e espontânea, o GP trabalha de forma tensa e sem qualquer liberdade. O irmão mais novo em nós geralmente é rejeitado por nós e ordenado a permanecer escondido. Em outras palavras, ele se vê enredado na dinâmica do GP que lhe impõe sua tirania e o transforma em escravo e vítima, negando-lhe qualquer saída.

Enquanto o irmão mais novo for rejeitado, ele não pode perceber que ele também é parte de si mesmo; do que persiste além de qualquer mudança aparente e que pode observar conscientemente essas mudanças sem se envolver nelas a ponto de perder a liberdade de escolha.

"Os bilhões de mudanças que ocorrem em nossas células são apenas o cenário passageiro da vida; por trás de sua máscara está o observador, que é a fonte do fluxo de consciência. Tudo o que pode fazer parte da minha experiência começa e termina com a consciência; cada pensamento ou emoção que captura minha atenção é um pequeno fragmento de consciência; todas as metas e expectativas que estabeleci para mim mesmo são organizadas na consciência.

O que os antigos sábios chamavam de Self pode ser definido em termos psicológicos modernos como um continuum de consciência, e a condição conhecida como consciência unitária é o estado em que a consciência é completa: a pessoa conhece todo o seu continuum sem máscaras, ilusões, buracos ou fragmentos quebrados" (Chopra D., *Ageless Body, Timeless Mind: A alternativa quântica para envelhecer*, 1993).

Dentro de nossa conceituação, o que causa a fragmentação é a dor causada pelos mecanismos do GP, impulsionada principalmente pela ganância, ganância, apego e egoísmo.

O remédio para combater essa dor é a GN, que é espontânea e sábia em si mesma e se afasta da ética da empatia e do amor incondicional. O amor incondicional é a centelha divina em cada um de nós que permite a compreensão de todos os outros seres humanos. Essa centelha, que existe na natureza, pode ser desenvolvida e se tornar o maior potencial de crescimento e realização.

Amar significa abrir-se a uma compreensão autêntica, que não consiste apenas num sentimento; pois sem compreensão profunda e verdadeira, não pode haver amor. A compreensão autêntica é em si mesma desprovida da vontade de julgar e, portanto, é uma aceitação que não pode ser ignorada para iniciar a mudança.

A parte de nós capaz de aceitar é a mais autêntica e espontânea, capaz de transcender o condicionamento dos modelos culturais, educacionais ou de experiência pessoal: o Eu. Ele pode ver emoções, pensamentos, ações, o que são; sem inseri-los nas categorias culturais e na racionalidade do Ego.

Tornar-se mais consciente e reconectar-se à GN, portanto, significa criar um espaço de amor, compreensão profunda de si mesmo e dos outros, por meio da percepção e da empatia.

A GN e o GP fazem parte dos movimentos que o psiquismo faz na tentativa de alcançar o eu, a totalidade de si e da existência. O movimento do GP, no entanto, é gerado pelo condicionamento; eles são, para os budistas tibetanos, uma causa de sofrimento e a causa de entrada na roda da existência. Os condicionamentos são representados, nesse caso, por três animais: o galo (apego), a cobra (ódio) e o porco (ignorância). São os véus que perturbam a visão da realidade, que é em si a impermanência de todas as coisas.

É essencial tomar nota da natureza transitória; isso também significa não se apegar a nada, mas saber relativizar tudo adequadamente, inclusive a nós mesmos e nossos sentimentos.

No desenvolvimento da consciência, o processo de crescimento passa primeiro pelo contraste, depois pela identificação e só depois pela compreensão (veículo da relativização) e subsequente integração e unificação. Dessa forma, uma integração original com a totalidade é devolvida.

GN e GP dão a possibilidade à consciência de tomar nota da transitoriedade, da impermanência. A mente tem funções, das quais é substanciada; eles diferem nos propósitos que os tornam contrastantes e em seu comportamento em relação aos conteúdos mentais conscientes e inconscientes com os quais têm que lidar.

As emoções são de fato simplesmente emoções, mas são definidas, julgadas e gerenciadas por nossas estruturas mentais, que, por meio das diferentes funções, filtram, selecionam e organizam os estímulos com os quais entram em contato. O material é assim organizado de forma a transformá-lo em algo conhecido, com base em condicionamentos passados.

O condicionamento interno e externo e a relação entre os estímulos ambientais e o indivíduo como um todo, delineiam a história desse indivíduo e vão estruturar o ego. No entanto, há também outra estrutura, que vai além do ego: o Eu. O Eu se coloca em uma dimensão transpessoal, indo assim além da história do indivíduo, até chegar à da humanidade e da criação, ampliando a dimensão do ego, que faz parte dessa dimensão mais ampla.

O Ego é o fator complexo com o qual todos os conteúdos da consciência se relacionam; ele é o sujeito dos atos conscientes da pessoa (C.G. Jung).

Um movimento equilibrado entre GP/GN e o ego cria uma dinâmica de desenvolvimento para a realização, o despertar do Ser. O condicionamento psicobiológico do GP tende a manter as coisas inalteradas, enquanto as ações espontâneas e criativas da GN irrompem na consciência de tempos em tempos e trazem mudanças. Ambos os impulsos pertencem ao Ego e ao Eu e, portanto, atuam como uma ponte e um agente de equilíbrio entre as duas estruturas. É assim que o ego é alcançado pelo Self, isto é, o conteúdo do Self alcança a consciência. Eles se tornam conscientes mediante a irrupção da espontaneidade (GN) dentro do condicionamento (GP); as irrupções criam um contraste de opostos que interrompe a fusão, a identificação com uma única dimensão, causando consciência. Para dar um exemplo concreto, embora muito simplificador, poderíamos imaginar o mundo inteiro de uma única cor. Se fosse esse o caso, não se estaria ciente dessa cor, mas se de vez em quando uma parte do mundo fosse tingida com uma segunda cor, você começaria a ter consciência tanto da primeira quanto da segunda, e do fato de que essas são as cores.

Deve ser criado um equilíbrio consciente entre o condicionamento (biológico, psicológico e cultural) e a criatividade, para que o Ego possa ser colocado em contacto com o Self, iniciando o caminho de realização do indivíduo.

De acordo com o budismo, se a corda estiver muito apertada ou muito solta, o som não é feito. Se houver apego ou desejo excessivo, não pode haver desapego suficiente e a energia universal permanece presa sem poder vibrar e realizar seu destino, que é a verdadeira felicidade.

Agora vamos voltar ao desenvolvimento. Para que uma pessoa atinja a plena maturidade de seu potencial psicofísico, é necessário que o organismo passe por várias transformações, tanto no nível físico, mental e emocional. O processo de maturação começa no ventre materno e atinge a maturidade do idoso, por meio de um desenvolvimento contínuo e repleto de mudanças.

Nosso objetivo agora é analisar o desenvolvimento do ponto de vista das teorias psicológicas convencionais; em particular, examinaremos o psicodrama. O psicodrama, criado por J. L. Moreno, é uma psicoterapia de grupo que solicita, por meio de diferentes ferramentas, o uso da espontaneidade; criando as condições para que os indivíduos entrem em contato com ela e a manifestem.

De acordo com Moreno, as principais etapas de desenvolvimento são:

1. Identidade;

2. Reconhecimento do Ego;

3. Reconhecimento do Você.

Após a concepção, mãe e filho estão unidos em uma pessoa, compartilhando alimentos e emoções até o momento do nascimento. A partir do momento em que a criança se separa da mãe, no nascimento, inicia-se uma longa fase de diferenciação que culminará na conquista de sua própria identidade. No primeiro período, no entanto, mesmo que fisicamente divididos, mãe e filho ainda formam uma única pessoa na experiência da criança. O recém-nascido vivencia uma experiência fusional com a mãe e acredita que é automaticamente satisfeito em todas as suas necessidades pelo ambiente externo, ou seja, a mãe, que, no entanto, ainda não se percebe como outra coisa senão ela mesma.

Nem a concepção espaço-temporal, nem as limitações corporais, nem o ego ainda existem para a criança; ele não se experimenta como algo separado e distinto, mas confuso com tudo o que vê. No entanto, ele vive a primeira fase do que Moreno chama de identidade. No entanto, isso não significa que o recém-nascido se identifique com os objetos que vê ou com sua mãe; é bastante "fundido" com eles. Para que ocorra a identificação é necessário que exista um ego estruturado, que busca sua identidade espelhando-se em outro ego igualmente estruturado. Portanto, só pode ocorrer quando, durante a maturação, a criança adquiriu a capacidade de viver como autônoma, distinguindo-se dos outros.

Nessa primeira fase, porém, é a mãe que substitui as funções do Ego para a criança, tornando-se a portadora de toda experiência para com a criança; agindo assim como um I[71] auxiliar. A mãe, em profundo contato empático com a criança, é guiada por seu inconsciente na relação com a criança; isso parece colocá-la em posição de perceber as necessidades de seu filho.

Mais tarde, durante os primeiros anos de vida, as primeiras experiências de identidade e separação do outro, em primeiro lugar dele, moldarão o destino da criança. A criança emerge desse estado fusional e desenvolve um universo mais complexo, no qual distingue várias coisas e o "eu" é formado e separado do "você" (de outras pessoas e coisas). A hipótese da identidade postula que no início da vida há unidade e integração e que a diferenciação se manifesta em segundo lugar.

A segunda fase, a do reconhecimento do ego, corresponde no psicodrama ao espelhamento. Todos nós conhecemos a admiração persistente com que uma criança se olha no espelho; no início, a criança não está ciente de olhar para a imagem refletida de si mesma, mas o que ela vê a atrai e, gradualmente, para provar que se vê, ela fará caretas. Quando finalmente tiver certeza de que vê sua imagem refletida, será porque terá dado um salto em seu crescimento, um avanço importante na compreensão de si mesmo.

O próximo passo será o reconhecimento do Você, do outro; essa terceira fase corresponde, no psicodrama, à troca de papéis. A criança é capaz de "sair" de si mesma, de forma simbólica, quando consegue se identificar no papel do outro, consegue assumir sua posição. Você pode observar, nesse sentido, como a criança em algum momento brinca de ser pai ou mãe, médico ou enfermeira, ou quando finge ser a esposa do papai e assim por diante.

Em resumo, pode-se dizer que as técnicas do duplo, do espelho e da troca de papéis, correspondem às três fases fundamentais do desenvolvimento evolutivo. A técnica do duplo reproduz a fase de identidade em que a criança vive como uma unidade com o mundo, fundida nele; em que nada está separado dele e, portanto, o outro não existe, assim como o "eu" não existe. A técnica do espelho permite reviver a fase em que a criança experimenta uma separação gradual entre ela e o outro (basicamente a mãe) e gradualmente se reconhece como um indivíduo por direito próprio. Finalmente, por meio da mudança de papéis, experimenta-se a consciência do Você, do outro diferente de si mesmo.

Essas três ferramentas estão, portanto, profundamente relacionadas às forças dinâmicas que promovem o crescimento dos seres humanos.

Podemos, portanto, entender o desenvolvimento como um caminho que passa infinitamente pelos mesmos três estágios em sequência: identidade, diferenciação, integração. Cada vez que retornarmos ao estágio de identidade, no entanto, será diferente daquele que experimentamos e entendemos um pouco antes; em vez disso, poderíamos de fato falar de identificações, que ocorrem com um eu cada vez mais evoluído. Cada vez que você gira a roda do crescimento, a integração se torna mais completa, na direção de uma maior compreensão de si mesmo e do mundo. Isso acontece ao longo de um *continuum* de consciência que constitui o Ser.

EMOÇÕES, MOTIVAÇÕES E NECESSIDADES

A dinâmica básica da personalidade (ou seja, o impulso motivacional para se adaptar) no indivíduo totalmente desperto é essencialmente altruísta, enquanto no homem comum é o egoísmo ou o desejo de poder, para usar a definição da psicologia ortodoxa, que prevalece. Para nossa cultura, o egoísmo, a agressão e a competição são necessários para o progresso. Qualquer pessoa que tenha visto um grupo Zen trabalhando em conjunto para um propósito comum pode ver que a cooperação e o altruísmo podem alcançar resultados surpreendentes. No campo das emoções, as analogias e diferenças entre o indivíduo comum e o indivíduo iluminado são mais diretamente visíveis. As emoções são a causa de grande parte do nosso comportamento. Para os psicólogos modernos, as reações emocionais são aprendidas; eles geralmente aceitam uma certa quantidade de emoções negativas como uma parte inevitável da condição humana. A psicoterapia e o behaviorismo, no entanto, têm trabalhado na transformação da emoção (Tart C., *Transpersonal Psychologies,* ed. Crisalide, 1994). O Zen também tenta eliminar ou reduzir emoções indesejáveis, herdadas, aprendidas ou condicionadas. De acordo com o budismo, o ódio, a raiva, o medo e o sofrimento surgem da ilusão, dos desejos egoicos. Por incrível que possa parecer ao próprio praticante, durante uma meditação intensiva, as emoções negativas diminuem gradualmente, desaparecendo no estado iluminado. Os opostos reconciliam-se: o egoísmo torna-se altruísmo, o ódio torna-se amor pelos próprios inimigos, para grande surpresa de quem tem esta experiência. O Zen se deleita com paradoxos; uma delas é que o mestre Zen às vezes pode manifestar raiva genuína. A intenção é chocar o aluno, afastando-o do pensamento ilusório, ou mesmo provocar uma iluminação repentina, se o professor souber que está pronto para isso. Nenhuma outra manifestação de emoções "indesejáveis" parece necessária. A prática constante da meditação dissolve o medo: a pessoa se sente segura, em casa no universo, capaz de superar qualquer teste. O sofrimento e a dor não desaparecem, mas são transcendidos; nos textos budistas, existem inúmeros exemplos da transformação das emoções. Nos centros Zen você pode observar ao vivo as mudanças nas emoções dos alunos. Todos esses fenômenos são atribuíveis à natureza intrínseca do verdadeiro Eu do homem e à natureza intrínseca do Dharma. A psicologia e a psiquiatria agora dão como certo que as emoções geram mudanças físicas, particularmente no sistema nervoso autônomo (simpático e parassimpático).

As emoções são a força motriz por trás das motivações, mas e as motivações? A Clínica Psicológica de Harvard classificou as motivações — incluindo objetivos e consequências — em 17 categorias, como Conquista (cumprimento de tarefas difíceis, competindo com os outros) e Agressão (superar a oposição pela força, ofender os outros).

Sem dúvida, o Zen reconhece no desejo de conquistar uma motivação humana, em particular no desejo de alcançar o *satori* (despertar). No entanto, o indivíduo que realizou o Eu tem como objetivo não a competição, mas a conquista de maior harmonia e empatia para com os outros.

Uma das normas que o Zen se compromete a respeitar é a de "não falar sobre as más ações dos outros".

A psicologia espiritual Zen reconhece algumas das motivações que aparecem no gráfico de Harvard, como "deferência" e "cuidado com os outros", embora o Zen tenda a expandi-las para incluir um dos famosos Quatro Votos: "todos os seres, como um corpo, juramos libertar".

Percorrendo a tabela de Harvard novamente, encontramos:

Jogue - passe seu tempo livre em esportes, competições ou recepções.

O significado final do jogo para o Zen é aquele que coincide com a nossa BN; "No momento em que a motivação utilitária é transcendida, tudo o que você faz naturalmente concorda com a lei (Dharma) e você tem... *samadhi* (concentração sem esforço) em que toda atividade é brincadeira" (Kiichi Nagaya, 1954). Em outras palavras, para o homem que atingiu um certo nível de desenvolvimento, o trabalho material é tão fácil quanto o jogo, e o trabalho criativo é duas vezes mais fácil.

Visualizando a consciência como um arranha-céu, cujos vários andares estão organizados de forma diferente e cada vez mais definida, poderíamos colocar no térreo o primeiro *chakra*, no qual ocorre a identificação de si mesmo em relação ao mundo material. Quando o ego corporal difere do ambiente material, ele se torna capaz de agir sobre ele graças às ferramentas do próprio corpo (como os músculos); quando o ego mental se diferencia do corpo, ele pode agir sobre ele e sobre o mundo com as ferramentas da mente (conceitos, sintaxe etc.) e assim por diante.

Em cada nível do arranha-céu da consciência, há um símbolo com o qual o Eu se identifica. Nos primeiros andares existe um ego muito primitivo, que faz com que o Self se identifique com o corpo, nos planos subsequentes o Self se identifica com emoções, sentimentos, linguagem e mente; para os outros, é identificado com um corpo sutil, como a alma, o espírito e assim por diante.

O desenvolvimento psicológico dos homens tem o mesmo objetivo que a evolução natural: a produção de unidades cada vez mais elevadas. A unidade última é o Ser, Deus ou Atman, a realidade última.

Desde o início, a alma intui sua natureza divina e busca, desde o início, atualizá-la como uma realidade e não apenas como um potencial oculto. Em nosso esquema, damos o nome de GN (a tendência espontânea na busca da Unidade) a toda dinâmica de crescimento que busca a unidade, e chamamos de GP qualquer obstáculo ou dificuldade relacionada a tal conquista.

Do compromisso entre GN e GP nasce uma unidade que substitui o Eu original, a realidade última, que é caracterizada pela harmonia ou equilíbrio; sempre que você alcança um ponto de equilíbrio, você está em um degrau mais abaixo na escada da consciência, o que leva à autorrealização.

Os jogos psicológicos são manobras e sequências fundamentalmente enganosas e, portanto, injustas, destinadas a extorquir uma relação de dependência e perpetuar a não autonomia, para garantir a segurança. Eles fornecem reconhecimentos previsíveis, satisfazendo assim desejos biológicos e algumas necessidades existenciais relacionadas à concepção de mundo do indivíduo (Scilligo P., Barreca M. S., *Gestalt e Análise Transacional*, Las, 1981).

Nesse sentido, no entanto, é importante entender que, a nosso ver, os conceitos de GN e GP são ampliados, a partir do modelo do *Projeto Atman* de Ken Wilber (1980).

Para Berne, um jogo é uma série progressiva de transações complementares adicionais, visando um resultado bem definido e previsível. Pode ser descrito como um conjunto recorrente de transações, muitas vezes monótonas, superficialmente plausíveis, com uma motivação oculta; ou, mais simplesmente, como uma série de movimentos insidiosos e "manipulados" (Eric Berne, *A che gioco giochiamo*, Tascabili Bompiani Rcs, 2000). Ou seja, é o conceito que acabamos de expor acima.

    Nosso conceito de GP inclui e vai além do de Berne e também vê o GN no caminho para a autorrealização.

A PERSONALIDADE INTEGRADA

De acordo com a psicologia tradicional, a personalidade é o conjunto de características que distinguem um indivíduo dos outros. Acredita-se comumente que essas características são determinadas por predisposições hereditárias, qualidades inatas, cultura e aprendizado dentro da família. A personalidade do indivíduo que realizou a si mesmo também é parcialmente determinada por predisposições hereditárias, mas ainda mais por predisposições inerentes ao inconsciente humano, como compaixão, altruísmo, amor. Tendências positivas podem ser despertadas pela prática da meditação Zen e pela iluminação. As tendências negativas podem ser transformadas ou reprimidas na iluminação parcial, eliminadas na iluminação total. Para evitar contradições aparentes, é bom distinguir entre o primeiro e o segundo tipos de experiência.

O Zen acredita que em todo homem existe a predisposição para realizar todo ou parte de seu potencial espiritual. O *Visuddhimagga* relata as seguintes palavras do Buda:

O Nirvana destrói os aspectos "desviantes" do ego — ódio, ganância, ilusão —, em que os *jhana* (estados de absorção) os reprimem. As sementes permanecem em um estado latente e, à medida que essas atitudes, estimuladas pelas situações apropriadas, emergem do estado jihadista e se tornam possíveis novamente.

Isso significa que nem todas as pessoas iluminadas/integradas devem ser consistentemente perfeitas.

As habilidades inatas também determinam a personalidade do indivíduo integrado; na realidade, eles são fortalecidos. A ativação do inconsciente mais profundo e do que é conhecido como "natureza búdica" intensifica particularmente as qualidades criativas.

A personalidade pode ou não ser influenciada pela cultura e educação familiar. No Oriente, onde a religião é profundamente sentida, a família e a cultura podem ser fatores determinantes. No Ocidente moderno, onde os valores familiares e culturais coincidem principalmente com o materialismo, o individualismo e a competição, o indivíduo pode rejeitar tais influências e escolher os valores de espiritualidade, intuição, unidade e cooperação.

     Mesmo as personalidades despertas têm características distintivas imutáveis, como o sexo masculino ou feminino; mas, ao mesmo tempo, têm várias características comuns, como compaixão, desinteresse, desejo de servir aos outros. A experiência da identificação da mente intuitiva com a mente cósmica cria o homem universal; e a experiência de fundir a mente racional com a mente instintiva cria o homem integrado.

CONCLUSÕES

Às vezes é sábio mostrar-se sem máscaras, outras vezes se esconder, às vezes se jogar para a frente com coragem, outras vezes fugir com as pernas. Em suma, não é possível traçar um caminho ideal para guiar ou empurrar uma pessoa que queremos ajudar a crescer. Se quisermos ajudar uma pessoa a crescer, só podemos fazê-lo antes de tudo se for essa pessoa que pede ajuda para sair de uma situação de sofrimento, e nossa ajuda pode não consistir em um guia, mas em permitir que o outro se sinta seguro e apreciado por quem ele é, para que ele possa escolher se quer ou não experimentar uma nova experiência; ou seja, poderíamos ser como a mãe, cujos braços abertos convidam a criança a tentar andar tranquilizando-a.

Não podemos forçar o crescimento, só podemos tornar o crescimento possível disponibilizando novas experiências, na esperança de que sua simples experimentação as torne preferíveis às passadas que causam sofrimento; mas só serão aqueles que experimentarem essas novas possibilidades que poderão preferi-las e, portanto, escolhê-las, ninguém poderá fazê-lo em seu lugar. Na verdade, só ele terá que gostar de novas experiências; e se ele não gostar delas, teremos que aceitar sua decisão de bom grado. Ou seja, teremos que nos colocar na atitude de "deixar ir" taoísta, um deixar ir que respeita e ama; que não só reconhece o crescimento e os mecanismos específicos que o promovem na direção certa, mas também reconhece e respeita o medo que esse crescimento pode acarretar, a lentidão no crescimento, os bloqueios, a patologia, os motivos que não o permitem de forma alguma...

A jornada da vida nos oferece pontos de inflexão, fases de transição nas quais é necessário deixar o passado para se integrar a uma nova visão. A transformação é sempre uma crise total do mundo psíquico, pois é uma fase da gestação que precede um novo nascimento de si mesmo. Nos sonhos e visões internas, esses pontos de inflexão são frequentemente representados por símbolos de catástrofe e renovação (cada queda e renascimento representa a transformação da consciência que perde sua identificação exclusiva com um determinado nível de consciência, para dar lugar ao próximo e, assim, subir a um degrau mais alto).

Nesses momentos cruciais, percebemos como os eventos de nossas vidas são determinados por forças muito maiores do que nós mesmos. Tudo o que era claro se torna ambíguo e tudo o que era diferente de nós se torna parte de nós mesmos.

A "sobrevivência do guerreiro", a "vitória do herói", são imagens arquetípicas, símbolo de uma capacidade de adaptação capaz de transformar qualquer acontecimento numa atitude revolucionária e mágica, onde a coragem de enfrentar os dragões interiores com disciplina, consequentemente nos coloca em posição de superar os exteriores com inteligência e sabedoria.

Do livro *Psicologia Integral,* de K. Wilber:

"A Psicologia Integral é a psicologia de todas as psicologias. A consciência é multidimensional, e as principais escolas de psicologia e psicoterapia abordam um nível diferente. O problema de decidir qual método é melhor é, portanto, um falso problema, uma vez que cada um deles se aplica a um nível diferente de consciência. Os caminhos oriental e ocidental coincidem parcialmente: as bandas de cada espectro se sobrepõem e, se o método oriental pode nos acordar de um sonho, o método ocidental pode, entretanto, evitar que ele se transforme em um pesadelo. Portanto, é útil usar ambos. Nossa identidade pessoal está intimamente ligada ao nível de consciência a partir do qual e no qual operamos. Portanto, mudar a maneira como conhecemos também muda o senso fundamental de identidade. Existem, portanto, muitos níveis de consciência, cada um com sua própria característica e com seu próprio 'nível de identidade'. [...] Cada uma das principais escolas de psicoterapia atende a um nível diferente de consciência. E a consciência, sendo multidimensional, isto é, composta de vários níveis, pode produzir formas psicopatológicas em todos os níveis. A Terapia Integral consiste, em todos os níveis, em tomar consciência de um pseudossujeito em particular e começar a considerá-lo objetivamente. Tornar um nível consciente significa vê-lo como um objeto, ou seja, deixar de confundi-lo com aquele que vê. Com a Psicologia Integral, portanto, há um processo progressivo de desidentificação de uma subjetividade limitada para uma mais ampla e inclusiva".

Ken Wilber propõe uma síntese do estudo da consciência humana que nos permite ter uma visão verdadeiramente integral e potencialmente transformadora. Suas ideias, que nos permitem integrar diferentes visões, Oriente e Ocidente, antigo e moderno, psique e matéria, ciência e religião, estão transformando o mundo da psicologia e os modelos da mente.

Como bem descreve I. Calvigioni em sua obra *Ciências Psicológicas e Técnicas para Intervenção Clínica para a Pessoa, o Grupo, as Instituições:*

"A nova cartografia da consciência, traçada pelo modelo integral de Ken Wilber, que propõe o homem como inclusivo de corpo, mente, alma e espírito, se traduz em modalidades terapêuticas que, sem deixar de reconhecer os conflitos dos níveis inferiores, para cuja resolução os fundamentos básicos da Psicologia Clássica permanecem indispensáveis, voltam-se para o desenvolvimento do potencial humano, indicando caminhos para uma compreensão mais ampla do sentido da vida e do caminho evolutivo. Durante a nossa era de pós-modernidade, pode haver o risco de não experimentar, precisamente negando a sua utilidade, aquele sentimento profundo e enraizado de interioridade ou de in-individualidade que só pode ser apreendido quando se está em paz consigo mesmo. O estado de consciência em que a inefável percepção não dualista da realidade se manifesta é um estado de consciência que não pode ser apreendido pelo pensamento racional, mas pode ser experimentado através da autoinvestigação, facilitada pela aplicação dos métodos de ponta da terapia transpessoal. Como Wilber demonstra, no entanto, esse período pode ser definido como um momento de *emergência espiritual muito forte*, que projeta a humanidade em direção a uma futura autorrealização, uma espiritualidade que evita qualquer forma de regressão, absolutismo ou categorização *a priori*, e que se baseia exclusivamente na experiência direta coerente e autêntica. Uma espiritualidade que está aberta aos verdadeiros valores da compaixão e do altruísmo, que sabe liderar dentro e além de seus próprios limites egocêntricos de segurança e aceitação. Uma *Holarquia* baseada em *incluir* e *transcender* em vez de reduzir e *negar* [...]. Somente abrindo nossa experiência para a evidente possibilidade dos domínios trans egoicos, podemos correr o risco, em minha opinião, de dar uma resposta à dúvida que há milênios anima a psique do homem, a saber, a relação entre o humano e o divino ou a matéria e o espírito."

Este livro decorre da principal motivação de que o bem-estar é ditado sobretudo pela disciplina, tanto na esfera mental quanto na física. As mais variadas práticas, tanto orientais como ocidentais, têm em comum a concretização deste objetivo, havendo apenas algumas assonâncias ou dissonâncias devido à diversidade natural dos princípios que lhe estão subjacentes. Cada cultura tem práticas e filosofias diferentes, mas todas têm como objetivo final a conquista da saúde, longevidade e felicidade.

Há um ditado que diz que "O verdadeiro sinal do conhecimento consiste em ter submetido a mente à disciplina, libertando-a das emoções negativas".

O próprio Dalai Lama, inspirado pela sabedoria oriental, nos diz:

"Todos nós aspiramos à felicidade e temos o direito de realizar esse desejo. Da mesma forma, cada um de nós tenta evitar o sofrimento e tem o direito de tentar derrotar a dor. Portanto, se a aspiração de alcançar a felicidade e superar o sofrimento é nosso estado natural de ser e constitui nossa busca natural, a questão que surge é como devemos nos mover para satisfazer essa aspiração.

A esperança, com este livro, é ter contribuído ao estímulo daquela vontade transformadora que habita em cada um de nós.

BIBLIOGRAFIA

É fornecida uma lista dos principais textos consultados e recomendados, mesmo que nem sempre expressamente citados no decorrer deste trabalho.

Abraham K. *Opere*, Boringhieri, Torino, 1975.

Adler A. – *Il temperamento nervoso*, Astrolábio, Roma, 1950.

– *Prassi e teoria della psicologia individuale*, Astrolábio, Roma 1947.

Al Huang C. – *Abbraccia la tigre, torna alla montagna*, Corbaccio, Milano, 1998.

– *Taiji*, Red, 1994.

Alberoni F. – *L'amicizia*, Garzanti, Milano, 1984.

– *Innamoramento e amore*, Garzanti, Milano, 1979.

Alexander F. – *Medicina psicossomática*, Giunti Barbera, 1951.

Allport G. W. – *Divenire: fondamenti di una psicologia della personalità*, Editrice universitaria, 1963.

Amaral S. – *Chi-Kun: a respiração taoísta*, Summus, 1994.

– *Nas asa do tempo: ativação do sistema imunológico*, Agora, 1997.

– *Em busca do samurai: respiração terapêutica, equilíbrio emocional*, Agora, 1999.

American Psychiatric Association – DSM IV-TR, *Manuale diagnostico e statistico dei disturbi mentali*, Masson, 2000.

Ammon G. – *Psicosomatica*, Borla, 1977.

Anversa C. R. – *Il recupero dei meninos de rua in Brasile*, tesi di laurea, facoltà di psicologia di Torino, 1997.

Anversa C. R., Borca C. D. – *Introduzione alla Psicoterapia Integrale,* Gruppo Albatro, 2010

Arieti S. – *Manuale di psichiatria*, Boringhieri, Torino, 1969.

Aronson E., Aronson J. – *O animal social*, São Paulo, Editora Goya, 2023.

Assagioli R. – *Psicosintesi*, Astrolábio, 1993.

– *L'atto di volontà*, Astrolábio, 1977.

Bachelard G. – *Il materialismo razionale*, Dedalo, 1975.

Bacot J. – *Vita di Milarepa*, Adelphi, 1998.

Baker E. F. – *L'uomo nella trappola*, Astrolábio, 1973.

Balint M. – *L'amore primario*, Cortina, 1991.

– *Medico, paziente e malattia*, Feltrinelli, 1961.

– *L'analisi didattica*, Guaraldi, 1974.

Bara B. G. – *Intelligenza artificiale*, Angeli, 1978.

Barbera M. – *Ontogenesi e biotipologia*, Roma, 1945.

Baroetto G. – *Consapevolezza*, Psiche, 1997.

Basaglia F. – *Che cos'è la psichiatria*, Baldini e Castoldi, 1997.

Baudouin B. – *Un anno con il Dalai Lama*, Armenia, 2004.

– *I precetti di vita del Dalai Lama*, Armenia, 2003.

Bauman Z. – *Amore Liquido*, Economica Laterza, 2006.

Beck A. T. – *La depressione*, Boringhieri, Torino, 1967.

Bedetti S. – *Gli insegnamenti del Buddismo tibetano*, De Vecchi, 2000.

Benedetti G. – *Alienazione e personazione nella psicoterapia della malattia mentale*, Einaudi, Torino 1980.

Benedict R. – *Modelli di cultura*, Feltrinelli, 1970.

Berger I. P. – *Perspectivas sociológicas*, Vozes, 1980.

Bergeret J. – *La personalità normale e patologica*, Cortina, 1984.

Bergson H. – *Introduzione alla metafisica*, Laterza, 1998.

Berne E. – *Fare l'amore*, Tascabili bompiani, 1991.

– *A che gioco giochiamo*, Bompiani, 1994.

– *Principi di terapia di gruppo*, Astrolábio, 1986.

– *Intuizione e stati dell'Io*, Astrolábio, 1992.

– *Analisi transazionale e psicoterapia*, Astrolábio, 1977.

Bertherat T. – *A toca do tigre*, Martins Fontes, 1996.

Bertolini P. – *Delinquenza minorile e disadattamento*, Armando, 1971.

Bhaktivedanta Swami P. – *La via della perfezione*, The Bhaktivedanta Book Trust Italia, 1990.

– *La Bhagavad-Gita*, The Bhaktivedanta Book Trust Italia, 1990.

Bianetti A., Canteri F. – *Introduzione alla meditazione trascendentale di Maharishi*, Il punto d' incontro, 1997.

Binswanger L. – *Melanconia e mania*, Boringhieri, 1971.

Blanchard K., Johnson S. – *O gerente minuto*, Record, 1981.

Blavatsky H. P. – *La voce del silenzio*, BIS, 1992.

– *I primi passi nell'occultismo*, BIS, 1993.

Bleuler E. – *Trattato di psichiatria*, Feltrinelli, 1967.

Boadella D., Jerome L. – *La psicoterapia del corpo*, Astrolábio, 1986.

Bolen S. J. – *Gli dei dentro l'uomo*, Astrolábio, 1994.

– *Le dee dentro la donna*, Astrolábio, 1991.

– *A sincronicidade e o tao*, Cultrix, 1979.

Bonino S., Lo coco A., Tani F. – *Empatia. I processi di condivisione delle emozioni*, Giunti, 1998.

Borel H. – *Wu Wei*, La fiaccola, 1957.

Bowlby J. – *Cure materne e igiene mentale del fanciullo*, Giunti barbera, 1957.

– *Attaccamento e perdita*, Boringhieri, 1976.

Borca D. C., Anversa C. R. – Olone (Principi Evolutivi Integrali). Goaldenbooks, Torino, Italy, 2019.

Brazier D. – *Terapia zen*, Newton Compton, 1997.

Briatore G. – *Scienza e parapsicologia-Psicologia ed esoterismo*, L'età dell'acquario, 1987.

Brisset C., Bernard P., Ey H. – *Manual de psiquiatria*, Masson, 1985.

Brown M., W. S. – *Analisi transazionale*, Cittadella 1990.

Bryant J.Cratty – *Psicologia no esporte*, Prentice, 1984.

Buber M. – *L'Io e il Tu*, Comunità, 1959.

Bueno M. – Introdução à tecno-humanização, Produção Editorial, 2021.

Bussagli M. – *I miti dell'oriente*, Club degli editori, 1976.

Capra F. – *Il tao della fisica*, Adelphi, 1982.

Caprara G. V. – *Personalità e aggressività*, Bulzoni, 1981.

Caracuchansky R. S. – *Vínculos e mitos*, São Paulo, Agora, 1988.

Cavicchi I. – *Filosofia della pratica medica*, Boringhieri, 2002.

– *La clinica e la relazione*, Boringhieri, 2004.

Celli N. – *Buddhismo*, Electa, 2006.

Chia M. – *A estrutura interior do Tai Chi*, São Paulo, 1997.

Chiera R. – *Meninos de rua*, Piemme, 1994.

Chopra D. – *Le coincidenze per realizzare in modo spontaneo i propri desideri*, Sperling, 2004.

– *La strada del Kama sutra*, Sperling, 2006.

– *Il potere, la libertà e la grazia*, Sperling, 2007.

– *Corpo senza età, mente senza tempo*, Sperling, 1994.

Chuen L. K. – *Tai Chi passo a passo*, São Paulo, 1999.

Civita A. – *Introduzione alla storia e all'epistemologia della psichiatria*, Guerini, 1996.

Clark D. H. – *Psichiatria e terapia sociale*, Feltrinelli, 1976.

Cleary T. – *Lo zen e l'arte del comando*, Newton, 1999.

Coelho P. – *Manuale del guerriero della luce*, Bompiani, 1997.

Cogliani E. – *Ken Wilber, una sintesi del pensiero*, Alba Magica, 2005.

– *La nuova visione del mondo*, Alba magica, 2000.

Coleman R. – *Guarire dal male mentale*, 2004.

Collins M. – *La luce sul sentiero*, Bis, 1992.

Confucio – *I dialoghi*, BUR, 1975.

Cooper D. – *Il linguaggio della follia*, Feltrinelli, 1979.

Cornu P. – *Padmasambhava, il Buddha dei tesori nascosti*, Amrita, 1999.

Crema R. – *Psicodança e análise transacional*, São Paulo, 1983.

– *Analise transacional centrada na pessoa...e mais além*, Agora, 1984.

Crompton P. – *O livro básico do Tai Chi*, São Paulo, 1998.

D' Angina R. – *Tai Chi Chuan: uma variação do Kung Fu*, São Paulo, 1995.

Da Liu – *Tai Chi Chuan e meditazione*, Ubaldini, 1988.

Dalai L. – *I sei stadi della meditazione*, Rizzoli, 2001.

– *L'arte della felicità*, Oscar mondadori, 2000.

– *La politica della compassione*, Chiara luce, 2004.

– *I sei stadi della meditazione*, Rizzoli, 2001.

– *L'arte di essere pazienti*, Neri Pozza, 1998.

– *Salvare il domani*, Mondadori., 2006.

– *Il Buddhismo del tibet*, Ubaldini, 1976.

– *I sentieri della sapienza e dell'incanto*, Mondadori, 2001.

– *La via della liberazione*, il Saggiatore, 2005.

– *I consigli del cuore*, Mondadori, 2003.

– *Dzogchen*, Amrita, 2003.

– *Le quattro sante verità*, Armenia, 1999.

– *La visione interiore*, Red, 1997.

– *L'abbraccio del mondo*, Sperling, 2005.

– *Samsàra*, Oscar M., 1997.

– *Illumina la tua mente*, Armenia, 2001.

– *I valori della vita*, Armenia, 1995.

– *Ponti sottili*, Neri Pozza, 1998.

– *Il sutra del cuore*, Sperling, 2003.

– *Il sonno, il sogno, la morte*, Neri Pozza, 2003.

– *L'arte della felicità sul lavoro*, Mondadori, 2005.

– *La strada che porta al vero*, Mondadori, 2004.

– *Verso il nirvana*, Oscar m., 2006.

– *Oceano di saggezza*, Newton Compton, 1989.

– *La luce della saggezza*, Sperling, 2004.

– *Lungo il sentiero dell'illuminazione*, Mondadori, 2006.

Dalai L., Goleman D. – *Emozioni distruttive*, Saggi mondadori, 2003.

Daniels M. – *Alla scoperta di sé*, Astrolábio, 1996.

Darwin C. – *L'origine della specie*, Newton, 1973.

– *L'espressione delle emozioni negli uomini e negli animali*, Boringhieri, Torino, 1982.

Daugherty W. – *Humano + Máquina: reinventando o trabalho na era da IA*, Alta Editora, 2019.

De Arno G. – *Viva mais e melhor*, Esfera.

De Luca A. – *La psicologia transpersonale*, Xenia, 1993.

De Martino E. – *Morte e pianto rituale nel mondo antico*, Einaudi, Torino, 1958.

De Martis D., Petrella F. – *Sintomo psichiatrico e psicoanalisi. Per un'epistemologia psichiatrica*, Lampugnani Nigri, 1972.

De Mello A. – *Istruzioni di volo per aquile e polli*, Piemme, 1996.

De Oliveira Ferreira M. – *Poder não garante felicidade*, editora gente, São Paulo, 1994.

De Saint-Exupéry A. – *Il piccolo principe*, Bompiani, 1995.

De Seta L. – *Le origini del senso di colpa*, Melusina, 1989.

De Souza Neto J. C. – *De menor a cidadao, filantropia, genocidio, politicas assistenciais*, Nuestra America, 1993.

Del Portillo Bedregal A. – *L'internazionalità dei fattori sociali ed economici*, Consolato della Bolivia, 1998.

Delza S. – *Tai Chi Chuan: corpo e mente em harmonia*, Good News Edition, 1961.

Derrick R. C. – *Ease hypertension with Tai Chi*, Essence, 1998.

Descartes R. – *Opere*, Laterza, 1986.

Deshimaru T. – *Lo Zen e le arti marziali*, Se, 1995.

Despeux C. – *Tai Chi Chuan: arte marcial, técnica da longa vida*. São Paulo, 1995.

Deutsch H. – *Psicologia della donna*, 1977.

Di Tiavea Tuiavii – *Papalagi*, Millelire, 1995.

Dias Victor R. C. S. – *Psicodrama*, Agora, São Paulo, 1987.

Dicionário de mitologia greco-romana – ed. Victor Civita, 1973.

Dimenstein G. – *A guerra dos meninos*, editora brasilense, 1990.

Dizionario della sapienza orientale – Mediterranee, 1991.

Drexel J., Iannone L. R. – *Criança e miséria, vida ou morte?*, Moderna, 1995.

Duyvendak J. J. L. – *Tao Te Ching*, Adelphi, 1973.

Eberhard W. – *Dizionario dei simboli cinesi*, Ubaldini, 1999.

Edinger F. E. – *Ego e arquétipo*, Cultrix, São Paulo, 1972.

Eliade M. – *Lo sciamanismo*, Mediterranee, 1992.

Eliade M. – *Arte dei metalli e alchimia*, Boringhieri, Torino, 1980.

Ellenberger H. – *La scoperta dell'inconscio*, I e II, Boringhieri, 1976.

Ellis H. – *Psicoanalisi del sesso,* Newton Compton, 1969.

Engels – *L'origine della famiglia,* editori riuniti, 1976.

Epicuro – *Lettere sulla felicità,* Millelire, 1992.

Epstein M. – *Pensieri senza un pensatore,* Ubaldini, 1996.

– *La continuità d'essere,* Ubaldini, 2002.

– *Psicoterapia senza l'Io,* Astrolábio, 2008.

Erikson E. H. – *Infanzia e società,* Armando, 1976.

– *Gioventù e crisi d'identità,* Armando, 1974.

Evans-Wentz W. Y. – *O livro tibetano da grande liberação,* Pensamento, 1954.

Evola J. – *La tradizione ermetica,* mediterranee, 1971.

Fanti S. – *Dizionario di psicoanalisi e di micropsicoanalisi,* Borla, 1984.

Farkas M. – *L'occhio zen,* Newton, 1998.

Faure B. – *Buddismo,* Idealibri, 1997.

Fenichel O. – *Trattato di psicoanalisi,* Astrolábio, 1951.

Ferenczi S. – *Opere,* Cortina, 1990.

Fisch R., Weakland J. H., Watzlawick P. – *Change, sulla formazione e la risoluzione dei problemi,* Astrolábio, 1974.

Fornari F. – *Le strutture affettive del significato,* Cortina, 1978.

Frazer J. G. – *Il ramo d'oro, studio sulla magia e la religione,* Boringhieri, 1990.

Freud A. – *L'Io e i meccanismi di difesa,* Martinelli, 1967.

Freud S. – *Opere,* Boringhieri, 1967-1980.

Fromm E. – *L'arte di ascoltare,* Oscar Mondadori, 1994.

– *L'arte di amare,* il Saggiatore, 1976.

– *Anima e società,* arnoldo editore, 1993.

– *Voi sarete come dei,* Ubaldini, 1970.

– *Avere o essere?,* Mondadori, 1977.

– *Studi sull'autorità e la famiglia*, Mondadori, 1976.

– *Fuga dalla libertà*, Comunità, 1976.

Fromm-Reichmann – *Psicoanalisi e psicoterapia*, Feltrinelli, 1964.

Gaiarsa J. A. – *Couraça muscolar do carater*, Agora, 1984.

Galimberti U. – *Gli equivoci dell'anima*, Feltrinelli, 1990.

– *Dizionario di psicologia*, UTET, 1992.

– *Psichiatria e fenomenologia*, Feltrinelli, 1979.

Ganeri A. – *Buddhismo*, Elledici, 2001.

Garcia S., Pizarro B. – *Codigo forma/color*, Oriens, 1980.

Gasca G., Gasseau. – *Lo psicodramma junghiano*, Boringhieri, 1991.

Gaston A. – *Genealogia dell'alienazione*, Feltrinelli, 1987.

Gedo E. J. – *Al di là dell'interpretazione*, Astrolábio, 1986.

Gelb J. M. – *Pensare come Leonardo. I sette principi del genio*, il Saggiatore, 2005.

Ghesce R., Ghesce D. – *Cambiare la mente*, Chiara luce, 1996.

Giacobbe G.C. – *Alla ricerca delle coccole perdute*, Ponte delle grazie, 2004.

– *Come diventare un buddha in cinque settimane*, Ponte alle grazie, 2005.

– *Come smettere di farsi le seghe mentali e godersi la vita*, Ponte alle grazie, 2003.

Gibson W. – *Neuromante*, Nord, 2004.

Gilot Boggio L. – *Il tempo dell'anima*, Psiche, 2001.

Gimbel T. – *La salud por el color*, Plus vitae, 1981.

Girard G. – *Simulazione e identità debole*, Stampatori, 1980.

Girard G., Vecchiato T. – *Per una teoria debole della soggettività*, Stampatori, 1988.

Goldberg A. – *La mente che si sdoppia*, Astrolábio, 2001.

Goldstein J. – *Un solo dharma*, Ubaldini, 2003.

Goleman D. – *La forza della meditazione*, Rizzoli, 1997.

– *Intelligenza emotiva*, Rizzoli, 1994.

– *La forza della meditazione*, Rizzoli, 1997.

Goleman D., Ray M., Kaufman P. – *Lo spirito creativo*, BUR, 1999.

Grasdorff G. Van – *Le parole dei Dalai Lama*, Armenia, 2000.

Greenspan I. S. – *L'intelligenza del cuore*, Mondadori, 1997.

Grof S. – *Além do cérebro*, McGraw-Hill, 1988.

– *Il gioco cosmico della mente*, Red, 2000.

Gruen A. – *Il tradimento del sé. La paura dell'autonomia nell'uomo e nella donna*, Feltrinelli, 1992.

Gunaratana H. – *La pratica della consapevolezza*, Ubaldini, 1995.

Gyaltsen T. S. – *L' essenza del cuore del Dharmakaya*, Ubaldini, 2002.

Hansard C. – *L'arte tibetana di vivere felici*, Newton Compton, 2003.

Harner M. – *O caminho do Xamã*, Cultrix, 1980.

Harris M. – *Cannibali e re*, Feltrinelli, 1994.

Harris T. A. – *Io sono O.K., tu sei O.K.*, BUR, 1995.

Hartmann H. – *Psicologia dell'io e problema dell'adattamento*, Boringhieri, 1966.

Hawking S. – *La teoria del tutto*, Rizzoli, 2003.

Hellinger B. – *Ordini dell'amore*, Urrà, 1988.

– *Riconoscere ciò che è*, Urrà, 2001.

– *I due volti dell'amore*, Crisalide, 2002.

– *Il grande conflitto*, Urrà, 2005.

Henderson K. D., Giliespie D. R. – *Trattato di psichiatria*, Universo, 1972.

Hillman J. – *L'anima del mondo e il pensiero del cuore*, Adelphi, 2002.

– *Le storie che curano*, Cortina, 1984.

– *Il suicidio e l'anima*, Astrolábio, 1972.

– *Il mito dell'analisi*, Adelphi, 1979.

– *Re-visione della psicologia*, Adelphi, 1983.

– *Intervista su amore, anima e psiche*, Laterza, 1983.

– *Anima*, Adelphi, 1989.

Hirai T. – *Meditazione zen come terapia*, RED, 1992.

Hochswender W., Martin G., Morino T. – *Il Budda nello specchio*, Esperia, 2005.

Horner A. – *Il desiderio del potere e la paura di possederlo*, Astrolábio, 1989.

Hua-Ching Ni – *La via mistica del Tao*, M. I. R., 2001.

Huai-Chin Nan – *Tao e longevità*, Astrolábio, 1986.

Huang Al C. – *Expansão e Recolhimento: a essência do Tai Chi*, São Paulo, 1979.

– *Abbraccia la tigre torna alla montagna*, Corbaccio, 1998.

Huard P., Wong M. – *Oriental Methods of mental and physical fitness*, Nova York, 1977.

Hull C. L. – *I principi del comportamento*, Armando, 1978.

Humphreys C. – *Guida alla meditazione*, Mediterranee, 1981.

– *Karma e rinascita*, Ubaldini, 1983.

– *Dizionario buddhista*, Ubaldini, 1981.

Huxley A. – *La filosofia perenne*, Adelphi, 1995.

Hwa T. J. – *Il Tao del Tai-Chi Chuan*, Ubaldini, 1986.

Ikeda D. – *I misteri di nascita e morte*, Esperia, 2005.

– *La saggezza del Sutra del Loto*, Oscar m., 2005

Jaspers K. – *Psicopatologia generale*, Il Pensiero Scientifico, 1964.

– *Genio e follia*, Rusconi, 1990.

– *Filosofia*, UTET, 1978.

– *Psicologia delle visioni del mondo*, Astrolábio, 1950.

Joao Paulo II – *Cruzando o limiar da esperança*, Alves, 1995.

Jones E. – *Il trattamento delle nevrosi*, Astrolábio, 1973.

Jongeward D., James M. – *Nati per vincere. Analisi transazionale con esercizi di Gestalt,* San Paolo, 1987.

Jung C. G. – *Opere,* Boringhieri,1970.

– *Ricordi, sogni, riflessioni,* BUR, 1993.

– *Respuesta a Job,* 1964, México.

– *Interpretação psicológica do dogma da trindade,* Vozes, 1979.

– *O símbolo da transformação na missa,* Vozes, 1979.

– *Psicologia e religião oriental,* Vozes, 1980.

– *Aion, estudos sobre o simbolismo do si-mesmo,* Vozes, 1976.

– *Mysterium coniunctionis,* Vozes, 1985.

– *A energia psíquica,* Vozes, 1985.

Kai-Fu Lee, Chen Q. – *2041: Como a inteligência artificial vai mudar sua vida nas próximas décadas,* Rio de Janeiro: Globo Livros, 2022

Kampenhout Daan van – *Immagini dell'anima,* Crisalide, 2005.

Kant I. – *Metafisica dei costumi,* Laterza, 1970.

– *Critica del giudizio,* Laterza 1960.

Kaplan-Williams S. – *Il potere dei sogni,* Xenia, 1993.

Kaufman D. – *Desmistificando a inteligência artificial,* Belo Horizonte: Autêntica, 2022.

Kempe S. R., Kempe C. H. – *Le violenze sul bambino,* Sovera multimedia, 1980.

Kerenyi K. – *Miti e Misteri,* Torino, Boringhieri, 1979.

Khan M. G. – *Buddha,* Mondadori, 2000.

Kit W. K. – *O livro completo do Tai Chi Chuan,* São Paulo, 1996.

Klein M. – *Invidia e gratitudine,* Martinelli, 1969.

– *Scritti 1921-1958,* Boringhieri, 1978.

Klein M. – *Autoanalisi transazionale,* Astrolábio, 1984.

Koch K. – *Teste da arvore*, Mestre Jou, 1975.

Kohler W. – *La psicologia della Gestalt*, Feltrinelli, 1961.

Kraepelin E. – Trattato di psichiatria, Vallardi, 1907.

Krieg P., Watzlawick P. – *O Olhar do observador*, Psy II, 1995.

Krishnamurti J. – *Verità e realtà*, Ubaldini, 1978.

– *Ai piedi del maestro*, Sirio, 1995.

– *Liberarsi delle illusioni*, Alaya 2004.

– *La ricerca della felicità*, BUR, 1994.

Kroeber A. L., Kluckhohn C. – *Il concetto di cultura*, il Mulino, 1972.

Kyabje Kalu Rinpoche – *La via del Buddha*, Amrita, 2000.

Laban R. – *Dominio do movimento*, summus editorial, São Paulo, 1978.

Lacan J. – *Scritti*, Einaudi, Torino 1974.

Lagazzi P. – *La saggezza dei maestri zen*, Guanda, 1994.

Laing D.R. – *L'Io diviso*, Einaudi, 1991.

– *Laços*, Vozes, 1974.

– *La politica dell'esperienza*, Feltrinelli, 1993.

– *L' Io e gli altri. Psicopatologia dei processi interattivi*, Sansoni, 1977.

Lama Anagarika Govinda – *I fondamenti del misticismo tibetano*, Ubaldini, 1972.

Lama Jigmela Rinpoche – *A...come Buddha!*, Amrita, 1996.

– *Passaggio tra due vite*, Amrita, 1999.

Lama Surya Das – *Gli otto gradini*, Mondadori, 2000.

Lama Thamthog Rinpoche – *La saggezza di Buddha*, Mondadori, 2004.

Lama Yesce – *La via del Tantra*, Chiara luce, 1988.

Lama Zopa Rimpoce – *Trasformare i problemi in soluzioni*, Chiara luce, 1993.

Lao-tze – *Tao-te-ching: Il libro del principio e della sua azione*, Mediterranee, 1992.

– *Il libro del principio e della sua azione*, Mediterraneee, 1972.

– *La regola celeste*, Acquarelli, 1994.

– *La naturalezza*, Mondadori, 2007.

Laozi – *Tao: il libro della via e della virtù*, Stampa alternativa, 1993.

Lapierre A., Aucouturier B. – *La simbologia del movimento*, Padus, 1997.

Lattuada P. – *Sciamanesimo brasiliano*, Xenia, 1989.

Lee M., Lee E., Johnstone J. – *Tai Chi Chuan para a saúde*, São Paulo, 1997.

Lee W. – *Tai Chi Chuan Simplificado*, São Paulo, 1995.

Lee L. M. – *Lian gong em 18 terapias*, Pensamento, 2004.

Leibniz G. W. – *Nuovi saggi sull'intelletto umano*, Laterza, 1963.

Leloup J. – *Cuidar do ser*, Vozes.

– *Caminhos da realização*, Vozes.

– *Terapeutas do deserto*, Vozes.

Levi-Strauss – *Le strutture elementari della parentela*, Feltrinelli, 1972.

Lewin K. – *Teoria dinamica della personalità*, Giunti, 1980.

Lewis C. S. – *I 4 amori: affetto, amicizia, eros e carità*, Jaca Book, 1982.

Lewis M. – *Il Sé a nudo*, Giunti, 1995.

Lin L. P. – *Saúde e Longevidade: o significado do Tai Chi Pai Lin*, São Paulo, 1994.

Lingiardi V. – *I disturbi della personalità*, Il Saggiatore, 1996.

Liu D. – *Tai Chi Chuan e I Ching*, São Paulo, 1997.

– *Tai Chi Chuan e meditação*, São Paulo, 1995.

Lombroso C. – *Genio e degenerazione*, Bocca, 1907.

Lorenz K. – *L'aggressività*, il Saggiatore, 1976.

Lorenzini R., Sassaroli S. – *Paure e fobie*, il Saggiatore, 1998.

Lorenzini R., Inglezis A., Mitola G. – *La psichiatria dal sintomo al segno*, Officina grafica la collina, 1995.

Lowen. A. – *Il linguaggio del corpo*, Feltrinelli, 1982.

– *Bioenergetica*, Feltrinelli, 1983.

– *Il tradimento del corpo*, Mediterranee, 1990.

Lyra J. – *Introdução à psicologia dos desportos*, Record, 1983.

Maharshi R. – *Sii ciò che sei*, Il punto d'incontro, 1985.

– *La scienza dell'essere e l'arte di vivere*, Astrolábio, 1970.

Malinowski B. – *Sesso e repressione sessuale tra i selvaggi*, Boringhieri, 1969.

– *Il concetto di cultura*, Einaudi, 1970.

Mantega G. – *Sexo e poder*, Brasiliense, 1979.

Marchino L. – *La bioenergetica*, Xenia, 1993.

Marie-Louise von Franz – *A alquimia e a imaginação ativa*, Cultrix, 1979.

Maslow H. A. – *Motivazione e personalità*, Armando, 1973.

– *Verso una psicologia dell'essere*, Ubaldini, 1971.

Mauss M. – *Le origini dei poteri magici*, Melita, 1977.

– *Teoria generale della magia e altri saggi*, Einaudi, 1965.

May R. – *L'amore e la volontà*, Astrolábio, 1971.

McDonald K. – *Come meditare*, Chiara luce, 1999.

McFarlane J. T. – *Einstein e Buddha*, Armenia, 2002.

Melchizedek D. – *L'antico segreto del fiore della vita*, I-II, Macro, 2002.

Mendes E. C. – *O universo paralelo da loucura*, Ground, 1987.

– *Personalidade hiperconsciente*, Pensamento.

Millette A. – *Saúde nas mãos do povo*, Paulinas.

Muller P. – *Pratiche taoiste*, ed. M.I.R.

Millman D. – *Le dodici porte*, Sonzogno, 1998.

Milner M. – *La follia rimossa delle persone sane*, Borla, 1992.

Minkowski E. – *Trattato di psicopatologia*, Feltrinelli, 1973.

– *Il tempo vissuto. Fenomenologia e psicopatologia*, Einaudi, Torino 1971.

– *Antropologia e psicopatologia*, Bompiani, 1967.

Moffat A. – *Psicoterapia do oprimido*, Cortez, 1983.

Moiraghi C. – *La via della forza interiore*, MEB, 1995.

Monteiro F. R. – *Jogos Dramáticos*, McGraw-Hill, 1979.

Moreno J. L. – *Manuale di psicodramma*, Astrolábio, 1985.

– *Psicodramma*, Cultrix, São Paulo, 1978.

– *Psicoterapia de grupo e psicodrama*, Mestre Jou, São Paulo, 1959.

Morin E. – *Introduzione ad una politica dell'uomo*, Meltem 2000.

Mouly J. G. – *Psicologia educational*, Pioneira, 1979.

Muller P. – *Pratiche taoiste*, M.I.R.

Murphy M., Redfield J. – *Il lato spirituale della vita*, Corbaccio, 2002.

Murphy M. – *Il futuro del corpo*, Gruppo futura, 1997.

Musatti C. – *Curar nevrotici con la propria autoanalisi*, Mondadori, 1987.

Mussen P. H. – *O desenvolvimento psicológico da criança*, Zahar, 1975.

Naffah Neto A. – *Psicodrama*, Brasiliense, São Paulo, 1979.

– *Psicodramatizar*, Agora, São Paulo, 1980.

– *O inconsciente*, editora àtica, 1985.

Nairn R. – *Che cos'è la meditazione*, Corbaccio, 2002.

Natali M. – *Técnicas básicas do Tai Chi Chuan*, Tecnoprint, 1988.

Negri F. – *La relatività biologica*, MEB, 1979.

Neumann E. – *La grande madre*, Astrolábio, 1981.

– *Storia delle origini della coscienza*, Astrolábio, 1978.

– *Evoluzione culturale e religione*, Armando, 1974.

Neumann K.E., De Lorenzo G. – *Buddha. I quattro pilastri della saggezza*, Tascabili Newton, 1992.

Norbu N. – *Il cristallo e la via della luce*, Ubaldini, 1987.

Nuzzi P., Gorgoni P. – *Il libro dei complessi*, Oscar m., 1980.

Oldenberg H. – *Budda*, TEA, 1992.

Olievenstein C. – *La vita del tossicomane*, Lauretana, 1987.

– *Il destino del tossicomane*, Lauretana, 1984.

Oliveira R.F. – *Efeitos do treinamento de Tai Chi Chuan na aptidão física de mulheres adultas e sedentárias*, 2001.

Orage A. R. – *La comprensione dell'essere*, Adea, 1995.

Orioli W. – *Teatro come terapia*, Macro, 2001.

Orweell G. – *1984*, São Paulo, Via Leitura, 2021.

Ossicini A. – *I ragazzi che fuggono*, Giunti barbera, 1963.

Rajneesh O. – *Quell'oscuro intervallo è l'amore*, Demetra, 2001.

– *Tantra, amore e meditazione*, news services corporation, 1992.

– *Tantra, la comprensione suprema*, Bompiani, 1996.

– *La nuova alchimia*, Psiche, 1997.

– *Tu sei il mondo*, Demetra, 1989.

– *L' avvelenamento della coscienza*, Millelire, 1990.

– *Perché dovrei affliggermi ora*, Millelire, 1992.

Palmer M. – *Il taoismo*, Xenia, 1993.

Pang Wai J. – *La felicità per voi ora*, L'età dell'acquario, 1992.

Parfitt W. – *La psicosintesi*, Xenia, 1993.

Patch Adams – *Salute!*, Urrà, 2004.

Pauletta G. M. d'Anna – *Sulla relazione e sul gruppo*, Il Segnalibro, 1996.

Pavlov I. P. – *Riflessi condizionati*, Boringhieri, 1966.

Pearsall P. – *Superimmunità*, Armenia, 1996.

Pearson C. S. – *L'eroe dentro di noi*, Astrolábio, 1990.

Pecollo J.-Y. – *Caminho para a consciência*, Record, 1989.

Pereira M. G. – Epidemiologia: teoria e *prática*, Guanabara, 1995.

Piaget J. – *Psicologia dell'intelligenza*, Editrice universitaria, 1964.

– *Il giudizio morale nel fanciullo*, Giunti barbera, 1973.

– *La nascita dell'intelligenza nel bambino*, La nuova italia, 1963.

– *Il linguaggio e il pensiero nel fanciullo*, Ed. Universitaria, 1968.

– *La rappresentazione del mondo nel fanciullo*, Boringhieri, 1966.

Pincherle T. L., Lyra A., Barsottini T.da Silva – *Psicoterapias e estados de trance*, Summus Editorial, São Paulo, 1985.

Platone – *Opere*, Laterza, 1973.

Polanyi K. – *La grande trasformazione*, Einaudi, 2000.

Pontalis L. – *Enciclopedia della psicanalisi*, Laterza, 1989.

Puini C. – *La via della liberazione buddista*, Fratelli melita, 1990.

Rank O. – *Il trauma della nascita e il suo significato psicoanalitico*, Guaraldi, 1972.

– *L'artista*, Sugarco, 1987.

Rapoport J. L., Ismond D. R. – *DSM IV, guida alla diagnosi dei disturbi dell'infanzia e dell'adolescenza*, Masson, 2005.

Regidor R. J. – *La teologia della liberazione*, Datanews 1996.

Reich W. – *Genitalità*, Sugarco, 1979.

– *Analisi del carattere*, Sugarco, 1973.

– *La biopatia del cancro*, Sugarco, 1976.

– *La funzione dell'orgasmo*, Sugarco, 1977.

Reiter W., Stöger G. – *Guarire dalle vecchie ferite*, Armenia, 2003.

Revel F. J., Matthieu R. – *Il monaco e il filosofo*, Tea, 1997.

Rivoire M. – *L'avvento della ragione*, Mondadori, 1963.

Robinet I. – *Meditazione taoista*, Ubaldini, 1984.

Rogers C. R. – *La terapia centrata sul cliente*, Martinelli, 1970.

– *Psicoterapia e relações humanas*, Interlivros, 1977.

Rohr R. – *Esercizi dell'anima per soli uomini*, Piemme, 1997.

Rosa G. J. – *No urubuquaqua, no pinhèm*, Nova fronteira, 1984.

Rosa Milha N. – *Psicologia do Jogo e aprendizagem infantil*, Pioneira, 1979.

Rossi L., Paulo Freire – *Profeta di liberazione*, Qualevita, 1998.

Rusch J. – *La matrice sociale nella psichiatria*, il Mulino, 1976.

Russell B. – *L'analisi della mente*, Melita, 1971.

Rutigliano G., De Giacomo, F. Margari – *Ottimizzazione della visita psichiatrica*, Franco Angeli, 1997.

Rutter M. – *Maternal deprivation reassessed*, Penguin, 1972.

Sacchi M., Vanni F. – *Gruppi e identità*, Cortina, 1992.

Sacks O. – *Vedere voci, un viaggio nel mondo dei sordi*, Adelphi, 1990.

Sadhu M. – *Samadhi*, Pensamento, 1976.

Saint Germain, conte – *Io sono*, L'età dell'acquario, 1996.

Sajles M. B. – *The problem child in school*, 1929.

Sansot P. – *Sul buon uso della lentezza*, Mondolibri, 1999.

Santos D. – *Feng shui per il corpo*, Il punto d'incontro, 1998.

Sarteschi R., Maggini – *Psichiatria*, Goliardica, 1982.

Sartre J. P. – *L'essere e il nulla*, il Saggiatore, 1968.

Satprem – *Sri Aurobindo*, Mediterranee.

Sayadaw M. – *La pratica dell' Insight*, Ubaldini, 1989.

Schellenbaum P. – *La ferita dei non amati*, Red, 1988.

Schilder P. – *Immagine di sé e schema corporeo*, Angeli, 1973.

Schipper K. – *Il corpo taoista*, Ubaldini, 1983.

Schleberger E. – *Le divinità indiane*, Mediterranee, 1999.

Schumann H. W. – *Immagini buddhiste*, Mediterranee, 1989.

Schwob M. – *Il dolore*, Il Saggiatore, 1997.

Scilligo Pio, Barreca M. S. – *Gestalt e analisi transazionale. Principi e tecniche* I-II, LAS,1981.

Segal H. – *Introdução à obra de Melanie Klein*, Imago, 1975.

Seneca – *Il tempo*, Millelire, 1992.

Shah I. – *La strada del sufi*, Ubaldini, 1971.

– *I pensatori dell' est. I maestri del sufismo*, Mondadori, 1981.

Shane J. – Voce Parece Uma Coisa e Eu Te Amo, Alta Editora e C. E., 2022

Shane M., Shane E., Gales M. – *Attaccamenti intimi*, Astrolábio, 2000.

Shinyashiki R. – *A caricia essencial*, Gente, São Paulo, 1980.

Sogyal Rinpoche – *Riflessioni sul vivere e sul morire*, Astrolábio, 1996.

– *Meditazione: cos'è e come praticarla*, Amrita, 1991.

– *Il libro tibetano del vivere e del morire*, Ubaldini, 1994.

Spitz R. A. – *Il primo anno di vita del bambino*, Editrice universitaria, 1962.

Sri Suresvara – *La realizzazione dell'assoluto*, Mediterranee, 1985.

Scandone E. – *La transe*, Xenia, 1993.

Spitz R. A. – *O primeiro ano de vida da criança*, São Paulo, Martins Fontes, 1980.

Staccioli G. – *Il gioco e il giocare*, Carocci, 1998.

Steiner C. – *Os papéis que vivemos na vida*, Artenova, São Paulo, 1974.

Stella S. – *Aspetti psicodinamici dell'adolescenza*, Stampatori, 1989.

– *Introduzione alla psicologia dinamica*, 1992.

– *Lo sviluppo mentale in Winnicott*, Stampatori, 1989.

Stevens J. – *Il gioiello nel loto*, Ubaldini, 1998.

Steward J. R. – *I miti della creazione*, Xenia, 1993.

Stryck L. – *Poesie zen*, Newton, 1983.

Stuart R.– *Inteligência artificial a nosso favor*, Companhia das Letras, 2021

Sullivan H. S. – *La moderna concezione della psichiatria*, Feltrinelli, 1961.

– *Il colloquio psichiatrico*, Feltrinelli, 1967.

Suzuki D. T. – *La dottrina zen del vuoto mentale*, Ubaldini, 1968.

– *Misticismo cristiano e buddhista*, Ubaldini, 1971.

– *Introduzione al Buddhismo zen*, Ubaldini, 1970.

Suzuki D. T., Fromm E., De Martino R. – *Zen, budismo e psicanálise*, Cultrix, 1960.

Suzuki Shunryu – *Rami d'acqua scorrono nell'ombra*, Ubaldini, 2000.

– *Mente zen, mente di principiante*, Ubaldini, 1976.

– *Lettere dalla vacuità*, Mondadori., 2005.

Svagito – *Le radici dell'amore, le costellazioni famigliari*, Urrà, 2007.

Tagore R. – *La felicità interiore*, Sarva, 1991.

Tansley D. V. – *Dimensoes da radionica*, Pensamento, 1977.

Tart T. C. – *Psicologie Transpersonali*, Crisalide, 1994.

Thich Nhat Hanh – *Il miracolo della presenza mentale*, Ubaldini, 1992.

– *La pace è ogni passo*, Ubaldini, 1993.

– *Il sentiero*, Ubaldini, 2004.

– *Insegnamenti sull'amore*, Neri pozza, 1999.

– *La via della trasformazione*, Mondadori., 2004.

– *La luce del Dharma*, Mondadori., 2003.

– *Il cancello di pino*, Psiche, 1997.

Too Lillian – *Il libro del Buddha*, Tecniche nuove, 2005.

Tsuda I. – *Il non-fare*, Luni, 2005.

Till M. – *A força curativa da respiração*, Pensamento.

Upanisad – *La via della liberazione*, Demetra, 2001.

Verger F. P. – *Orixás*, Corrupio Editora, 1981.

Wallace B. A. – *I quattro incommensurabili*, Ubaldini, 2000.

Watson J. B. – *La psicologia così come la vede il comportamentista*, Mulino, 1976.

Watts A. – *Taoismo: la via oltre la ricerca*, Red, 1999.

– *La via dello zen*, Feltrinelli, 1995.

– *L'esperienza della spiritualità*, Red, 1996.

Weil P. – *L'uomo senza frontiere*, Crisalide, 1996.

– *A neurose do paraíso perdido*, Cepa, 1987.

Weiss B. L. – *Muitas vidas, muitos mestres*, Salamandra, 1988.

Weiss E. – *Medicina psicosomatica*, Astrolábio, 1965.

Wilber K. – *La nuova era integrale*, Alba magica, 2006.

– *Il futuro della religione. Misticismo, spiritualità, religione, scienza, società nella nuova era*, Alba Magica, 2006.

– *Energie sottili e mondo fisico. Verso una teoria comprensiva delle energie sottili e fisiche*, Alba Magica, 2006.

– *Il progetto Atman. Una visione transpersonale dello sviluppo umano*, Tecniche nuove, 1997.

– *Grazia e grinta. La malattia mortale come situazione di crescita*, Cittadella, 2002.

– *Oltre i confini*, Cittadella, 2001.

– *Lo spettro della coscienza*, Crisalide, 1993.

– *Psicologia integral*, Cultrix, São Paulo, 2000.

– *O Olho do espirito*, Cultrix, São Paulo, 1997.

– *Psicologia integral*, Cultrix, São Paulo, 2000.

– *Boomerite*, Madras, São Paulo, 2002.

– *Um deus social*, São Paulo, Cultrix, 1987.

– *Uma teoria de tudo,* Cultrix, São Paulo, 2003.

– *A Uniao da alma e dos sentidos*, Cultrix, São Paulo.

– *Uma breve história do universo*, Nova era, 2001.

Wilber K., L. Boggio Gilot – *Il tempo dell'anima. Atti del congresso europeo di psicologia transpersonale* (Assisi, 2000), Psiche, 2001.

Wilber K., Engler J., Brown D. – *Le trasformazioni della coscienza*, Ubaldini, 1989.

Wilber K., Pribram K. H., Capra F., Ferguson M., Pelletier K. R., Weber R., Krippner S. – *O paradigma holográfico*, Cultrix, 1978.

Williams P. – *Il buddhismo Mahayana*, Ubaldini, 1990.

Winnicott D. W. – *La famiglia e lo sviluppo dell'individuo*, Armando, 1994.

– *Il bambino deprivato*, Cortina, 1986.

– *I bambini e le loro madri*, Cortina, 1987.

– *Gioco e realtà*, Armando editore, 2006

Woods M. S., Baron A. D. – *Psichiatria, pretest, 500 quiz di autovalutazione*, McGraw-Hill, 1989.

Wushu, *O guia chinês para a saúde e o preparo físico da família*, Record, 1981.

Xuanjie W., Moffet J. – *Qi Gong*, Jaca Book, 1994.

Yablonsky L. – *Psicodramma*, Astrolábio, 1978.

Yongey M. R. – *Budda, la mente e la scienza della felicità*, Sperling, 2007.

Zanotelli A. – *I poveri non ci lasceranno dormire*, Monti, 1996.

Zimmer H. – *Filosofie e religioni dell' India*, Mondadori, 2001.

Zocchi C. – *Padmasambhava, il prezioso maestro*, Promolibri, 1997.

SOBRE O AUTOR

Clovis R. Anversa, nascido em São Paulo em outubro de 1953, possui uma formação acadêmica e profissional diversificada e abrangente. Graduado em Ciências da Educação (1978) e em Psicologia (1979) no Brasil, recebeu o título de Doutor em Psicologia Clínica e Comunitária na Itália (1997), com uma tese sobre a recuperação de crianças órfãs e em situação de vulnerabilidade social.

Como psicoterapeuta, Clovis R. é especializado em Psicodrama e possui amplo conhecimento em diversas abordagens terapêuticas, incluindo Analise Transacional, Psicologia Analítica, Terapia Cognitivo-Comportamental e Terapia Corporal. Além disso, é um renomado especialista em Psicologia Transpessoal, tendo trabalhado com uma variedade de técnicas de terapias alternativas, como o Psicotranse, Terapia de vidas passadas (T.V.P.), Biodança, Respiração Holotrópica. Sua prática também abrange disciplinas como Tai Chi Chuan e Meditação Vipassana, que utiliza para promover o equilíbrio físico, mental e emocional.

Ao longo de sua carreira, atuou como educador e supervisor em diversas ASLs (Aziende Sanitarie Locali) no Piemonte, na Itália, e dedicou vários anos ao atendimento psicoterapêutico, tanto em seu consultório particular em São Paulo, Brasil, quanto em Rivoli, Itália. Trabalhou também em comunidades psiquiátricas em Torino, Itália, onde pôde aplicar sua abordagem integral no atendimento a pacientes com transtornos psiquiátricos.

Clovis R. Anversa também contribuiu significativamente para o campo da psicoterapia através de sua produção acadêmica, tendo escrito diversos artigos em revistas especializadas em arteterapia na Itália. Além disso, é autor de dois livros sobre psicoterapia integral, publicados na Itália, os quais refletem sua visão inovadora e integral da psicologia, integrando várias abordagens terapêuticas para o tratamento do ser humano de forma holística.

NOTAS FINAIS

1   Do posfácio de Olone, *Princípios Evolutivos Integrais*, ed. Goaldenbooks, Itália, 2019. Disponível em: https://noetica-scienza.blogspot.com/.

2   Texto de D.C. Borca, disponível em: http://happy-world.goaldenbooks.com/.

3   **Introdução**

A Psicologia Científica resolveu o conceito de Psique no de Comportamento, ou seja, na observação de processos psicológicos conscientes e inconscientes através dos quais um sujeito constrói suas respostas comportamentais. Entre as correntes psicológicas encontramos: **elementarismo** (os fenômenos psíquicos devem ser decompostos em seus elementos simples); **funcionalismo** (lê fenômenos psíquicos como funções pelas quais o organismo se adapta ao ambiente); **associacionismo** (todo evento psíquico complexo é um derivado da associação de ideias simples); **behaviorismo** (resolve a totalidade psíquica na conduta observável); **cognitivismo** (não coloca o comportamento, mas a mente no centro de sua construção psicológica); **a psicologia da forma** (baseada no estudo da percepção); **psicologia profunda** (interpreta processos mentais conscientes a partir do condicionamento inconsciente); **a psicologia da compreensão** (os fenômenos psíquicos não devem ser explicados, mas compreendidos no modelo das ciências históricas); **fenomenologia** (não considera o sujeito em seu isolamento, mas em sua relação original com o mundo); **psicologia sistêmica** (estuda o sujeito em seus processos comunicativos e relacionais por meio da cibernética); **psicologia diferencial** (estuda as diferenças individuais usando a psicologia experimental); **psicologia clínica** (estuda o aspecto subjetivo do homem, em que "clínico" não significa um objetivo terapêutico, mas a relação interpessoal); **psicofísica** (estuda as relações entre impulsos físicos e reações sensoriais em resposta a estes; **psicofisiologia** (estuda a relação entre o sistema neurológico e eventos psíquicos); **psicologia do desenvolvimento** (lida com o processo de formação e desenvolvimento mental, emocional e social do indivíduo, desde a infância até a idade adulta); **psicologia social** (estuda as interações humanas e as relações interpessoais de indivíduos, grupos e instituições); **psicolinguística** (estuda os aspectos psicológicos do comportamento verbal); **psicopatologia** (estuda as características dos comportamentos classificados como 'anormais', procurando suas causas); **psicologia dinâmica** (estuda os processos inconscientes que determinam o comportamento humano); **psicossomática** (estuda a evolução das doenças somáticas em relação aos eventos psíquicos); **psicodiagnóstico** (destinado a diagnosticar comportamentos anormais); **psicoprofilaxia** (destinada a prevenir o aparecimento de comportamento anormal); **psicologia do trabalho** (estuda problemas relacionados à organização, treinamento, orientação para o trabalho, para melhorar o desempenho da equipe); **psicologia forense** (lida com a verificação da integridade psíquica do acusado); **psicologia educacional** (estuda os vários aspectos dos processos pedagógicos da idade do desenvolvimento); **a psicologia da arte** (colabora com a crítica de arte na análise de fenômenos e produtos artísticos); **psicologia étnica** (lida com a psicologia de povos que pertencem a culturas diferentes da ocidental); **psicologia de massas** (estuda fenômenos coletivos e sua influência no comportamento individual); **psicologia política** (destaca as condições necessárias para a obtenção e manutenção do poder e as razões para seu enfraquecimento e degeneração); **psicologia militar** (estuda aptidões individuais para o comando e funções específicas); **psicologia do esporte** (inclui a seleção e treinamento de atletas, relacionamentos com companheiros de equipe e motivações para torcer); **psicologia ambiental** (coopera com programadores ambientais para melhorá-la de acordo com sua destinação); **psicologia analítica** (com Jung, a energia psíquica não se limita mais apenas às manifestações motrizes, como disse Freud, mas se estende a expressões culturais com propósitos criativos. O símbolo não é mais apenas um símbolo de conteúdos latentes, mas se torna uma instância operacional que promove o desenvolvimento e a transformação do homem. Portanto, não falamos mais de "cura", mas de um processo de 'individuação'); **psicologia rogersiana** (rejeita-se a hipótese de conflito de natureza sexual, em favor de uma concepção positiva do indivíduo que naturalmente tende à sua própria realização: organismo); **psicologia transcultural** (compara, para o mesmo aspecto ou comportamento, amostras de sujeitos pertencentes a diferentes culturas); **a psicologia transpessoal** (oscila entre o objetivismo científico e a compreensão intuitivo-existencial, reconhecendo, além de um eu, um Self. Por meio de estados extremos de alteração e modificação da consciência, como o êxtase e a experiência mística, ele é capaz de ir além dos limites tradicionais da experiência individual além dos limites normais do ego e da personalidade, para uma transformação radical); **psicologia humanista** (com Maslow inaugura-se o caráter de irredutibilidade do sujeito, onde as motivações para a ação não são causadas pelas motivações subjacentes, mas por uma necessidade de expressão) (*Cf.* Galimberti, *Dicionário de Psicologia*, Utet, 1992; Vinattieri M., *Dicionário de Psicologia e Psicanálise*, Sansoni, 1986; Pontalis L., *Enciclopédia de Psicanálise*, BUL, 1989).

4   **Psique**: palavra grega que etimologicamente significa "respiração" que anima e vivifica um corpo. Aristóteles comparou isso à vida. Os latinos traduziram "*psyché*" por "alma", mantendo o dualismo platônico de alma e corpo, onde a distinção entre o mental e o físico já existe. Com o nascimento da psicologia científica no século XIX, o termo "alma" foi abandonado, porque tinha muitas implicações filosóficas, metafísicas e morais e o termo "psique" tornou-se mais neutro e técnico. "[...] Platão, que, retomando a herança poética, religiosa, trágica, política e linguística do mundo grego, joga sua alma em um duplo registro, combinando-a, por um lado, com a construção da razão e do autogoverno, por outro, com o abismo da loucura e a dissolução do indivíduo. [...] De fato, não há razão senão como um sistema de regras que permitem ordenar a polivalência dos signos dos quais a loucura se alimenta. [...] A loucura que fala na ausência da razão, ou em seus vazios, é antes o contraponto da razão, sua modulação interna. [...] De fato, parece que, do ponto de vista da alma, toda nova palavra da razão só é possível libertando a cada momento os fragmentos de uma loucura secreta" (U. Galimberti, *Gli equivoci dell'anima*, Feltrinelli, 1987).

5   Comumente, por **Self** queremos dizer a totalidade das instâncias psíquicas relacionadas à própria pessoa, em oposição às relações objetais. **James W.** fala de três constituintes do Self: o Eu material que deriva da consciência do próprio corpo; o Eu social, formado pelas percepções que cada pessoa assume que os outros têm dele; o Eu espiritual, que é

a consciência que cada pessoa tem de si mesmo e de sua própria existência. Para **Allport G. W.**, o Self é o guia do comportamento e um critério de conduta. O Self é dinâmico e sua variação é contribuída por emoções, disposições, grau de consciência, nível de coerência lógica, tolerância à contradição e discrepâncias que, na interação social, o Self é inevitavelmente forçado a sofrer. **Kohut H.** concebe o Self como um sistema organizado de memórias que influenciam dinamicamente o comportamento. **Kernberg O.** interpreta o Eu como um polo de investimento narcísico, onde os objetos são internalizados, mas não metabolizados, de modo que o Eu não se integra, mas se expressa de tempos em tempos com atitudes que não têm continuidade entre eles, com a consequente falta de uma identidade sólida. **Bettelheim B.** estudou os efeitos psicóticos da falta de autoconstituição. **Arieti S.** conclui suas reflexões sobre o Eu, explicando que os sentimentos, ideias, escolhas e ações do homem atingem seu mais alto desenvolvimento na reciprocidade social, mesmo que comecem e terminem na intimidade do Eu consciente. **Horney K.** distingue um Eu atual que é a pessoa somática e psíquica como um todo, consciente e inconsciente; um Eu real que é o potencial de crescimento e desenvolvimento; um Eu idealizado que é uma identificação com uma imagem idealizada do eu. **Sullivan H. S.** chama os traços constantes e definitivos da personalidade, derivados da influência das relações interpessoais, de "sistema do eu". **Fromm E.** fala do "verdadeiro Eu", como a soma total do potencial de uma pessoa. **Adler A.** fala do 'Eu Criativo', ou seja, um sistema subjetivo altamente personalizado que preside as experiências psíquicas, ordenando-as em um estilo de vida a partir do qual cada indivíduo é reconhecível. **Minsky M.** fala do Eu como crenças sobre o que somos, incluindo o que somos capazes de fazer e o que estamos dispostos a fazer (*Cf.* Galimberti, *Gli equivoci dell'anima*, Feltrinelli, 1987).

Entre os primeiros pioneiros do estudo dos estágios de desenvolvimento do ego (e aqueles que influenciaram consideravelmente sua visão), Ken Wilber inclui Mark Baldwin, John Dewey, G. H. Mead, C. Cooley, Anna Freud, Heinz Werner, Edith Jacobson, H. Stack Sullivan, Heinz Hartmann, Rene Spiz, Erich Neuman, Edward F. Edinger, Clare Graves e Erik Erikson. Teóricos mais recentes (que Wilber considera úteis em sua opinião) são Jane Loevinger, John Broughton, Otto Kenberg, Jacques Lacan, Heinz Kohut, Margaret Mahler, James Masterson, Robert Kegan e Susanne Cook-Greuter. **Clare Graves** foi uma das primeiras (junto de Baldwin, Dewey e Maslow) a adotar um padrão evolutivo e mostrar sua extraordinária aplicabilidade a uma ampla gama de propósitos, de negócios a governo e educação. Graves propôs um modelo profundo e elegante de desenvolvimento humano, um modelo que pesquisas subsequentes confirmaram: "Resumidamente, o que proponho é que a psicologia do homem maduro é um processo espiral de desenvolvimento emergente e oscilante marcado pela subordinação sucessiva de sistemas de ordens inferiores e mais antigas de comportamento a sistemas mais novos e de ordem superior, com a mudança dos problemas humanos. Cada fase, onda ou nível sucessivo de existência é um estado pelo qual os indivíduos passam em seu caminho para outros estados de ser. Quando o ser humano está centrado em um estado de existência, isto é, quando o centro de gravidade do eu está em torno de um determinado nível de consciência, ele possui uma psicologia peculiar a esse estado. Sentimentos, motivações, ética e valores, bioquímica, grau de ativação neurológica, sistemas de aprendizagem e crenças, conceitos de saúde mental, conceitos do que é doença mental e como deve ser tratada, concepção e preferências de sistemas de administração, educação, economia, teoria e prática política são todos apropriados para esse estado. Graves enfatizou cerca de sete níveis principais — "níveis ou ondas da existência humana" — variando do autista, o mágico e animista ao sociocêntrico/convencional, ao individualista e integrado. Como costuma acontecer com os pesquisadores ocidentais, ele não reconheceu nenhum nível superior (transpessoal), mas as contribuições que fez para o pré-pessoal e o pessoal foram profundas. Devemos lembrar que praticamente todas essas concepções em camadas, de Maslow a Jane Loevinger, a Robert Kegan e Clare Graves, são baseadas em uma grande quantidade de pesquisas e dados. Eles não são apenas ideias conceituais e teorias favoritas, mas são baseados em todos os pontos por uma quantidade considerável de evidências cuidadosamente verificadas. Muitos dos teóricos do nível que Wilber apresenta (como Piaget, Loevinger, Maslow e Graves) testaram seus níveis em países do Primeiro, Segundo e Terceiro Mundo. A mesma coisa vale para o modelo de Graves, que atualmente foi testado em cerca de 50 mil pessoas em todo o mundo, sem grandes exceções ao seu esquema.

Com a conclusão da fase verde (Meme), a consciência humana é confrontada com um salto quântico para um "segundo plano no modo de pensar" (que corresponde a um segundo nível de consciência). Clare Graves considera-o um "salto de grande importância" em que se atravessa um abismo de significado de incrível profundidade. Essencialmente, com o segundo plano de consciência, o indivíduo pode pensar tanto horizontal quanto verticalmente, usando hierarquias e heterarquias. Pode-se, pela primeira vez, compreender vividamente todo o espectro do desenvolvimento interior e, assim, reconhecer que cada nível, cada visão de mundo (Meme), cada onda é de importância crucial para a saúde da espiral como um todo. Uma vez que cada onda transcende e inclui, cada uma é um ingrediente fundamental de todas as ondas subsequentes e, portanto, cada uma deve ser reconhecida e abraçada. Além disso, cada onda pode ser ativada ou reativada quando as circunstâncias da vida o exigirem. Em situações de emergência podemos ativar os empurrões do poder do vermelho, diante do caos podemos ativar a ordem do azul, na busca por um novo emprego podemos precisar dos empurrões para chegar ao laranja; no casamento e com os amigos laços de proximidade de vegetação. Mas nenhum desses "memes" pode fazer isso por conta própria sem apreciar a existência dos outros memes. Cada um desses memes de primeiro nível acha que sua visão de mundo está correta e a melhor perspectiva. Ela reage negativamente quando confrontada e se choca violentamente, usando suas ferramentas, sempre que é ameaçada. A ordem do azul é muito desconfortável tanto com a impulsividade do Vermelho quanto com o individualismo do laranja. O laranja das conquistas pensa que o azul é para pessoas abstratas e que os laços do verde são suaves. O igualitarismo do verde não pode coexistir facilmente com a excelência e classificações de valor, imagens grandes ou o que quer que pareça autoritário, e por isso reage fortemente ao azul, laranja e qualquer coisa além do verde. Tudo isso começa a mudar com o pensamento de um segundo nível. Usando o que podemos reconhecer como lógica da visão, o segundo modo de consciência pensa em termos da espiral da existência em sua totalidade, e não apenas em termos de um dos níveis (www.celestinian-center.com).

6 Nas culturas primitivas, **a Alma** é pensada como o princípio da vida, materializada em órgãos do corpo (o diafragma entre os gregos ou o coração entre os judeus) ou em objetos externos que, quando transferidos, carregam consigo a alma do doador. É comumente

assumido que a alma sai das aberturas naturais do corpo, especialmente a boca e as narinas. Os nativos das Marquesas costumavam fechar o nariz e a boca dos moribundos para prolongar sua vida, impedindo que a alma escapasse. A alma de um adormecido deve se afastar do corpo e realmente visitar esses lugares e ver essas pessoas e realizar os atos com os quais sonha. Assim, quando um índio do Brasil ou da Guiana acorda de um sono profundo, ele está perfeitamente convencido de que sua alma realmente foi caçar, pescar etc. Se um negro guineense acorda de manhã com dores nos ossos, ele acredita que sua alma foi espancada por outra alma enquanto ele dormia. É uma regra comum entre os povos primitivos, nunca acordar alguém que está dormindo, porque sua alma está ausente e ele pode não ter tempo de voltar; assim, se o homem acordasse sem sua alma, ele ficaria doente. Mas para que a alma de um homem deixe seu corpo, não é necessário que ele durma, ele também pode deixá-lo quando está acordado, e então a doença, a loucura e a morte acontecem. Quando um homem tem motivos para acreditar que sua alma está prestes a dar esse passo fatal, ele faz uma cerimônia para detê-la ou chamá-la de volta, na qual toda a família deve participar. Outras tribos acreditam que quando um homem está doente, sua alma deixou o corpo e vagueia para longe. O objetivo do mago é então capturar a alma errante e devolvê-la à pessoa doente. Mas a partida da alma nem sempre é voluntária. Pode também ser extraída contra a vontade do corpo, dos espíritos, dos demônios ou dos encantadores, ou mesmo de outros homens (*Cf.* J. G. Frazer, *Il ramo d'oro*, Boringhieri, Turim 1965).

Para **Platão** (Atenas 427 a.C. – Atenas 347 a.C., um dos maiores filósofos da história do pensamento ocidental) a alma é uma entidade bastante distinta do corpo. No mundo judaico, no entanto, alma e corpo eram a mesma coisa. Para **Plotino** (Grécia 205-270 a.C., um dos filósofos mais importantes da antiguidade, sucessor de Platão e fundador do neoplatonismo), a alma é imortal e é uma espécie de representação de todas as dimensões, com a capacidade de criar e dar vida, por emanação, a tudo e a cada indivíduo. As estrelas e os planetas também têm uma alma. Mas sua peculiaridade é que distinguiu a alma em "Alma Superior" (ligada ao espírito) e "Alma Inferior" (ligada ao corpo). Na **Cabala** (também escrito Cabala, que significa "receber" em hebraico) no **Zohar** (em hebraico: "esplendor", o livro mais importante desta corrente) existem três tipos de alma: 1), a Alma Inferior: representa a energia das funções vitais ou mais animais e todos os homens a possuem desde o momento do nascimento, tanto física quanto psiquicamente 2) a Alma do Meio: o Espírito. Não está presente desde o nascimento, mas é criado cultivando virtudes morais e sabendo distinguir o bem do mal 3) a Alma Superior: o Eu Superior. Representa a capacidade de tomar consciência, através do intelecto, da existência de Deus. Somente o homem está de posse dela, em comparação com qualquer outra forma de vida.

A **Igreja Católica** acredita em sua singularidade e universalidade. O próprio termo "católico" significa "universal", mas não contempla uma definição filosófica do conceito de alma. **O gnosticismo** (século II-III d.C., de *"gnòsis"*, que significa "conhecimento") foi um movimento filosófico-religioso no qual se afirmava que "a alma só se salva através do conhecimento", onde o universo pode ser conhecido mediante uma prática mais intuitiva do que empírica. Os gnósticos eram considerados pessoas "que sabiam", portanto "superiores" aos que não sabiam e para eles a alma era incriada e podia se mover, devido ao fenômeno da metempsicose (fenômeno diferente da reencarnação que proporciona, em vez disso, uma transformação na qual o corpo também está incluído), de um corpo para outro após a morte. **O judaísmo e o cristianismo** sustentam que a salvação da alma vem apenas pela fé. No **século XVIII**, com D. Hume, a alma se funde aos eventos psíquicos e, portanto, às percepções sensoriais. Começa-se a conceber a alma como um conjunto de estados de consciência aos quais nenhuma evidência cientificamente válida corresponde. **Testemunhas de Jeová** ("Jeová" ou "Deus"): movimento cristão protestante fundado em 1870 na Pensilvânia (EUA) por Charles Taze Russell e um grupo de estudantes das escrituras sagradas judaico-cristãs). Eles não acreditam na ressurreição, nem na imortalidade da alma, nem no inferno ou no purgatório ou na Trindade. O conceito de alma está ligado a pessoas ou animais ou à própria vida, portanto, não é um princípio imortal nem transcendente. Nas **religiões orientais,** a alma contém todas as experiências de todas as vidas que um homem se encontra vivendo. Na verdade, eles acreditam na reencarnação e culpam a incapacidade de lembrar vidas passadas pela distância que o homem tem de sua verdadeira natureza (a própria alma). Segundo eles, apenas os "Mestres" e os "Iniciados" têm a capacidade de se lembrar deles, pois sua principal identificação é com a natureza espiritual e não com a do ego humano. Na **tradição esotérica**, falamos da Alma Individual e da Alma Superior (Atman). O propósito de práticas como Yoga ou meditação é reunir o ego com a alma ou o Eu espiritual (*Cf.* Rosemary Altea, *Os Sinais da Alma*, Sperling & Kupfer; Marco Bertali, *Psiquiatria como "remédio da alma"*, Macro; James Hillman, *Alma. Anatomia de uma noção personificada*, Adelphi; Vito Mancuso, *A alma e seu destino*, Raffaello Cortina; James Hillman, *Entrevista sobre Amor, Alma e Psique*, Laterza, 1984).

No **campo psicológico**, apenas **C.G. Jung** fez uso extensivo da palavra alma, definindo-a como a verdadeira interioridade do homem, ao contrário de sua exterioridade que ele define como uma 'pessoa'. Ele também fala da alma feminina inconsciente que é própria do homem, e da alma masculina inconsciente que é própria da mulher. Para Jung, a alma aparece nos sonhos como personificada em forma mítica, é o lugar da emocionalidade, a fonte da criatividade e pode possuir consciência com seus traços opostos a ela. Para Jung, a alma não deve ser confundida com as ideias tradicionais da alma da religião e da filosofia, nem é apenas a psique, mas apenas um de seus muitos arquétipos (*Cf.* Galimberti, *Gli equivoci dell'anima*, Feltrinelli, 1987.).

7   **Espírito** em seu significado mais antigo, significa em grego "pneuma", ou "respiração animadora", "respiração". Para os **estoicos**, é o "ar" que dá vida a toda a realidade. Nas **religiões**, indica principalmente a essência individual, semelhante à alma. O **Espírito Santo** é um termo presente na Bíblia e, portanto, nas religiões cristã e judaica. Ele faz parte dos "Espíritos puros e infinitos", em oposição aos "impuros e mortais"; nas culturas que apresentam elementos de **animismo**, por outro lado, o Espírito ou Demônio é mencionado como o significado de uma criatura sobrenatural; na doutrina do **espiritismo**, por outro lado, é um ser incorpóreo. A **teologia e a filosofia** cristãs fazem do espírito o traço característico de Deus, da realidade sobrenatural e da alma em relação a essa realidade. Para **Descartes**, no *Tratado sobre as Paixões da Alma*, ele é aquele que sustenta toda atividade psíquica. A filosofia moderna de **R. Descartes** identifica o espírito com a realidade pensante (cogito), enquanto **B. Pascal** fala do espírito como o momento intuitivo da parte racional. No **Iluminismo**, o espírito é distinto da alma, é o produto da educação e dos costumes e é uma realidade psíquica que vem da natureza (a alma). **Kant,** em *Os*

Sonhos de um Visionário (ou seja, aquele "que vê espíritos"), de 1766, critica a interpretação espiritualista do termo e seu uso nas ciências ocultas. Para Kant, o espírito é, por outro lado, a originalidade criativa da razão e, portanto, é a base de todas as produções estéticas. O espírito é aquele que tem o poder de tornar a razão criativa e original (*Crítica do Juízo* e *Antropologia*). Com o **Romantismo,** o termo assume um valor metafísico. **Hegel**, em *Fenomenologia do Espírito* de 1807, dividiu-o em subjetivo, objetivo e absoluto. **Freud** rejeitou totalmente a noção de Espírito, para delegar tudo aos impulsos e instintos sexuais (*Cf.* Jung C. G., *Energia Psíquica*, em *Obras*, Boringhieri).

8   **Philip Melanchthon** (16 de fevereiro de 1497 – 19 de abril de 1560) foi um teólogo alemão, amigo pessoal de Martinho Lutero e um dos principais protagonistas da Reforma Protestante. Ele acreditava que uma boa formação filosófica era o pré-requisito para uma teologia sólida. Seu prestígio foi reconhecido em toda a Europa e, enquanto Lutero era um monge reformista, Melanchthon era um leigo moderado e pacifista. Extremamente diferentes tanto fisicamente quanto na alma (Lutero poderoso e forte no caráter e Melanchthon frágil e sensível), eles encontraram na amizade a possibilidade de uma colaboração frutífera para uma verdadeira reforma da Igreja. Juntos, eles traduziram o Novo Testamento para o alemão em 1521, o Antigo Testamento em 1524 e, em 1534, a Bíblia inteira, chamada de "Bíblia de Lutero", foi publicada. Com a morte de Lutero em 1546, Melanchthon tornou-se efetiva e definitivamente o chefe do movimento protestante (*Cf.* Heinz Scheible, *Filippo Melantone*, Claudiana, Turim 2000).

9   **Martinho Lutero** (10 de novembro de 1483 – 18 de fevereiro de 1546) Teólogo alemão e amigo de Lutero (ver nota 6) Ele foi o pai espiritual da Reforma Protestante. Lutero viveu uma religiosidade medieval. Em seu pensamento, todos os homens, inclusive ele mesmo, estão destinados ao inferno (*Cf.* L. Febvre, *Martinho Lutero*, Bari 1969) e a indignidade humana, causada pelo pecado original, leva inevitável e irreparavelmente, apesar dos esforços nas boas ações para obter o perdão, a pecar indefinidamente. Lendo as Sagradas Escrituras, rezando e meditando, ele foi capaz de chegar a uma interpretação diferente da relação do homem com Deus e da relação do homem com a Igreja: Deus e seus favores não podem ser ganhos nem comprados, e não há intermediários entre Deus e o homem, mas é o próprio Deus que é capaz de intervir diretamente sobre o homem. Não há mais necessidade do sacerdote ou da Igreja para que o homem seja redimido e não será um sacramento que dê a tranquilidade da própria salvação; isso, de fato, é desconhecido para os luteranos em vida e somente após a morte será conhecido se as boas ações e a fé de alguém terão sido suficientes para obter a salvação. A pregação contra a venda de indulgências foi, portanto, o primeiro passo da reforma empreendida por Lutero. O choque com as altas hierarquias eclesiásticas era inevitável. A partir de 1516, a fama de Lutero se espalhou por toda a Saxônia, graças à impressão de suas teses e ao interesse que seus temas despertaram no povo. Em 1520, o primeiro pedido da Igreja de Roma para retratar todas as suas teses, sob pena de excomunhão. Em 1521 ele foi excomungado por heresia. Apesar da situação extremamente perigosa, Lutero se casou com uma freira que havia renunciado ao hábito após a Reforma e continuou a espalhar suas ideias reformadoras que encontravam cada vez mais consenso. Assim nasceu um novo movimento religioso: o protestantismo (ver nota 8). Em muito pouco tempo, cada principado alemão ficou do lado da fé protestante ou católica, bem como na Escandinávia, Suíça e Inglaterra. Ainda hoje,

centenas de milhões de pessoas professam aderir aos ensinamentos do protestantismo (*Cf.* Thomas Kaufmann, *Lutero*, trad. por M. Cupellaro; Roland H. Bainton, *Martinho Lutero*; Lucien Febvre, *Martinho Lutero*; AA. VV., *O Consenso Católico-Luterano sobre a Doutrina da Justificação*, Claudiana; André Gounelle, *Os Grandes Princípios do Protestantismo*, Claudiana).

10   **Reforma Protestante** é o nome do movimento religioso que envolveu a Igreja Católica no século XVI e do qual nasceu o termo "protestantismo" (ver nota 7). A data do início da reforma coincide com a publicação de Lutero (31 de outubro de 1517) das 95 Teses sobre as Indulgências na Saxônia, em que os abusos dos pregadores contemporâneos em sua venda foram criticados. O objetivo de Lutero não era questionar a Igreja Católica como tal, mas seus costumes, e ele acreditava que ela havia perdido a verdadeira missão atribuída por Cristo. Por causa dessas teses, ele foi perseguido pela Igreja, mas protegido por alguns príncipes alemães. Sua maior crítica foi a da Missa: ela ainda não estava traduzida para nenhuma língua e, dessa forma, a palavra de Deus não podia ser ouvida por todos. É por isso que ele traduziu para o alemão. Ele também apontou que os clérigos estavam mais preocupados com objetivos econômicos do que com o sofrimento do indivíduo. Os ofícios eclesiásticos podiam ser obtidos mais para defender ou se beneficiar de renda, do que por méritos reais de dedicação ao ministério. Bispos e abades frequentavam frequentemente as famílias nobres da época, completamente desinteressados em aspectos religiosos. Mas, além de todas estas críticas, na base da reforma luterana está a convicção de que a Igreja não pode agir como intermediária entre Deus e o homem e, por isso, coloca-se com clara rejeição também em relação a todas as figuras dos Santos e de Maria (*Cf.* R. H. Bainton, *La Riforma protestante*, Einaudi, 1958; A. E. McGrath, *Il pensiero della Riforma*, Claudiana, 1989; S. Caponetto, *La Riforma protestante nell'Italia del Cinquecento*, Claudiana, 1997; G. Filoramo, D. Menozzi, *Storia del Cristiani: L'età Moderna*, Laterza, 1997; G. Tourn, *I protestanti. Uma Revolução*, Claudiana, 1993).

11   **Gustav Theodor Fechner** (Saxônia, 19 de abril de 1801 – Leipzig, 18 de novembro de 1887) foi um físico e matemático estadunidense. **A psicofísica** tenta demonstrar correlações particulares entre o mundo físico e a vida psíquica. Segundo Fechner, a tendência homeostática à estabilidade do universo se reflete tanto na psique humana quanto em todos os seus conteúdos, e na funcionalidade do princípio do prazer da psique humana podem ser encontrados relacionados às teorias da física newtoniana (*Cf. Elementos de psicofísica*, 1860; *Anatomia dos Anjos*, 1825; *Manual de Vida Após a Morte*, 1836; *Sobre as coisas do céu e da vida após a morte*, 1851; *Teoria física e filosofica degli atomi*, 1855).

12   **Immanuel Kant** (22 de abril de 1724 – 12 de fevereiro de 1804) foi um dos principais filósofos da Alemanha. Seu mérito está no estudo inovador da epistemologia baseada na crítica. Seu objetivo é questionar o conhecimento para revelar seus limites. O ponto de partida de toda a sua filosofia é que ninguém, nem racionalistas nem empiristas, jamais foi capaz de conhecer verdadeiramente a relação entre "conhecido e conhecedor". Em sua opinião, os empiristas têm um conhecimento *a priori* que influencia o conhecimento; e os racionalistas sabem as coisas de acordo com a forma como lhes aparecem e não como são. Neste mundo, ele reconhece a existência de um "mundo de coisas" separado do próprio conhecimento humano. Ele acredita, portanto, que "as coisas em si mesmas" são impossíveis para a mente humana conhecer. Na ***Crítica da Razão Pura***, ele explica que o conhecimento deriva da sensibilidade (como os fenômenos são percebidos, com base

no espaço e no tempo; estética transcendental; lógica transcendental), intelecto (aquele que produz os conceitos das coisas; lógica analítica) e razão (aquele que tenta explicar a realidade através das ideias de alma, Deus e mundo; lógica dialética). Por "estética" não queremos dizer "belo", mas "atividade do espírito que conhece" e por "transcendental" tudo o que está separado do sujeito pensante. É, portanto, o próprio elemento transcendental que tem a capacidade de organizar todas as impressões sensoriais, e é a própria incapacidade da mente humana de transcender tais fenômenos que é a base da dialética transcendental de Kant. Daqui surgem três ideias fundamentais: a ideia da Alma (a experiência interna), a ideia do Mundo (a experiência externa), a ideia de Deus (a experiência interna e externa). Mas não podemos conhecer essas três ideias, porque no exato momento em que as conhecemos, inevitavelmente as condicionamos e, portanto, nos distanciamos delas. Na **Crítica da Razão Prática**, Kant afirma que isso é possível por meio da consciência moral. Segundo ele, há de fato a presença de um imperativo moral ao qual o homem obedece livremente, pelo dever de obedecê-lo e não por qualquer propósito. A conduta moral do homem deve, portanto, responder a esse imperativo central, categórico e universal, de modo que é essa mesma consciência moral que permite ao homem transcender o fenômeno. O homem, na vida, como fenômeno, é movido por impulsos e paixões, mas se ele obedece ao imperativo categórico moral, então ele não pertence mais a um mundo mecânico, mas a um mundo livre. Obedecer ao imperativo categórico é, de fato, uma liberdade do espírito e é total responsabilidade e liberdade do homem. Na **Crítica do Juízo**, Kant descobre o finalismo da natureza e alcança a unidade da filosofia, entre a razão teórica e a razão prática, entre o conhecimento e o desejo, entre as grandes ideias do suprassensível e da liberdade. Na Crítica do Juízo, Kant, portanto, tenta mitigar o claro distanciamento que existia em seu sistema entre a lei da liberdade (ou dever) e a causalidade mecânica (ou da natureza). A história reconheceu a honestidade científica e a nobreza de intenções de Kant. O seu epitáfio resume a sua filosofia: "Duas coisas na vida foram-me muito queridas: o céu estrelado acima de mim, a lei moral dentro de mim" (*Cf.* Kant, *Crítica da Razão Pura*, Laterza, 1963; Kant, *Crítica da Razão Prática*, Laterza, 2006; Kant, *Crítica do Julgamento*, Laterza, 1997; E. Garroni, *Estética e epistemologia. Reflexões sobre a "Crítica do Julgamento" de Kant*, Unicopli, 1998; O. Höffe, *Immanuel Kant*, Il Mulino, 2002; Abbagnano N., *Dicionário de Filosofia*, UTET, 2006; *História da Filosofia*, UTET, 2003).

13 **Ken Wilber** nasceu em 1949, em Oklahoma City. Ele morou em muitos lugares durante seus anos de escola, já que teve que seguir seu pai que estava na Força Aérea. Ele completou seus estudos do ensino médio em Lincoln, Nebraska, e começou seus estudos médicos na Duke University. Durante o primeiro ano, ele perdeu todo o interesse em seguir uma carreira nas ciências e começou a ler sobre psicologia e filosofia, tanto oriental quanto ocidental. Ele voltou para Nebraska para estudar química. Depois de concluir sua especialização em bioquímica, ele deixou a academia para se dedicar inteiramente ao estudo e à escrita. Com 20 livros sobre espiritualidade e ciência, traduzidos para 25 idiomas, Wilber é agora o autor acadêmico mais traduzido nos Estados Unidos. Ele é visto como o expoente mais importante da psicologia transpessoal, que surgiu na década de 1960 da psicologia humanística, e que tem como tema o self e a espiritualidade, a partir dos quais Wilber evoluiu para a Visão Integral. Hoje ele é, sem dúvida, o expoente mais credenciado da Visão Integral com seu Instituto Integral que reúne milhares de mentes de todas as

disciplinas em projetos concretos para a realização integral de problemas. Por mais de quinze anos estudou e se dedicou ao Zen-budismo.

Sua estreia foi com a ópera *The Spectrum of Consciousness* (escrita em 1973, quando ele estava prestes a se formar, e publicada em 1977). Com este trabalho inicial — que integra a psicologia oriental e ocidental — Wilber imediatamente se qualificou como um pensador original. Isso foi seguido *por No Boundary* (1979), *Beyond Borders, The Atman Project* (1980) e *Up from Eden* (1981) com os quais ele cobriu os territórios do desenvolvimento psicológico e da história cultural, respectivamente. No início, ele deu uma contribuição decisiva com seu trabalho para o desenvolvimento da psicologia transpessoal, mais tarde superada ("superada e incluída") na Visão Integral que emerge claramente com *Sexo, Ecologia, Espiritualidade* (1995).

A psicologia transpessoal — que, por sua vez, emerge da psicologia humanística — teve seu iniciador em Abraham Maslow nos anos sessenta. Em Roberto Assagioli teve seu primeiro codificador, mas em Wilber encontrou a maior e mais importante contribuição, que o levaria à Visão Integral. A psicologia transpessoal visa a identificação da unidade subjacente a qualquer multiplicidade aparente e, precisamente por isso, não se limita à dimensão humana, mas se expande para as dimensões do Kosmo (o termo Kosmo é aqui entendido no sentido wilberiano como uma realidade composta por matéria, mente, alma, espírito e sua profunda unidade). A psicologia transpessoal se "ramifica" da psicologia tradicional e segue seu próprio caminho completamente original, pois, com o propósito de compreender a totalidade da vida, não se limita ao estudo do que é verificável de acordo com a ciência restrita, mas vai até a consideração de realidades subjetivas, consideradas como pertencentes exclusivamente à área mística, religiosa e metafísica. Em seu primeiro trabalho *O Espectro da Consciência*, Wilber abordará o problema — sob uma nova luz — do reconhecimento científico dessa realidade e sua integração em uma visão mais ampla. Em *Sexo, Ecologia, Espiritualidade* e depois, particularmente em *Uma Teoria de Tudo*, ele fornece uma nova visão da ciência e do Cosmos com uma visão unificadora que se baseia essencialmente em: a nova concepção de hólon introduzida por Arthur Koestler e suas leis; a metodologia científica expandida; sobre as contribuições científicas das grandes escolas de pensamento: do pensamento matemático e físico de Schroedinger, Heisenberg, Gödel, Einstein e do surgimento/ressurreição — da visão não dual na compreensão da realidade (toda ela, incluindo a tradicional científica estreita) — aos grandes pesquisadores da psicologia e da antropologia – basta pensar em Piaget, Maslow, até as novas metodologias de aplicação de Beck e Brown da Spiral Dynamics, aos estudos sobre o potencial humano de Michael Murphy (cofundador do Instituto Esalen e um dos fundadores e diretores do Instituto fundado por Wilber, o Instituto Integral) e à Prática Transformadora Integral da qual Wilber expande a visão com Murphy, Leonard, Chopra e muitos outros — com quem enfrenta no Instituto Integral a partir de 2000 o estudo concreto de problemas em vários campos usando a Visão Integral e particularmente "Os Quatro Quadrantes". Uma característica de Wilber é que ele não deixa nenhum setor do conhecimento, incluindo a nova metafísica, sem métodos e habilidades de teste. Junto dessa característica está a de não deixar ninguém ser privado de ferramentas adequadas para realizar plenamente seu nível de consciência. Como ele afirma continuamente em suas referências à Prática Integral, em particular à PTI, a Prática Transformadora Integral representa uma possibilidade de desenvolvimento para todos aqueles que vivem na vida cotidiana comum; nos últimos anos, ele próprio conduziu seminários introdutórios sobre PTI em seu Instituto. Além dos trabalhos publicados em volumes, o trabalho de Wilber é de importância impressionante por meio de centenas de artigos que muitas vezes, especialmente nos últimos anos, são colocados na forma de diálogo com personalidades conhecidas da pesquisa humana e com entrevistas/ensaios que ele divulga sobre vários temas. Wilber editou vários periódicos, em particular o *Revision Journal, New Science Library, The Journal of Transpersonal Psychology* e, em seguida, *One Taste* publicado como um volume como uma coleção. Em seu ensaio *Grace and Grit* (1991), Wilber faz um relato comovente de seu caso com sua segunda esposa, Treya, que morreu de câncer em 1989. Wilber também ofereceu um amplo vislumbre de sua vida e experiência espiritual no livro *One Taste* (1997), que é uma espécie de jornal pessoal.

Atribuiu à sua obra mais relevante o título **Sexo, Ecologia, Espiritualidade** (1995 – posteriormente integrado na edição de 2000). É particularmente volumoso: 850 páginas divididas em três volumes, 300 dos quais são notas densas que resumem em um pequeno corpo uma série inumerável de referências e sínteses; é o próprio autor que os considera como um terceiro volume após os dois primeiros em que a obra é dividida. Essa obra seminal, *Espiritualidade da Ecologia Sexual* é considerada uma grande síntese de espiritualidade, ciência, arte, tradições do Oriente e do Ocidente. Em 2000, Wilber fundou o **Instituto Integral** para o estudo da ciência e da sociedade de um ponto de vista integral. Por causa da natureza fundamental e pioneira de suas concepções, Wilber foi chamado de "O Einstein da consciência" (*www.celestinian-center.com*).

14   **Es** é um pronome da língua alemã que S. Freud considera adequado para indicar os aspectos subjetivos e impessoais dos movimentos instintivos. Seu conteúdo é parcialmente herdado e inato, parcialmente removido e adquirido. O termo nasceu em 1922, como um ponto de conflito entre o ego e o superego. "O reprimido é claramente separado apenas do ego, através das resistências da repressão; pode, no entanto, se comunicar com o ego através do id" (Freud, 1922, p. 486-487). O termo já havia sido usado por F. Nietzsche e Groddeck. "Ao recorrer aos instintos, o id é preenchido com energia, mas não possui uma organização, não expressa uma vontade unitária, mas apenas o esforço para obter satisfação para as necessidades instintivas na observância do princípio do prazer" (Freud, 1932, p. 185-186). (*Cf.* S. Freud, *Introdução à Psicanálise*, Obras; G. Groddeck, *O Livro do Id*, Bompiani, 1981; G. Groddeck, *A Linguagem do Id*, Adelphi, 1969).

15   **Eaco Cogliani** nasceu em 1943 em Melilli (SR). Físico, matemático e evolucionista, tem interesse no desenvolvimento e aplicação de modelos integrais em ciência, tecnologia, relações humanas e sociais e relações com o meio ambiente. Desde o início dos anos 1960, ele estuda a poluição radioativa em relação à proteção das populações humanas e de todos os seres vivos. Na década de 1970, desenvolveu o Movimento Escola-Trabalho com base numa prática integral, holística-integral, na formação e desenvolvimento de competências e valores humanos, para a integração das mais altas expressões da humanidade na nova etapa evolutiva, para a divulgação da Nova Visão do Mundo na integração da Ciência e da Consciência. Em 1986, depois de Chernobyl, criou cursos práticos sobre proteção contra radiações nucleares para a população no centro de Milão. Em 1978, ele passou um período na China. Distribuiu na Itália a primeira tradução do Manual de Acupuntura da

Academia de Ciências Tradicionais de Pequim e publicou um dos primeiros textos sobre Shiatsu. Em 1997, estabeleceu o Centro Celestiniano como um sistema de relações para desenvolver potenciais individuais e coletivos, inspirado em *A Profecia de Celestino*, de James Redfield, o tratado de Michael Murphy *O Futuro do Corpo*, o Instituto Integral de Ken Wilber, baseado nos estudos de Daniel Goleman sobre Inteligência Emocional (IE) e os movimentos de Ecologia Integral. Fundou a revista de estudos espirituais e científicos da Nova Era, *Alba Magica*. É membro do Instituto de Ciências Noéticas (IONS) da Califórnia, que realiza pesquisas sobre a Consciência, fundado pelo astronauta Edgar Mitchell. Organizou inúmeras conferências, incluindo "Por uma nova consciência planetária", "Pela Paz e pela Vida", "Meio Ambiente, Espiritualidade, Sociedade: o mundo em um ponto de virada, o que fazer?" (2006); "L'Aquila torna a volare" (2009). Realiza seminários e cursos sobre o desenvolvimento do potencial humano, o propósito da Vida e o uso dos recursos internos, inteligência emocional e criatividade. Ele conduz os cursos de Prática Transformativa Integral (PTI) modelados após o Instituto Esalen de Michael Murphy e o curso "Visão Integral" modelado após o Instituto Integral de Ken Wilber. Desenvolve aplicações do modelo integral nos campos energético e sócio-organizacional. Entre suas obras: *Curso de Proteção contra Radiação Nuclear*, publicado em folhetos nas bancas em 1987 e posteriormente em um único volume; *Manual de Proteção contra Radiação Nuclear para a População*, 1989; *Um salto em frente na Evolução?*, 1999; *Manual Teórico e Prático de Shiatsu*, 1999; *Consciência e Evolução Econômica na Nova Era*, 2000; *A Nova Visão do Mundo*, 2000; *Energia, Vida, Consciência*, 2002; *O potencial para uma civilização da paz: capacidades humanas e consciência*, em *"A superação de conflitos"* com outros autores, 2004; *Ken Wilber, uma síntese do pensamento de Ken Wilber*, 2005. *Energia, o que fazer?*, 2006. *Terremotos, Manual da População*, 2009. Editou a publicação das seguintes obras de Wilber, considerado o "Einstein da consciência", das quais editou o prefácio, a seção introdutória e a parte bibliográfica e documental: *Energias sutis e o mundo físico, O futuro da religião, A nova era integral*, publicado em 2006. Ele lida com modelos, sistemas e aplicativos integrais. Vídeo TV Responsibility.TV: http://www.responsibility.tv/Italia/LAquila_Tornera_a_Volare2. Ensaios e artigos publicados na revista *Alba Mágica* desde 1998 e em outras revistas, em cadernos da Nova Visão e outros. Eles podem ser solicitados na revista albamagica@iol.it e no site da www.albamagica.com. Desenvolve modelos integrais de aplicação. Ele cuida do portal do Centro Celestiniano (http://www.celestinian-center.com) e vários outros portais, incluindo www.albamagica.com; www.wilber.it; www.energia-libera.com; www.terremotimanuale.it e *news groups* e *blogs* da rede New Vision; Blog no site de Obama: discutindo as perspectivas, validade e influência que o experimento lançado nos EUA com Obama pode ter (http://my.barackobama.com/page/community/blog/eacocogliani; http://it.groups.yahoo.com/group/MEDICINA_OLISTICA_INTEGRALE Medicina Integrale; http://it.groups.yahoo.com/group/WILBER_KEN sobre a visão integral-NG de debate e informação).

16   **O psicodrama** é uma técnica psicoterapêutica introduzida na década de 1920 pelo sociólogo e psiquiatra **J. L. Moreno**. Inclui uma cena na qual a ação acontece, um protagonista da representação e uma equipe psicodramática cujos componentes, chamados de 'egos auxiliares', que tem a função de recitar as partes que o paciente pode precisar para apresentar sua situação. Daí a função catártica dessa ferramenta terapêutica. Ao contrário

da maioria das formas de terapia, que se baseiam na conquista gradual do insight e da autoconsciência, o psicodrama produz uma experiência emocional imediata e intensa que resulta em uma resolução maior do que a oferecida pelo método tradicional de "compreensão de um problema". Com esse método, o protagonista tem a oportunidade de reviver e depois reinterpretar os eventos e emoções de sua vida (Yablonky L., *Psychodrama*, Astrolabe, 1978). Com o **psicodrama psicanalítico** que se desenvolveu na década de 40, o objetivo da representação não é a catarse, mas a interpretação da imaginação do paciente (portanto, não da realidade representada). "Esta forma de Psicodrama nasceu como uma técnica de análise de crianças e adultos posteriores, mas com razões técnicas e teóricas diferentes do psicodrama clássico. Rejeitando o método catártico por causa de sua falta de eficácia transformadora da estrutura psíquica profunda, o psicodrama psicanalítico proíbe o contato físico entre os participantes, atribui aos analistas presentes a tarefa de constituir o objeto de transferência e aos participantes a de identificações, enquanto o propósito da representação, que ocorre na ausência de uma audiência, não tem dada a catarse, mas a interpretação, não da realidade representada, mas da imaginação do paciente-protagonista em um nível simbólico. As sessões acontecem em horários regularmente estabelecidos, em espaços que não abrigam acessórios teatrais e são conduzidas por dois analistas, geralmente de sexos diferentes, que têm a tarefa de interpretar os conflitos que o psicodrama destaca" (Galimberti, *Gli equivoci dell'anima*, Feltrinelli, p. 712) (cfr. Gasca G.-Gasseau M, *O psicodrama junguiano*, Boringhieri, 1991; Moreno J.L., *Manuale di psicodramma*, Astrolábio, 1985; Moreno J.L., *Il teatro della spontaneità*, Guaraldi, 1973; Moreno J.L., *Princípios de sociometria, psicoterapia de grupo e sociodrama*, Etas Kompass, 1964).

17. *Vipassana*, "um termo que significa '*ver as coisas profundamente, como elas realmente são*', é uma das técnicas de meditação mais antigas da Índia. Foi redescoberto e ensinado há mais de 2500 anos como um método universal para sair de todos os tipos de sofrimento, uma *arte de viver*. A técnica de meditação *Vipassana* não requer nenhum tipo de aceitação religiosa ou dogmática, mas apenas experiência prática e direta. Foi desenvolvido há 2.500 anos pelo Buda e mantido intacto em sua pureza original por meio de uma longa cadeia de ensinamentos diretos. Essa prática nos permite confrontar as nossas necessidades e conflitos, reduzindo progressivamente a parte do sofrimento e da ignorância desnecessários de que são gerados e que eles próprios geram, ao mesmo tempo que permanecemos plenamente envolvidos nas relações humanas e na natureza mutável da vida. É uma técnica que visa a purificação e o refinamento do que chamamos de ‹mente pura›, primeiro através da prática da concentração e, posteriormente, através da observação pura de nossos processos físicos e mentais» (http://www.imcitalia.it/risorse/regoleco.htm).

Transcrevemos abaixo uma palestra proferida pelo Ven. Rewata Dramma (1929-2004):

"Nossos atos mentais, verbais e físicos se originam na mente. Sempre que há contato entre os órgãos dos sentidos e objetos externos — como formas visíveis, cheiros, sons, sabores e sensações táteis — surge uma sensação dentro do corpo, da qual se originam reações que são a causa de novas ações. Então, se você pode controlar sua mente, você também pode controlar sua ação, então seu carma. O Buda disse que nossos corpos são compostos de trilhões e trilhões de partículas minúsculas, menores que átomos, que estão constantemente se renovando. Essas partículas sobem e desaparecem milhões de vezes a cada momento; da mesma forma, nossos pensamentos também surgem e desaparecem trilhões de vezes a cada segundo. Os cientistas também concordam que o corpo humano, em condições normais, está constantemente se renovando. Quando essas partículas (ou *kalâpa*, como o Buda as chamava) colidem umas com as outras, surge a sensação. Chamamos isso de sensação real ou sutil. Durante a prática da meditação *vipassana*, se a concentração for boa o suficiente, somos capazes de observar essas minúsculas partículas irem e virem, e assim podemos controlar a mente antes que qualquer ação ocorra. Portanto, o Dhammapada diz: *'Não aquele que conquista mil vezes mil homens em batalha, mas aquele que conquista sua própria mente é um verdadeiro conquistador'*.

Por essa razão, o estado de alerta é o objeto mais importante de meditação no budismo Theravada. A meditação budista Theravada é dividida em dois ramos principais: *samâtha*, ou concentração, e *vipassana*, ou purificação. O propósito do *samatha* (ou *samâdhi*) é nos tornar completamente absorvidos na meditação. O propósito de *vipassana* é nos fazer entender a verdadeira natureza da mente e da matéria. *Samatha* sempre foi amplamente praticado por ascetas na Índia, antes e depois do Buda. O próprio Buda praticou antes de acordar e, graças a isso, atingiu todos os quatro estágios de concentração ao máximo, mas percebeu que o estado de tranquilidade que obteve dessa maneira não era duradouro. O Buda, de fato, estava procurando uma maneira de acabar com o sofrimento de uma vez por todas. Finalmente, ele descobriu esse caminho começando a observar em si mesmo a natureza da mente e da matéria, e por esse sistema ele conseguiu alcançar a verdade última, o estado de nirvana. A meditação *Samatha* é boa apenas para eliminar as impurezas grosseiras. Com *vipassana*, no entanto, podemos erradicar as impurezas mais sutis, ou *sankharas*, criadas por nossas ações passadas ou presentes. A palavra *sankhâra* tem muitos significados, mas neste contexto podemos traduzi-la como 'condicionamento mental'. O Buda nos ensinou a entender a verdadeira natureza das coisas observando os cinco componentes que compõem a mente e o corpo. Ao fazer isso, nos permitimos perceber as três qualidades de toda existência condicionada, a saber: (1) *anicca*, ou impermanência; (2) *dukkha*, ou insatisfação; e (3) *anatta*, ou insubstancialidade. Os cinco componentes são: forma ou matéria, sensação ou emoção, percepção, formações mentais e consciência. Esses cinco componentes juntos constituem o que chamamos de ser vivo, cuja qualidade é a impermanência e que, por causa dessa impermanência, experimenta o sofrimento. Não há outra essência, ou qualidade, que experimente esse sofrimento além desses cinco componentes que chamamos de 'eu'. De acordo com a filosofia budista, portanto, há sofrimento, mas não há sofredor, assim como há atos, mas não o perpetrador. Em suma, podemos dizer que os cinco componentes são mente e matéria (*nâma* e *rûpa*), e que o propósito da meditação *vipassana* é compreender a verdadeira natureza dessa mente-e--matéria: por isso os quatro objetos de prática são, respectivamente: corpo, sensações, consciência e pensamentos. Quando você começa a praticar meditação, não precisa observar imediatamente esses quatro objetos ao mesmo tempo. Mas, observando regularmente um dos objetos, logo se entende os outros três também. Como o corpo e suas sensações são mais fáceis de observar, a maioria dos professores prefere começar com eles. Geralmente começa-se com a concentração na respiração e nas sensações do corpo ao mesmo tempo, embora tradicionalmente a concentração na respiração seja considerada o primeiro objeto da meditação *samâtha*. Pode, no entanto, ser usado para o desenvolvimento do *insight*. Para a prática da meditação *vipassana* não é necessário atingir os estágios mais profundos de concentração, mas para entender a verdadeira natureza do pensamento e da matéria, é preciso primeiro atingir um estágio que chamaremos de concentração de acesso (*upacâra samâdhi*), porque somente uma mente concentrada pode observar a realidade e experimentá-la. Ao observar a respiração regularmente, o meditador passa a entender a natureza dos processos físicos e mentais. Se ele então prestar atenção às sensações do corpo, ele passa a entender não apenas a natureza da mente e da matéria, mas também a natureza dos quatro elementos que compõem o corpo: os elementos da Terra (toda a faixa de peso, da leveza ao peso), os elementos da Água (os elementos da coesão, dos laços), os elementos do Fogo (toda a faixa de temperatura, do quente ao frio) e os elementos do Ar (toda a amplitude de movimento). A natureza desses elementos também é impermanente. Compreender a natureza das coisas é entender que todas elas são impermanentes (*anicca*), insatisfatórias (*dukkha*) e desprovidas de essência (*anattâ*). Através desse entendimento, chega-se a entender a verdade suprema ou nirvana. Este é o principal objetivo da meditação budista Theravada. Da mesma forma, se fizermos de nossos sentimentos e formações mentais um objeto de meditação, podemos alcançar o mesmo entendimento. A meditação *Vipassana* é um método que, se aplicado corretamente, abrange todo o Nobre Caminho Óctuplo ensinado pelo Buda. O caminho tem três aspectos: moralidade (*sila*), concentração (*samâdhi*) e sabedoria, introspecção ou purificação (*pañña*). Muitas pessoas, no passado e na era atual, se beneficiaram do Nobre Caminho Óctuplo, que é igualmente benéfico para monges e leigos, jovens e velhos, homens e mulheres..., para todos os seres humanos pertencentes a qualquer casta, classe e comunidade, país, profissão, religião ou grupo linguístico. Não há restrição sectária mesquinha no caminho. É adequado para todos os seres humanos de todos os tempos, de todos os lugares. É universal como todos os sofrimentos da vida: nascimento, velhice, doença, morte, estar com pessoas e situações desagradáveis, separação de pessoas e situações agradáveis, não ter o que se quer, preocupações, angústias, reclamações. Todas essas formas de desconforto físico e mental são universalmente percebidas como sofrimento ou dor. Quando se aplica a técnica de *vipassana* à ganância, raiva, medo, gula, paixão, ciúme, inimizade, ódio, egoísmo e outras emoções e paixões, adquire-se a capacidade de anular silenciosamente todas essas coisas. Na base da meditação budista está a observância dos cinco preceitos (*pañcasîla*), a saber: abstinência de matar, roubar e mentir, de sexualidade desordenada e de substâncias intoxicantes. Não importa se esses preceitos foram observados ou não antes de iniciar a prática. O importante é que, no momento em que você começa, você também comece a observar os preceitos. Eles são necessários, porque essas cinco ações destrutivas e autodestrutivas são fruto de nossos erros mentais e a causa raiz dos males dos quais buscamos nos libertar. Hoje em dia sofremos cada vez mais de certas doenças, como tensão nervosa, fadiga, enxaquecas, pressão arterial excessiva... ou como infelicidade, insatisfação perene, instabilidade mental. Há, portanto, a necessidade de reunir forças espirituais. É necessária uma técnica que o ajude a enfrentar a vida com serenidade, e que possa ser usada imediatamente, nas várias condições em que você se encontra no dia a dia. Com a prática da meditação *vipassana*, a pessoa não apenas se livra desses inconvenientes nervosos, mas também experimenta um certo grau de verdadeira felicidade nesta mesma vida. Então, como você pratica meditação? Começa observando os cinco preceitos e praticando a concentração da mente. Como objeto de concentração, você respira, voltando sua atenção para as narinas e para cada passagem de ar que entra ou sai. É necessário, nesta fase, entender a diferença entre este exercício e a prática de *pranayama* no yoga hindu. No *pranayama* a respiração é controlada, regulada, enquanto nesta prática do ânâpâna budista a respiração natural é observada, como ela é. O termo ânâpâna, na verdade, significa consciência da respiração que vem e vai. Além disso, na prática hindu de yoga, muita importância é atribuída à maneira como você se senta, enquanto para a prática do ânâpâna budista qualquer posição, desde que não seja muito confortável ou muito desconfortável, é boa. Quando a atenção está continuamente focada na respiração na entrada das narinas, a consciência gradualmente se torna cada vez mais aguda e consistente. Se, ao experimentar a sensação tátil da respiração nas narinas e no nariz, alguma outra sensação aparecer no nariz ou em suas proximidades, a atenção também está focada nisso. Existem muitos tipos de sensações que podem surgir, como, por exemplo, dor, formigamento, formigamento, pulsação ou tremor, calor, calor, frio e assim por diante. Qualquer que seja a sensação que você experimente, ela deve ser examinada. Alguns podem ser simplesmente o resultado da autossugestão ou da imaginação, mas o professor ajudará a distinguir a realidade da imaginação. Após essa fase, você começa a observar sensações em todo o corpo, da cabeça aos pés e dos pés à cabeça. Isso é o que se chama *vipassana*, que realmente significa olhar para as coisas corretamente, na perspectiva correta, ver as coisas como elas realmente são e não apenas como parecem. *Vipassana* nos ensina a ser observadores desapegados das sensações físicas e emoções mentais. O meditador aprende a aceitar todas as sensações, agradáveis e desagradáveis, sem nenhuma reação, ou seja, com serenidade, equilíbrio ou inteligência. Dessa forma, *vipassana* é uma técnica muito eficaz e, ao mesmo tempo, muito simples para se libertar do cansaço mental e das frustrações que são tão comuns hoje em dia. Como resultado da prática contínua, o meditador aprende a estar ciente das sensações de uma forma completamente desapegada, sem desejo ou aversão, e continuando na observação desapegada, a perceber como as sensações vêm e vão. Ele começará a perceber que todas as sensações, agradáveis ou desagradáveis, são impermanentes e transitórias. O desejo se torna menos forte e então pode-se ver que as sensações desagradáveis são realmente desagradáveis, enquanto aquelas percebidas como agradáveis também se tornam uma causa de sofrimento quando desaparecem, por causa do apego que é nutrido por elas. O desejo diminui ainda mais à medida que se penetra mais profundamente na realidade do corpo e descobre que tudo dentro dele está em um estado de fluxo contínuo; que não há nada no corpo ou na mente que possa ser chamado de 'eu' ou 'meu', e que o mundo do corpo e da mente é falso, ilusório e desprovido de essência. Compreendendo isso, o meditador desenvolve automaticamente uma atitude de desapego. Dessa forma, com base na experiência das sensações, chega-se a entender que o desejo é a primeira causa de todo sofrimento. Para erradicar esse desejo, deve-se praticar *vipassana* regularmente. O principal objetivo de *vipassana* é a compreensão da verdade última, nirvana, mas se *vipassana* se tornar um modo de vida, pode-se alcançar um grau mais alto de felicidade e paz de espírito aqui nesta vida também. À medida que as impurezas são erradicadas, a pureza de *metta, karunâ, muditâ* e *upekkhâ* é permitida para se desenvolver. *Mettâ* significa amor, amor puro, benevolência, amor universal, infinito ou ilimitado. Existem vários tipos de amor entre os seres humanos. Há o amor dos pais pelos filhos, o do marido pela esposa, o da esposa pelo marido, o amor fraternal, o amor entre homem e mulher, entre parentes e amigos. Mas nenhuma dessas formas é *mettâ*, amor puro. Todos eles estão enraizados no desejo (*lobha*), desejo (*upâdâna*) e ignorância (*moha*). *Karunâ* significa compaixão, compaixão pura, compaixão infinita ou ilimitada. Existem muitos tipos de compaixão. Se nossos vizinhos ou entes queridos sofrem, a compaixão surge em nós: começamos a compartilhar sua miséria e dor por causa do carinho que temos por eles. Mas se alguém sofre, por quem não temos apego, então não sentimos compaixão, não sentimos sua miséria como nossa. Isso não é *karuna*, compaixão infinita. Da mesma forma, se nossos entes queridos são felizes e afortunados, nos sentimos felizes por eles por causa de nossa afeição. Isso também não é *muditâ*, alegria compartilhada, porque está enraizada na ignorância. *Muditâ* significa pura alegria compartilhada, alegria compartilhada infinita, para todos os seres, conhecidos e desconhecidos, sem qualquer discriminação. *Upekkhâ* significa equanimidade. É um equilíbrio mental perfeito e incontrolável, firmemente baseado no insight. Na medida em que se consegue libertar-se (o 'eu' e o 'meu') do apego, mais se encontra cheio de equanimidade. A equanimidade é o mais importante dos quatro estados sublimes (*metta, karunâ, muditâ* e *upekkhâ*). Mas isso não significa que a serenidade seja superior ao amor, à compaixão e à alegria compartilhada: entende-se os outros e vice-versa. Enquanto estivermos interiormente impuros ou contaminados, não seremos capazes de dar esse amor puro a outros seres. Esse amor é obscurecido ou bloqueado por nossas impurezas. Mas uma vez que a pessoa tenha começado a se purificar pela meditação *vipassana*, na medida em que a impureza foi removida, ela será proporcionalmente capaz de *se dedicar* aos outros. Senhoras e senhores, muito obrigado por me ouvirem com tanta paciência e atenção. Espero que agora você tenha a oportunidade de praticar a meditação *vipassana* para o seu próprio bem, e que a verdadeira felicidade esteja com todos vocês" (http://www.risveglio.net/corsi/corso_vipassana.html).

18 **Behaviorismo**, do inglês *Behaviorism*, é uma orientação da psicologia moderna que limita o campo de pesquisa à observação do comportamento animal e humano, rejeitando qualquer forma de introspecção, pois escapa à verificação objetiva. Os seguidores e apoiadores dessa corrente psicológica resolvem as experiências psíquicas em uma relação estímulo-reação. Tenta-se, portanto, explicar o comportamento excluindo a experiência subjetiva. A mente é, portanto, uma espécie de 'recipiente' incognoscível e o que importa é poder estudar as reações comportamentais diante de certos estímulos. Nasceu com **J. B. Watson** em 1913 nos Estados Unidos (com a publicação do artigo *Psicologia como um behaviorista o vê*). Ele argumentou que, diante de certos estímulos, certas respostas podem ser previstas. Para **R. Woodworth**, uma variação individual na resposta ao estímulo é admissível. Para **R. B. Cattell**, as variáveis individuais são encontradas tanto no início do estímulo quanto no momento da resposta. A introspecção, para Watson, é, portanto, um método não científico porque o observador pode se identificar com o observado e porque os dados percebidos só podem ser observados por uma pessoa (não há compartilhamento do que é observado, na primeira pessoa, como em todas as outras ciências) (*Cf.* Paolo Legrenzi, *História da Psicologia*, Mulino, 2002; Hull C.L., *Os Princípios do Comportamento*, Armando, 1978; Pavlov I.P., *I riflessi condizionati*, Boringhieri, 1966; Skinner B.F., *Ciência e Comportamento*, Angeli, 1971)

19 A **psicanálise** foi desenvolvida por **S. Freud** para tentar lidar com os problemas de alguns pacientes com os quais a técnica hipnótica, usada principalmente por seu colega **Breuer**, falhou. Para Freud, as neuroses surgem da incapacidade do Ego de "gerenciar" os sentimentos ou experiências reprimidas; mas os elementos removidos não são conhecidos *a priori* e, portanto, é quase impossível procurá-los em uma direção precisa. Por isso, ele baseia a técnica terapêutica no conceito de "associação livre", ou seja, em deixar o paciente completamente livre para produzir associações, memórias ou representações durante as sessões. O sujeito é convidado a falar livremente sobre o que quiser, sem censurar nada do que pensa e a mudar de assunto sempre que desejar. Por meio desses processos associativos inconscientes, é possível ao paciente evocar elementos reprimidos, com a consequente possibilidade de retrabalhá-los e reconstruir experiências. **A Psicanálise Selvagem** é definida pelo próprio Freud da seguinte forma para destacar os "erros científicos" dos terapeutas ignorantes: "é um erro técnico jogar abruptamente na cara do paciente, durante a primeira visita, os segredos que o médico adivinhou" (Psicanálise, 1910) "Em um sentido amplo, um tipo de intervenção de "analistas" amadores ou inexperientes que se baseiam em noções psicanalíticas que muitas vezes são mal compreendidas para interpretar os sintomas, sonhos, discursos, ações etc. em um sentido mais técnico, uma interpretação que não compreende uma dada situação analítica, em sua dinâmica atual e em sua individualidade, em particular revelando diretamente o conteúdo reprimido sem levar em conta a resistência e a transferência, será qualificada como selvagem" (L. Pontalis, *Enciclopedia della psicanalisi*, Laterza, 1989) (cfr. H. Ellenberger *A Descoberta do Inconsciente*, Bollati Boringhieri, 1970; O. Fenichel, *Tratado de Psicanálise*, Astrolábio, 1960)

20 **O existencialismo** nasceu para resolver a "crise existencial". "Quanto mais nos esforçamos para formular impulsos ou forças de maneira completa e definitiva, mais falamos de abstrações e não de seres humanos vivos. [...] Se durante a sessão eu me concentrar principalmente em como e por que o problema surgiu, terei entendido tudo, exceto o mais importante, a pessoa existente. Terei entendido tudo, exceto a única fonte real de dados à minha disposição, ou seja, esse ser humano que experimenta, emerge, se torna, 'constrói um mundo', para dizer com psicólogos existenciais, e que está precisamente no meu quarto" (Rollo May, *Psicologia Existencial*, Astrolábio, 1970). Os autores mais significativos são **Rollo May, Gordon Allport, Herman Feifel, Abraham Maslow, Carl Rogers, Victor Frankl, Thomas Gordon, Ludwig Binswanger, Medard Boss e Ronald David Laing** e, na Itália, **Roberto Assagioli**. De acordo com essa psicologia, existem três aspectos do mundo: o mundo circundante formado por impulsos e instintos, o mundo das relações interpessoais e o mundo da autoconsciência. O conceito de cura não é concebido como uma forma de adaptação à realidade e os conflitos não são superados pela adaptação à sociedade, mas pela descoberta do que é a existência e a verdadeira natureza de cada um. É importante que o paciente tome decisões, compromissos e responsabilidades. Nesse tipo de psicologia, o objetivo é reunir o indivíduo com a sociedade, considerando o ser humano a partir de uma perspectiva integral; o conhecimento deve implicar um forte envolvimento por parte da pessoa, que deve sentir-se envolvida com a mente, mas também com o coração; deve haver um compromisso responsável e criativo para realizar o próprio projeto existencial e a responsabilidade só pode se manifestar a partir de um significado; o homem, portanto, não está adaptado à razão social, mas é levado a reivindicar sua autenticidade.

Aqui, a saúde não é simplesmente a ausência de sofrimento ou de adaptação ao ambiente (*Cf.* M. Heidegger, *Ser e Tempo*, 1927; L. Binswanger, *Per un'antropologia fenomenologica*, Feltrinelli, 1970; R.D. Laing, *L'io diviso, Studio di psichiatria esistenziale*, Einaudi, 1969; R. Assagioli, *Principi e metodi della Psicosintesi Terapeutica*, Astrolábio, 1973) **K. Jaspers analisa** as produções de escritores e artistas ligando-as às fases salientes de sua vida patológica. Dessa forma, os traços patológicos de uma biografia tornam-se momentos significativos que denotam as possibilidades humanas extremas. O espírito criativo do artista, embora condicionado pela doença, vai além da oposição normal/anormal, podendo ser metaforicamente representado como a pérola que surge do defeito da concha. Assim como não se pensa na doença da concha enquanto admiramos sua pérola, também diante da força vital de uma obra não pensamos na esquizofrenia que talvez tenha sido a condição de seu nascimento (K. Jaspers, *Gênio e loucura*, Rusconi, 1990).

21 **Aqui está um artigo de Stanislav Grof, um dos fundadores e principais teóricos da Psicologia Transpessoal** (cortesia de 28/03/2008):

"Em meados do século XX, a psicologia americana era dominada por duas escolas importantes, o behaviorismo e a psicologia freudiana. A crescente insatisfação com essas duas orientações que não esclareceram adequadamente a natureza da psique humana levou ao desenvolvimento da psicologia humanística. O principal e mais representativo porta-voz dessa nova corrente foi o conhecido psicólogo americano **Abraham Maslow**. Ele ofereceu uma crítica incisiva dos limites do behaviorismo e da psicanálise, ou seja, respectivamente da primeira e segunda forças da psicologia, como costumava defini-las, e formulou os princípios de uma nova abordagem da psicologia (A. Maslow). A principal objeção de Maslow ao behaviorismo dizia respeito ao estudo de animais, como o rato e o pombo; ele apontou as limitações desses estudos, enfatizando que eles só podem ajudar a esclarecer os aspectos do funcionamento humano que compartilhamos com esses animais, mas não têm relevância para a compreensão de qualidades primorosamente humanas superiores, específicas da natureza humana, como amor, autoconsciência, autodeterminação, liberdade pessoal, moralidade, arte, filosofia, religião e ciência. Tais estudos também são relativamente inúteis em comparação com outras características negativas especificamente humanas, como avareza, desejo de poder, crueldade e tendência à "agressão maligna". Maslow em sua crítica também notou o desinteresse dos behavioristas pela consciência e introspecção e sua concentração exclusivamente no estudo do comportamento; seu interesse foi focado com ênfase no efeito determinante do ambiente, nos mecanismos de estímulo/resposta e recompensa/punição; essa visão foi substituída na psicologia humanística por um foco na capacidade individual do ser humano de ser motivado interiormente para realizar a si mesmo e desenvolver seu potencial. O interesse principal da psicologia humanística, a terceira força de Maslow, concentrou-se em seres humanos, e essa disciplina teve a consciência e a introspecção em alta consideração como complementos importantes para a abordagem objetiva da pesquisa. Em sua crítica à psicanálise, Maslow aponta que Freud e seus seguidores tiraram conclusões sobre a psique humana principalmente do estudo da psicopatologia: ele discordou de seu "reducionismo biológico" de todos os processos psicológicos aos instintos básicos. A psicologia humanística, por outro lado, concentrou-se em populações saudáveis, ou mesmo indivíduos que exibiam funcionamento supranormal em várias áreas, crescimento, potencial humano e as funções mais elevadas da psique. Ele também enfatizou que a psicologia deve ser sensível às necessidades humanas práticas e servir a interesses e objetivos importantes da sociedade humana. Alguns anos depois, **Abraham Maslow e Anthony Sutich** fundaram a Association for Humanistic Psychology (AHP) e sua revista de mesmo nome. O novo movimento tornou-se extremamente popular entre os profissionais de saúde mental americanos e o público em geral. A perspectiva multidimensional da psicologia humanística e sua ênfase na pessoa como um todo, forneceu um amplo recipiente para o desenvolvimento de um rico espectro de novas abordagens terapêuticas eficazes que expandiram muito o leque de possibilidades para lidar com problemas emocionais, psicossomáticos, interpessoais e psicossociais. Uma das qualidades importantes dessas novas terapias foi que elas trouxeram uma mudança decisiva das estratégias exclusivamente verbais da psicoterapia tradicional, para um modo de expressão direta das emoções, da exploração da história individual e da motivação inconsciente, para as sensações e processos de pensamento dos clientes no aqui e agora. Outro aspecto importante dessa revolução terapêutica tem sido o foco na interconexão entre psique e corpo e a superação do tabu do "contato físico" que antes dominava o campo da psicoterapia; várias formas de trabalho corporal tornaram-se, portanto, parte integrante de novas estratégias de tratamento. A Gestalt-terapia de **Fritz Perls**, a bioenergética de **Alexander Lowen** e outros métodos neorreichianos, grupos de reunião e sessões de maratona podem ser mencionados aqui como exemplos salientes de terapias humanísticas. Apesar da popularidade da psicologia humanística, os próprios fundadores, Maslow e Sutich, ficaram cada vez mais insatisfeitos com a estrutura conceitual que haviam gerado originalmente. Eles se tornaram cada vez mais conscientes de que haviam deixado de fora um elemento extremamente importante: a dimensão espiritual da psique humana (Sutich). O ressurgimento do interesse em várias tradições místicas, meditação, sabedoria antiga e aborígine e filosofias orientais, bem como a experimentação psicodélica generalizada durante a tempestuosa década de 1960, deixou absolutamente claro que uma psicologia abrangente e transcultural tinha que incluir observações de áreas como estados místicos, consciência cósmica, experiências psicodélicas, fenômenos de transe, criatividade e inspiração religiosa, artística e científica. Em **1967**, um pequeno grupo de trabalho incluindo **Abraham Maslow, Anthony Sutich, Stanislav Grof, James Fadiman, Miles Vich e Sonya Margulies** se reuniu em Menlo Park, Califórnia, com a intenção de criar uma nova psicologia que honrasse todo o espectro da experiência humana, incluindo vários estados não comuns de consciência. Durante essas discussões, Maslow e Sutich seguiram a sugestão de Grof e chamaram a nova disciplina de "psicologia transpessoal". Este termo tomou o lugar do nome original 'transumanista' ou 'revolta além das questões humanísticas'. Logo depois, eles formaram a Association of Transpersonal Psychology (ATP) e publicaram o Journal of Transpersonal Psychology. Vários anos depois, em 1975, **Robert Frager** fundou o Instituto (californiano) de Psicologia Transpessoal em Palo Alto, que permaneceu a ponta de lança nos campos da educação, pesquisa e terapia transpessoal por mais de trinta anos. A psicologia transpessoal, ou a quarta força, expôs alguns dos principais equívocos nas principais vertentes psiquiátricas e psicológicas. Ele também respondeu a observações importantes que vêm da pesquisa moderna sobre a Consciência e de vários outros campos, para os quais o paradigma científico existente não tinha explicações adequadas.

INTRODUÇÃO À PSICOTERAPIA INTEGRAL

Michael Harner, antropólogo norte-americano com boas credenciais acadêmicas, que vivenciou, em seu trabalho de campo na Amazônia, uma poderosa iniciação xamânica, resumiu brevemente as imperfeições da psicologia acadêmica no prefácio de seu livro *The Way of the Shaman* (1980). Ele sugere que a compreensão da psique na civilização industrial é gravemente tendenciosa, ou seja, etnocêntrica e cognicêntrica (um termo melhor poderia ser pragmacêntrica). É etnocêntrico no sentido de que foi formulado e promovido por cientistas materialistas ocidentais que consideram sua própria perspectiva superior à de qualquer outro grupo humano em qualquer momento da história. De acordo com esses cientistas, a matéria é primária, enquanto a vida, a consciência e a inteligência são seus produtos secundários mais ou menos acidentais. Eles sustentam que a espiritualidade em qualquer forma e nível, mesmo a mais erudita, é apenas o reflexo da ignorância dos fatos científicos, da superstição, da credulidade infantil, do autoengano e do pensamento mágico primitivo. Experiências espirituais diretas envolvendo figuras e reinos arquetípicos são vistas como produtos patológicos do cérebro. Os psiquiatras modernos da vertente principal interpretam as experiências visionárias dos fundadores das grandes religiões, santos e profetas, como manifestações de doenças mentais graves, embora careçam de uma explicação médica adequada e dos dados laboratoriais necessários para validar essa posição. A literatura psiquiátrica contém numerosos artigos e livros que discutem o que pode ser o diagnóstico clínico apropriado para muitas das grandes figuras da história espiritual. Santo Antônio foi chamado de esquizofrênico, São João da Cruz foi rotulado de "degenerado hereditário", Santa Teresa de Ávila foi descartada como uma "psicótica histérica grave" e as experiências místicas de Maomé foram atribuídas à epilepsia. Muitas outras figuras religiosas e espirituais, como Buda, Jesus, Ramakrishna e Sri Ramana Maharshi, foram vistas como sofrendo de psicose por causa de suas experiências e crenças visionárias. (Franz Alexander, 1931). Da mesma forma, alguns antropólogos tradicionalmente treinados discutiram a possibilidade de diagnosticar xamãs como esquizofrênicos, psicóticos ambulantes, epilépticos ou histéricos. O famoso psicanalista **F. Alexander**, conhecido como um dos fundadores da medicina psicossomática, escreveu um ensaio no qual até a meditação budista é descrita em termos psicopatológicos e se refere a ela como "catatonia artificial". A psicologia e a psiquiatria ocidentais descrevem os rituais e a vida espiritual das culturas antigas e nativas em termos patológicos, enquanto os perigosos excessos da civilização industrial que potencialmente colocam em risco a vida no planeta se tornaram tão essenciais para nossas vidas que raramente atraem a atenção de médicos e pesquisadores, nem são reconhecidos como patológicos. Testemunhamos manifestações diárias de ganância insaciável e agressão maligna — pilhagem de recursos não renováveis transformados em poluição industrial, invasão de outros países que geram massacres de civis e genocídio, abuso de descobertas científicas para o desenvolvimento de armas de destruição em massa, guerra química e biológica, danos à natureza devido à precipitação radioativa e derramamentos acidentais de óleo. Os engenheiros e os principais protagonistas desse cenário de destruição não são apenas livres para se movimentar, mas também são ricos, famosos e ocupam posições de poder dentro da sociedade, recebendo diversas homenagens. Da mesma forma, as pessoas que têm estados místicos que podem potencialmente transformar uma vida acabam hospitalizadas com diagnósticos estigmatizantes e prescrições de medicamentos supressivos. É a isso que **Michael Harner** se referiu quando falou de polarização etnocêntrica ao julgar o que é normal e o que é patológico. De acordo com Michael Harner, a psiquiatria e a psicologia ocidentais também mostram uma forte polarização cognitiva. Com isso, ele quer enfatizar que essas disciplinas formularam suas teorias com base em experiências e observações feitas do ponto de vista dos estados comuns de consciência e sistematicamente evitaram ou interpretaram mal as evidências fornecidas por estados não comuns, como os resultados obtidos a partir de observações feitas em terapias psicodélicas, em psicoterapias experienciais poderosas ou o trabalho feito com indivíduos em crises psicoespirituais, várias pesquisas meditativas, estudos nos campos antropológico ou tanatológico. Os dados de quebra de paradigma dessas áreas de pesquisa foram sistematicamente ignorados ou mal julgados e mal interpretados devido à sua incompatibilidade fundamental com o paradigma predominante. A psicologia transpessoal fez progressos significativos para corrigir a polarização etnocêntrica e cognitiva da psiquiatria e da psicologia, particularmente com o reconhecimento da natureza e do valor das experiências transpessoais. À luz das observações que vêm do estudo de estados não ordinários de consciência, "a atual difamação desrespeitosa e patologização da espiritualidade", característica do materialismo monista, agora parece impensável. Em estados não comuns, as dimensões espirituais da realidade podem ser experimentadas diretamente de uma forma tão convincente quanto nossa experiência diária do mundo material, se não mais. Também é possível descrever passo a passo os procedimentos e contextos adequados que facilitam o acesso a essas experiências. Um estudo cuidadoso das experiências transpessoais mostra que elas são ontologicamente reais e contêm informações sobre dimensões importantes e geralmente ocultas da existência, que podem ser validadas consensualmente. Em geral, o estudo dos estados não ordinários de consciência confirma a visão de **C.G. Jung** de que as experiências originadas em níveis profundos da psique (na minha terminologia: experiências "perinatais" e "transpessoais") têm uma certa qualidade que ele chama (retomando o termo de Rudolph Otto) de "numinosa" (Jung 1964). O termo "Numinoso" é relativamente neutro e, portanto, preferível a outros nomes semelhantes, como religioso, místico, mágico ou sagrado, que têm sido frequentemente usados em contextos problemáticos e podem facilmente ser enganosos. O sentido de "numinosidade" é baseado no aprendizado direto do fato de que estamos diante de um reino que pertence a uma ordem superior de realidade, sagrada e radicalmente diferente do mundo material. Para evitar mal-entendidos e confusões que comprometeram muitas outras discussões semelhantes no passado, é necessário fazer uma distinção clara entre espiritualidade e religião. A espiritualidade é baseada em experiências diretas de aspectos e dimensões de realidades não ordinárias e não precisa de um lugar especial ou de uma pessoa oficialmente encarregada de mediar o contato com o divino para ser experimentada. Os místicos não precisam de igrejas ou templos. O contexto em que experimentam a dimensão sagrada da realidade, incluindo sua própria divindade, é seu corpo e natureza; e em vez de um padre oficiante, eles precisam de pesquisadores e companheiros semelhantes a eles ou da orientação de um professor mais evoluído do que eles na jornada interior. A espiritualidade consiste em um tipo especial de relacionamento entre o indivíduo e o cosmos e é, em essência, um assunto pessoal e privado. Da mesma forma, a religião organizada é uma atividade de grupo institucionalizada que ocorre em um local, templo ou igreja designado, e inclui um sistema de oficiantes designados que podem ou não ter tido experiências pessoais de realidades espirituais. Uma vez que uma religião se organiza, muitas vezes perde completamente a conexão com sua fonte espiritual e se torna uma instituição mundana que explora as necessidades espirituais humanas sem satisfazê-las. As religiões organizadas tendem a criar um sistema hierárquico com a intenção de buscar poder, controle, objetivos políticos, dinheiro, posses e outras preocupações mundanas. Em tais circunstâncias, a hierarquia religiosa, via de regra, não vê com bons olhos e desencoraja as experiências espirituais diretas de seus membros, porque elas trazem independência e não podem ser efetivamente controladas. Quando isso acontece, a vida espiritual genuína continua apenas em contextos místicos, em ordens monásticas e em seitas extáticas das religiões envolvidas. Embora esteja claro que o fundamentalismo e o dogma religioso são incompatíveis com a visão de mundo científica, seja cartesiana-newtoniana ou baseada no novo paradigma, não há razão para que não devamos estudar seriamente a natureza e as implicações das experiências transpessoais. Como **Ken Wilber** aponta em seu livro *A Sociable God* (Wilber 1983), não pode haver conflito entre a ciência genuína e a religião autêntica. Se parece haver um conflito, é muito provável que seja falsa ciência e falsa religião, em que ambos os lados têm um sério mal-entendido sobre a posição um do outro e provavelmente representam uma versão falsa de sua própria disciplina. A psicologia transpessoal como é, nasceu no final dos anos 1960, era culturalmente sensível e tratava os rituais e tradições espirituais das culturas antigas e nativas com o respeito que mereciam ao ver as descobertas da pesquisa moderna da consciência. Também abrange e integra uma ampla gama de "fenômenos anômalos", observações que quebram o paradigma da ciência acadêmica e que esta ainda não foi capaz de explicar. No entanto, embora exaustivo e bem documentado, o novo ramo representou um afastamento tão radical do pensamento acadêmico nos círculos profissionais que não pôde ser reconciliado com a psicologia e a psiquiatria tradicionais, nem com o paradigma newtoniano-cartesiano da ciência ocidental. Como resultado, era extremamente vulnerável a acusações de que era "irracional", "não científico" e até instável, particularmente daqueles cientistas que desconheciam o vasto corpo de observações e material no qual o novo movimento se baseava. A situação mudou drasticamente durante as duas primeiras décadas de existência da psicologia transpessoal. Como resultado de novos conceitos e descobertas inovadoras em várias disciplinas científicas, a filosofia ocidental tradicional da ciência, seus pressupostos básicos e seu paradigma newtoniano-cartesiano têm sido cada vez mais seriamente desafiados. Entre esses desafios estavam aqueles colocados pelas descobertas e implicações filosóficas da física quântica-relativística, conforme indicado por **Fritjof Capra** (Capra 1975), **Fred Alan Wolf** (1981), **Nick Herbert** (Herbert 1979), **Amit Goswami** (Goswami) e muitos outros: a teoria do holomovimento, de **David Bohm** (Bohm 1980); o modelo holográfico do cérebro de Karl Pribram (Pribram 1971); a brilhante síntese de cibernética, sistemas e teorias da informação, lógica, psicologia e outras disciplinas por **Gregory Bateson** (Bateson 1979); o trabalho sobre campos morfogenéticos, por **Rupert Sheldrake** (Sheldrake 1981); os estudos sobre estruturas dissipativas e ordens de flutuação, por **Prigogine** (Prigogine 1980); o princípio antrópico em astrofísica (**Barrow e Tripler,** 1986) e muitos outros. Foi muito emocionante ver como todos esses novos desenvolvimentos, embora irreconciliáveis com o monismo materialista e o pensamento newtoniano-cartesiano do século XVII, são compatíveis com a psicologia transpessoal. Tornou-se cada vez mais possível imaginar que a psicologia transpessoal será aceita nos círculos acadêmicos no futuro e pode ser parte integrante de uma visão de mundo científica radicalmente nova. À medida que os avanços revolucionários em várias disciplinas da ciência moderna continuam a demolir a visão de mundo materialista ultrapassada do século XVII, já é possível ver o surgimento da forma genérica de uma nova compreensão de nós mesmos, da natureza e do universo em que vivemos. Esse novo paradigma deve ser capaz de conciliar a ciência com uma espiritualidade baseada na experiência, universal e abrangente da natureza e capaz de levar a uma síntese da ciência moderna e da sabedoria antiga. Mesmo neste estágio de desenvolvimento, temos mais do que uma colcha de retalhos de peças desconexas sobre essa nova visão da realidade. Pelo menos duas das principais tentativas intelectuais de integrar a psicologia transpessoal em uma visão de mundo nova e mais ampla merecem ser mencionadas neste contexto. A primeira dessas aventuras pioneiras Foi obra de **Ken Wilber**. Em uma série de livros começando com seu *Spectrum of Consciousness* (Wilber 1977), Ken fez uma síntese altamente criativa de dados retirados de uma ampla variedade de áreas e disciplinas que vão desde psicologia, antropologia, sociologia até mitologia e religião comparada, passando por linguística, filosofia e história, até cosmologia, física quântica e relativística, biologia, teoria evolutiva e teoria dos sistemas. Seu conhecimento de literatura é verdadeiramente enciclopédico, sua mente analítica é sistemática e incisiva e sua capacidade de comunicar ideias complexas com clareza é excelente. A impressionante amplitude de visão, a capacidade de sintetizar e o rigor intelectual do trabalho de Ken o tornaram uma teoria amplamente aclamada e altamente influente da psicologia transpessoal. No entanto, seria demais esperar que um trabalho interdisciplinar desse escopo e profundidade fosse perfeito e sem falhas em todos os detalhes. Na verdade, o trabalho de Ken atraiu não apenas aplausos, mas também críticas sérias de várias fontes. Trocas sobre aspectos controversos de sua teoria muitas vezes provocaram debates acalorados, em parte por causa de seu estilo muitas vezes polêmico que não se esquiva de ataques pessoais com palavras fortes. Algumas dessas discussões foram coletadas em um volume intitulado *Ken Wilber in Dialogue* (Rothberg e Kelly 1998) e outras em vários artigos e sites. Muitas dessas discussões sobre o trabalho de Ken Wilber se concentram em áreas e disciplinas que nada têm a ver com a psicologia transpessoal, e discuti-las aqui transcenderia a natureza e o propósito deste livro. Ao longo dos anos, Ken e eu trocamos ideias, especificamente sobre vários aspectos da psicologia transpessoal; isso resultou em elogios e críticas às nossas respectivas teorias. Em primeiro lugar, analisei semelhanças e diferenças entre o modelo da mente de Ken e minhas observações e construções teóricas, em meu livro *Beyond the Brain* (Grof 1985 La Cittadella Edizioni). Mais tarde, voltei a este assunto em minha contribuição para o compêndio intitulado *Ken Wilber in Dialogue* (Rothberg e Kelly 1998) e em meu *Psychology of the Future* (Grof 2000 edições RED). Em minha tentativa de avaliar criticamente as teorias de Ken, abordei essa tarefa de uma perspectiva clínica, contando principalmente com dados de pesquisas modernas sobre consciência, minhas e de outros. O principal problema nos escritos de Ken sobre psicologia transpessoal é que ele não tem experiência clínica, e as principais fontes de seus dados vêm de sua extensa leitura e experiências extraídas de sua prática espiritual pessoal. Além disso, ele extraiu a maioria de seus dados clínicos de escolas que usam métodos de psicoterapia verbal e estruturas conceituais limitadas à biografia pós-natal. Ele não leva em consideração as evidências clínicas coletadas nas últimas décadas de terapia experiencial com ou sem psicodélicos. Para uma teoria tão importante e influente quanto o trabalho de Ken se tornou, não basta integrar material de diferentes fontes, antigas e modernas, em um sistema filosófico que mostre coesão lógica interna; embora a consistência lógica seja certamente um pré-requisito importante: uma teoria "válida" deve incluir uma qualidade adicional que seja igualmente, se não mais, importante. É geralmente aceito entre os cientistas que um sistema de ideias é uma teoria aceitável se, e somente se, suas conclusões estiverem de acordo com fatos observáveis (Frank 1957). Tentei definir áreas em que as especulações de Ken entravam em conflito com fatos observáveis e aquelas em que implicavam inconsistências lógicas. Uma dessas discrepâncias é a omissão dos reinos pré-natal e perinatal de seu mapa de consciência e seu padrão de desenvolvimento. Outra foi a aceitação acrítica da ênfase da psicologia freudiana e pós-freudiana na origem pós-natal dos distúrbios emocionais e psicossomáticos e sua falha em reconhecer suas raízes perinatais e transpessoais. A descrição de Ken da natureza estritamente linear do desenvolvimento espiritual, a incapacidade de ver a natureza paradoxal do relacionamento pré-trans e a redução do problema da morte na psicologia (Thanatos) a uma transição de um foco de desenvolvimento para outro, foram outras áreas de desacordo. Particularmente problemática foi a sugestão de Ken de diagnosticar clientes em termos dos problemas emocionais, morais, intelectuais, existenciais, filosóficos e espirituais que eles exibem, de acordo com seu esquema (Wilber), e atribuí-los a diferentes terapeutas especializados nessas áreas. Essa recomendação pode impressionar um novato, fazendo-o acreditar que é uma solução sofisticada para problemas psicológicos, mas é "ingênua " e irrealista do ponto de vista de qualquer especialista clínico. Os problemas mencionados acima em relação a aspectos específicos do sistema de Wilber podem ser facilmente corrigidos e não invalidam em nada a utilidade de sua visão total, como um traço para uma compreensão abrangente da realidade. Nos últimos anos, Ken se distanciou da psicologia transpessoal em favor de sua própria visão que ele chama de psicologia integral. Em um exame mais detalhado, o que Wilber chama de Psicologia Integral vai muito além do que tradicionalmente entendemos por essa denominação, uma vez que inclui áreas que pertencem a outras disciplinas. Nesse sentido, sua abordagem integral representa um contexto vasto e útil para a psicologia transpessoal, em vez de um substituto para ela.

22 O conceito de **Consciência** (do latim *scire* ou "conhecer juntos") evoluiu em paralelo com o desenvolvimento da filosofia e da psicologia. O termo foi introduzido por **G. W. Leibniz**, que vislumbra um limiar sensível suscetível à experimentação psicofísica. **C. K. Wernicke** irá localizá-lo como um "órgão" no córtex cerebral. Para **M. Fredericks**, a consciência é um processo psicofisiológico que se manifesta com a consciência de um indivíduo de sua identidade, passado e situação emocional. É um fenômeno que garante um processo contínuo de informação e adaptação entre o ego subjetivo, o sistema nervoso e o ambiente perceptivo. Para **Freud**, foi o ponto de partida para a justificação de um inconsciente. Para **G. Benedetti**, é o resultado de atividades neuronais. Para **E. Husserl**, é um ato caracterizado por sua intencionalidade. **L. Kohlberg** fala de "pré-moral" (obedece-se às regras apenas para evitar receber punição), "conformidade" (obedece-se para afastar a culpa que deriva da censura da autoridade), "princípios" (obediência por

recompensa e punição). Uma consciência moral "autônoma" se desenvolve muito tarde. Na **psicanálise**, a formação da consciência está relacionada à formação do Superego. Para **C. G. Jung** (1921) é um processo de individuação que deriva da emancipação das regras sociais: "a norma coletiva torna-se cada vez mais supérflua em uma orientação coletiva da vida e com isso a verdadeira moralidade é arruinada. Quanto mais o homem é submetido a normas coletivas, tanto maior é a sua imoralidade individual" (*Cf.* Benedetti, *Consciência em Neuropsicologia*, Feltrinelli, 1969; Ey H., Bernard P., Brisset Ch., *Manual de Psiquiatria*, Masson, 1979; Freud S., *Metapsicologia*, 1976; Freud S., *O desconforto da civilização*, 1929; Jaspers K., *Psicopatologia Geral*, Pensamento Científico, 1964; Jaspers K., *Filosofia*, UTET, 1978; Neumann E., *História das Origens da Consciência*, Astrolábio, 1978).

"O Espectro da Consciência, de Ken Wilber, é um livro que pode ser definido como uma espécie de 'vademecum para a vida'. O que emerge, entre as páginas desta obra-prima da psicologia transpessoal, é que o homem tem necessidades e motivações das quais não tem consciência (Freud construiu todo o seu sistema analítico em torno dessa intuição básica). O ponto é que ninguém sabe quais são as necessidades "reais" do homem. O próprio Freud mudou de ideia três vezes sobre a natureza dos desejos e instintos do homem. Inicialmente, ele falou de instinto sexual e sobrevivência; então ele falou de prazer e agressão; finalmente do instinto vital e da pulsão de morte. Desde então, os psicoterapeutas sempre tentaram entender quais são as necessidades "reais" do homem. Por exemplo, Rank enfatizou a necessidade de uma vontade forte e construtiva; Adler falou da busca pelo poder; Ferenczi da necessidade de amor e aceitação; Horney da necessidade de segurança; H. S. Sullivan, da satisfação e segurança biológicas; Fromm, da necessidade de significado; Perls da necessidade de crescer e amadurecer; Rogers de autodefesa e autoaperfeiçoamento; Glasser da necessidade de amor e autorrespeito, e assim por diante. O que pode ser deduzido, no final, é que o homem não tem consciência de alguns aspectos de seu eu (ou seja, sua Sombra, para usar um termo junguiano); e, além disso, se quisermos nos aprofundar, é claro e evidente que cada uma das principais escolas de psicoterapia aborda um nível diferente do "espectro da consciência". Todas essas escolas, portanto, chegam a conclusões complementares... e é isso que, nessa obra, (talvez a Summa do autor), Ken Wilber consegue explicar ao leitor atento, de uma forma muito simples, mas ao mesmo tempo magistral" (Fausto Intilla, www.oloscienze.com).

23   **Kosmos**: os pitagóricos introduziram o termo "Kosmus", que geralmente traduzimos como Cosmos, mas o significado original de Cosmos era a natureza definida de acordo com um padrão, ou um processo de todos os domínios da existência, da matéria à matemática e a Deus, e não simplesmente o universo físico, que hoje geralmente significa ambos: Cosmos e universo. É assim que Wilber introduz esse termo. O Cosmos contém o Cosmos (fisiosfera), o Bios (biosfera), o Nous (pensamento, a noosfera) e Deus (teosfera).

24   **A história da psiquiatria de Hipócrates a Lombroso.** Transcrevemos abaixo uma interessante entrevista com Giuseppe Roccataglia sobre a história da psiquiatria (cortesia de F. Bollorino, 27/09/2010):

A psiquiatria, de Hipócrates ao início do século XIX, está intimamente ligada à medicina: não há especialidade na psiquiatria. No entanto, havia médicos nesse período que se dedicavam principalmente aos transtornos psiquiátricos. Charcot e Freud são neuropatologistas, Janet é médica, mas antes de tudo psicóloga e filósofa. É evidente que **até 1930**, quando a descoberta das terapias de choque revolucionou o campo terapêutico, o doente mental assim permaneceu por toda a vida, especialmente para quadros oligofrênicos, demências, esquizofrenia, mas também para transtornos de humor, embora cíclicos, e especialmente para transtornos de personalidade. Isso é notado por Le Bon, Sighele e depois Freud, também por causa do interesse pela psicologia das multidões, que incluem muitos pacientes psiquiátricos, esse último indicado em uma síntese de loucura histérica sugestiva e heterodirigida: a multidão é destrutiva e criminosa, como nos ensina a história do início do século XX. Os tratados clássicos são abrangentes; há um capítulo dedicado às doenças mentais em um todo clínico heterogêneo. **Do século XI ao início do século XIX**, o médico lidou com a medicina clínica e psiquiátrica. Pinel em sua obra *"Nosologia Filosófica"* trata da medicina geral e apenas em capítulos específicos da psiquiatria, todos delimitados como "neuroses" (cardíacas, gástricas, genitais e assim por diante). Com o movimento positivista, evidentemente ligado à ascensão da burguesia e à revolução industrial, fenômenos que o próprio Morel, católico e amigo do bispo de Chambéry, considerava negativo para o homem, a vida nas grandes cidades e o trabalho industrial atuavam como fatores degenerativos, como Tissot também acreditava, no corpo e na alma do homem; isso viveu melhor na civilização patriarcal-camponesa. O mundo moderno, como pensa Spengler, degenera e levará ao "declínio" da civilização europeia. O neurologista americano Beard, **na segunda metade do século XIX**, atribuiu todas as doenças mentais ao excessivo esforço psíquico exigido pela "vida agitada da cidade" ao indivíduo, que não suportava: assim aumentou a doença mental e principalmente a "neurastenia", um exemplo típico do mal-estar moderno: muitos, segundo Beard, tentaram combatê-lo com álcool e drogas. Desse ponto de vista, a teoria degenerativa sustenta que o lumpemproletariado, os, os abandonados, a prostituta, o ladrão, os que não fazem nada são assim porque, por causa da doença mental, descem a escala social e naufragam, como Darwin queria, na "luta pela vida". O lobo frontal, como acreditava o psiquiatra Bianchi na segunda metade do século XIX, era atrófico e com pouco alimento: a "máquina do pensamento" era, portanto, fraca nos pacientes psiquiátricos e nos estratos sociais mais baixos: a derrota na luta pela vida, portanto, os relegava às condições existenciais mais baixas. **Na segunda metade do século XX**, com a descoberta dos psicofármacos e a fundação da psiquiatria de acordo com um modelo estrutural e metabólico do sistema nervoso central, confirmado por pesquisas sobre sistemas neuroendócrinos e neurotransmissores e confirmado por estudos de neuroimagem (TC, RM, SPET e SPECT), testemunhamos um desenvolvimento sensacional e importante da psiquiatria, como aliás já havia acontecido na segunda metade do século XIX, apoiada pela burguesia emergente e pelo positivismo. Esse renascimento também foi alimentado pela criação de cursos universitários específicos de natureza psiquiátrica e a consequente especialização em psiquiatria. Se eles puderam reviver nossos predecessores, de Hipócrates a Chiarugi, eles só poderiam sentir um forte entusiasmo também pelo fato de que quase todas as suas intuições foram confirmadas experimentalmente. **Na Grécia, no século VI a.C.,** o mito é suplantado pela ideologia dos filósofos da natureza: Heráclito, Anaxágoras, Tales e Demócrito fundaram um materialismo científico que seria a base do nascimento da medicina, da ciência e da própria psiquiatria. Hipócrates, em *De morbo sacro* aumenta o papel cognitivo do cérebro, do intelecto, e condena as práticas médico-psiquiátricas "sacerdotais" e supersticiosas e, portanto, as terapias operadas pelos "mágicos". Essa abordagem filosófica fornece ao médico suporte metodológico para lidar com a investigação da psicopatologia. O "fogo" da inteligência, como Heráclito quer e sua atividade criativa e ordenadora, afirma Anaxágoras, são a base do comportamento humano. Segundo Hipócrates, a inteligência é a expressão criativa que surge do cérebro: esse órgão é a base da inteligência e é a causa, embora desequilibrada, da doença mental. Os deuses, o destino, o mau-olhado, a deusa maligna Hécate não desempenham nenhum papel patogênico na mente. O intelecto forte, puro, criativo, embora autônomo, pode ser afetado pela patologia cerebral e assim podem aparecer sintomas psiquiátricos: humores, átomos, tônus vital, se em excesso ou em deficiência, alteram as constantes químicas do cérebro e daí se origina a doença psíquica: um cérebro mais quente e seco é a base da mania, mais úmido e frio apoia o aparecimento da melancolia: nasceu a psiquiatria biológica, que suplantou o mito e o papel dos templos da saúde dedicados a Asclépio. No entanto, a partir da experiência adquirida ao longo dos séculos e depositada nesses santuários, a psiquiatria encontra seu alimento: Hipócrates é o médico mais autorizado do templo de Asclépio na ilha de Kos e ele mesmo diz que é o décimo sétimo descendente do deus da medicina, Asclépio, filho de Apolo. **Com Hipócrates**, nasceu a psiquiatria clínica, que se baseia no exame dos sintomas, diagnóstico, terapia biológica e um rigoroso método científico que valida seu papel decisivo tanto nos estados normais quanto na patologia psiquiátrica e do sistema nervoso central: a "divindade", como escreve Hipócrates, vive no metabolismo do próprio cérebro. A observação clínica é fundamental: assim, Hipócrates observa como os episódios febris no curso da "insanidade" apoiam a cura e isso também ocorre com o aparecimento de crises epilépticas. Com Hipócrates, nasceu o conceito de terapia de choque, do antagonismo entre epilepsia e doença mental, mais tarde explorado no mundo moderno. Hipócrates isola doenças psicóticas orgânicas primitivas do cérebro, que ele chama de "frenite" e observa o envolvimento do cérebro no curso de doenças internas (como febre tifoide e pneumonia) com um quadro clínico mental, que ele chama de "parafrenite". Define neurastenia, chamada "lassitudo", hipocondria e histeria: essa última devido à deambulação do útero no corpo desesperado para não ter o prazer do orgasmo e da gravidez. Ele isola os "loucos" que chama de catatonia, melancolia e mania, doenças para as quais recomenda ópio, se o paciente estiver agitado, e infusão de raízes de heléboro, se for inibido. Representante da linha patrilinear, ele acredita que a histeria é uma doença que surge da insatisfação erótica: portanto, é típica de virgens, solteiras, viúvas e mulheres estéreis. As virgens vão ao templo de Apolo para implorar, como diz Hipócrates, "um orgasmo sexual no casamento legítimo". Há, assim, uma identificação entre a mulher e o aparelho genital que sustenta o seu percurso existencial, que com algumas variações se manterá estável até meados do século XX: o homem apresenta-se como aquele que com o seu falo dá prazer e saúde. Se isso falhar, trata-se de encontrar a imagem erótica presa nas profundezas da alma feminina, de trazê-la à consciência, para que ocorra a cura, como se acreditará no século XIX. A origem da cultura, da ciência, da medicina e da psiquiatria encontra-se na atividade dos estudiosos, dos médicos e dos filósofos, que vivem na Magna Grécia, nas ilhas da Grécia, na própria Grécia e sobretudo na Ásia Menor, especialmente em Esmirna, Mileto, Éfeso, Pérgamo. Todos os médicos e psiquiatras da era clássica, até o século XIII d.C., eram originários desse território:

Hipócrates nasceu em Kos, Galeno em Pérgamo, o psiquiatra que isolou a doença maníaco-depressiva, que ele chamou de "circular" é Areteu da Capadócia. A Universidade de Alexandria foi fundada por Teofrasto, um filósofo e naturalista que foi aluno de Aristóteles. **De Hipócrates até o final do século V d.C.** A atenção de todos os médicos está voltada especialmente para as doenças mentais: a doença mais estudada é a melancolia, seguida da histeria. O primeiro é atribuído à ação da bile negra (humor seco e frio) ou a um tônus vital (pneuma) pouco ativo, para outros na base haveria um tônus fraco dos "corpúsculos", ou seja, os átomos que fluem nos "canalículos" do cérebro, que neste caso são lentos e esparsos. Em suma, um cérebro com pouca energia química sustenta a melancolia; pelo contrário, a mania surge de um metabolismo que é em todos os sentidos excitado. A histeria, de Hipócrates a Freud, embora com metáforas diferentes, é sustentada na mulher que sofre dessa patologia por um problema sexual: em termos simples, por vários motivos, ela não tem, como escreve Galeno, o "orgasmo saudável", então o útero infeliz vagueia pelo corpo; ou o clitóris insatisfeito lança "humores venenosos"; ou trauma sexual na infância bloqueia o desenvolvimento de um relacionamento erótico saudável; no entanto, é sempre uma questão de inibição sexual para esta doença "inventada" pelo homem: a grande crise histérica, mas também todo sintoma conversivo ou ansioso, imita um "coito", um substituto para uma vida sexual feliz. A psicopatologia antiga não tem limitações e também invade o campo político: para Galeno, por exemplo, os grandes movimentos sociais, morais e religiosos, como para Lucrécio, originam-se de uma ideia predominante que não encontra justificativa intelectual adequada: demonstra um "fanatismo": os fanáticos são então enquadrados como os paranoicos atuais. A histeria, que nasceu com o Argonauta Melampus, indica uma "melancolia furiosa" que se origina do útero entupido de humores tóxicos, que estagnam devido à falta de relações sexuais que, como Hipócrates também acredita, esvazia o aparelho genital de humores tóxicos: o homem se apresenta à mulher, no sistema patrilinear, tanto como Dionísio que satisfaz, quanto como Apolo que cura: é verdade que até o final do século XIX as terapias da histeria são as de Hipócrates e Galeno: expurgos, administração de heléboro, convite ao casamento, distanciamento de estímulos que pudessem excitar a jovem e, em seguida, o mais frequente de Galeno até meados do século XIX, o *"titillatio clitoridis"*. Pelo contrário, "lassitudo", neurastenia, é causada pelo desperdício de esperma, uma substância, como todos acreditam na esteira de Aristóteles, altamente energética, semelhante à do sol, que não deve ser desperdiçada com a masturbação. **Antes de Hipócrates**, dominavam os templos da saúde difundidos na Grécia e em toda a bacia do Mediterrâneo: em Epidauro, Esmirna, Éfeso, Pérgamo e também na Ilha Tiberina de Roma, os pacientes psiquiátricos eram tratados com banhos, expurgos leves, música, psicoterapia sugestiva, tudo guiado por um padre que, interpretando o sonho do paciente, estabelecia a cura: o uso de pequenas doses de ópio e a sugestão do lugar, do templo, do grande caminho sagrado, do espanto do bosque sagrado e, sobretudo, as numerosas lápides votivas que foram muradas no templo impressionam o paciente, quase sempre de tipo neurótico; o conteúdo das lápides é significativo: o paciente entrou que não andava e saiu curado; o paciente teve "pleurisia" severa e esfregou as costas com óleo e cinzas do fogo sagrado e se curou. No entanto, geralmente não existem centros reais especializados em pesquisa e terapia neuropsiquiátrica, nem em outros ramos da medicina. Por outro lado, existem médicos, nascidos principalmente na Ásia Menor, Grécia e Magna

Grécia, que se interessam não só por clínicas gerais, mas também por psicopatologia. Foram esses médicos que estudaram, formaram escolas e difundiram, embora em condições muito difíceis, seus conhecimentos e aquisições por toda a bacia oriental do Mediterrâneo e posteriormente por todo o Império Romano, de modo que os estudos médicos e psicopatológicos em geral assumiram uma difusão universal no mundo antigo. Como o mito, a ciência e a filosofia floresceram na Grécia, da qual o médico e o psiquiatra extraíram modelos interpretativos; basta mencionar como a teoria dos humores nasceu com Empédocles, a das qualidades de Tales, a atomística de Demócrito e como o papel criativo da inteligência vem à tona com Anaxágoras. Quando Platão queria informações fisiológicas e fisiopatológicas sobre o organismo humano, ele foi para Locri, onde havia uma florescente escola de medicina dirigida por Timeu, de quem aprendeu como a histeria se origina do útero errante. Em Esmirna, Marinus estudou os nervos cranianos; Parmênides, um filósofo da natureza, nasceu em Eleia, Campânia; Anaxágoras nasceu em Clazomene; Posidônio, um filósofo estoico com interesses psiquiátricos (ele analisa emoções) nasceu em Apameia; Epicuro nasceu em Samos, Empédocles em Agrigento, Crisipo em Soli, Zenão em Chipre, o famoso matemático e físico Arquimedes em Siracusa, Demócrito em Abdera, Aristóteles em Estagira, Platão em Atenas; os dois conhecidos médicos, neuroanatomistas e psiquiatras clínicos nascidos no século IV a.C., Herófilo e Erasístrato, nasceram respectivamente em Calcedônia, na Bitínia, e em Iuli (Turquia); Herófilo faz estudos anatômicos do cérebro central e periférico com autópsias: ele isola o cérebro do cerebelo, estuda as meninges, observa como o número e a largura das circunvoluções quanto maiores, maior a inteligência. O famoso estudioso da histeria, Sorano, nasceu em Éfeso, assim como o neuroanatômico Magno de Éfeso; no século IV d.C. o conselheiro do imperador Juliano é Zenão de Chipre, reitor da Universidade de Alexandria e o médico pessoal da mesma é Oribásio de Sardes (outros dizem de Pérgamo); o famoso psiquiatra atomístico Asclepíades, amigo de Cícero, nasceu em Prusa e seu aluno Diocles em Caristo e o historiador desse endereço, Célio Aureliano, nasceu em Sicca, na Numídia; o maior farmacologista da antiguidade, Dioscórides, nasceu em Anazarpa, na Turquia; Areteu da Capadócia isola psicose maníaco-depressiva; Arquígenes de Apameia, Alexandre de Trale, Aécio de Amida nasceram na Ásia Menor. **Na Ásia Menor** desenvolveu-se a filosofia da natureza, que sustentou os fundamentos teóricos da psiquiatria, especialmente pelo grupo de filósofos que trabalharam na cidade de Mileto. A universalidade do Império Romano facilitou os intercâmbios culturais e científicos; além disso, empurrado pelo círculo dos Cipiões, acolheu todos os médicos e psiquiatras mais famosos da antiguidade, de Galeno a Asclepíades. É impressionante que o grande imperador e filósofo Marco Aurélio fosse espanhol e seu médico pessoal um turco, o grande Galeno. Esse neurologista e psiquiatra, que localiza a alma biológica "na base do cérebro" e vê a importância da glândula pituitária, realiza estudos anatômicos e fisiológicos sobre o sistema nervoso central no "Templo da Paz" em Roma, especialmente construído pelo imperador Adriano. A psiquiatria, portanto, tem sua base em estudiosos nascidos nas regiões acima mencionadas e o pensamento filosófico naturalista é sua base; isso de fato também acontece com o renascimento psiquiátrico da segunda metade do século XIX, que tem suas fontes em Darwin, Spencer e Comte; assim nasceu o positivismo na base da psiquiatria e da neurologia, como então baseado no estudo do cérebro em relação entre o local da lesão e os dados clínicos na experimentação e hoje com a correlação estrutural e metabólica com as doenças mentais através da neuroimagem. **Após a queda do Império Romano,** tudo isso foi esquecido por mil anos, até que no século XIV os estudiosos redescobriram Hipócrates, Platão, Aristóteles, Galeno, Herófilo, Erasístrato, Areteu da Capadócia: a psiquiatria renasceu, inicialmente como uma exegese crítica do passado; o método investigativo e a nosologia eram os mesmos. A teoria corpuscular dos transtornos mentais é muito semelhante à teoria molecular de hoje. A nosologia também é bastante semelhante: o próprio Kraepelin escreve uma obra grandiosa em vários volumes da história da psiquiatria e sua nosologia é completamente idêntica à de Hipócrates, Galeno e Célio Aureliano. O passado remoto das grandes escolas de Esmirna, Mileto, Pérgamo, Éfeso revive, embora muitas vezes inconscientemente, em nós: basta ler o que chamamos de clássicos para nos orgulharmos de ter sido precedidos pelos grandes pensadores que mencionei brevemente e cujo pensamento é a base da própria civilização ocidental. **As primeiras observações de doença mental** dizem respeito à histeria, então elas são exclusivamente femininas. A histeria não se limita à conversão, mas inclui toda a psicopatologia que emerge em virgens, solteiras, viúvas e mulheres estéreis: é uma doença feminina que sempre sinaliza um déficit do aparelho sexual da mulher, o que define completamente a existência feminina: portanto, na histeria estão incorporadas categorias nosológicas ligadas à suposta etiologia sexual: temos mania, hipocondria, melancolia histérica: em sentido estrito, onde o vagular do útero ataca, aqui o sintoma é formado: se a garganta, pânico; se o tórax, distúrbios respiratórios; seja o cérebro, mania ou melancolia; se a medula, paralisia. A histeria é, portanto, uma doença feminina ligada a problemas psicossexuais e criatividade biológica, é verdade que a cura mais eficaz é encontrada no casamento e Galeno acredita que a histeria indica uma doença das viúvas: na verdade, ele escreve "a viúva não chora o marido, mas o orgasmo perdido; na verdade, o orgasmo causado pela estimulação do clitóris ou de um novo marido restaura a sanidade". A histeria, portanto, delimita vários quadros clínicos, não apenas conversacionais, pois é identificada como uma doença típica das mulheres, cuja etiologia pode ser rastreada até o aparelho sexual da mesma. Hipócrates, que descreve hebefrenia, catatonia, mania e melancolia, no que diz respeito à histeria, atribui-a à falta de orgasmo sexual, qualquer que seja o aspecto semiológico. O é por natureza portador de um cérebro com pouco "fogo intelectual" e muita "umidade" cerebral: tolo, fala sem propósito e sobre coisas que não conhece, chora e ri sem motivo. O melancólico busca a solidão, abandona o trabalho, deseja a morte. O médico psiquiatra da era clássica sustenta a etiologia de acordo com modelos tirados dos filósofos da natureza; no entanto, ele sempre pensa que entidades orgânicas modificam a homeostase do cérebro: ele nunca identifica a doença psiquiátrica de acordo com modelos morais, ideogênicos ou reativos. Átomos, humores, tônus vital estão na base da patologia, ou, como pensam os ecléticos, o médico deve fazer um diagnóstico escolhendo a etiologia de acordo com o sintoma predominante, enquanto a escola empírica não valoriza tanto a causa quanto o "conjunto de sintomas" para identificar uma "síndrome".

Por exemplo, Galeno menciona cerca de trezentas vezes o cérebro, setenta vezes a melancolia e dez vezes o "ebetudo". Os quadros clínicos, embora um pouco simbolicamente diferentes e talvez mais marcantes, são completamente idênticos aos relatados pela psiquiatria atual. No que diz respeito às neuroses e transtornos de personalidade, como pode ser visto na leitura do "Problema XXX" de Aristóteles e da obra de Galeno *Sobre as Paixões* e como todos os estoicos, Posidônio, Zenão e Crisipo e depois Cícero escreveram no *Tusculano*, eles se expressam com oscilações humorais moderadas ou com formas reativas a paixões exageradas: A doença mental em si beira os fatores emocionais e muitas vezes parece um exagero deles. Em geral, existe terapia psicológica de suporte no caso de o distúrbio nascer de forma reativa. Lucrécio, falando da melancolia do amor, convida o paciente a depreciar o objeto que deseja, mas não tem, e a encontrar outra saída. Os estoicos que influenciam certas correntes psicológicas insistem no fortalecimento do hegemônico, o ego, que para eles deve controlar as paixões, como também sustentam os psiquiatras atomistas. Galeno descreve muitos casos de distúrbios somáticos devido à ansiedade, preocupações e assim por diante. Sorano de Éfeso, no que diz respeito à histeria, critica a terapia que recomenda o casamento, a gravidez e a relação sexual: ele acredita que massagens, esportes, atividades semelhantes às dos homens são úteis e convida as mulheres a fugir do papel de esposa, mãe e amante que é imposto pelo homem. No que diz respeito aos transtornos reais, *insaniae*, agora chamados de psicóticos, a terapia proposta se origina do modelo etiológico: para a escola humoral é necessário evacuar o cérebro do excesso de humor com infusões de raízes de heléboro, um botão de ouro que vive nas colinas do Mediterrâneo: agora foi demonstrado que contém substâncias alcaloides com poder dopaminérgico. Para ansiedade, delírios e sofrimento somático, usa-se "ambrosia", formada por vinho falerno, alcaçuz, mel e "lágrimas de ópio". Para a histeria, como já mencionado, insistimos no casamento saudável ou na estimulação do clitóris para obter o orgasmo libertador. O oneir-crítico de Daldi, Artemidorus, aconselha, a fim de identificar a causa do distúrbio, a elucidação da cena do sonho. Purgas e sangrias são prescritas em casos de distúrbios orgânicos agudos de tipo amencial, a fim de livrar o cérebro de substâncias tóxicas. Célio Aureliano insiste em aconselhar a não amarrar os doentes e pensa que existe a possibilidade de acalmá-los com música; em casos de histeria ou melancolia do amor, recomenda-se uma viagem marítima. **Dioscórides,** Pedácio de Anazarba, no sul da Turquia, bem como médico militante das legiões romanas estacionadas no Danúbio, ativo por volta de 60 d.C., deixou um volumoso tratado de farmacologia geral de cerca de 1.000 páginas de grande formato que foi o texto básico da terapia médica e psiquiátrica até 1840, ou seja, por 1.800 anos. Examina a atividade farmacológica de cerca de 625 plantas medicinais, de cerca de 100 medicamentos extraídos de animais, incluindo extrato testicular para eliminar a astenia, estimular o humor e a atividade erótica. Também lista cerca de 100 substâncias com atividade terapêutica extraídas de substâncias minerais. Seu *De materia medica* inclui inúmeras formulações psiquiátricas, especialmente o extrato testicular chamado "castóreo", porque foi formado com os testículos do castor, um animal considerado muito ativo em nível sexual. O psiquiatra e ginecologista Sorano de Éfeso critica a teoria hipocrática e platônica, ou seja, histeria é igual a útero infeliz, e aconselha não casamento, mas virgindade, ginástica, frequência a academias, onde as mulheres podem praticar exercícios esportivos e acredita que devem trabalhar como um homem e fugir das imposições tradicionais das mulheres, mãe, esposa ou amante. A histeria é curada pela satisfação do desejo erótico insatisfeito que se acredita ser a base da doença. Não se pensa que haja um distúrbio físico específico na origem, mas, como Platão escreve no *Timeu* expondo uma teoria hipocrática que ele aprendeu com Timeu de Locri, uma teoria que chega até meados do século XIX, a doença surge de um útero que "vagueia" no corpo, sombrio, enfurecido, infeliz porque não tem o prazer orgástico: portanto, cheiros fétidos nas narinas e perfumes egípcios na vagina podem fazê-lo fugir do topo do corpo e retornar à sua sede. Até meados do século XIX, a *"titillatio clitoridis"* era difundida e geralmente operada pelas "matronas" a conselho do médico, como afirmava o cirurgião Pareto no século XVII e que Pinel novamente aprovou no início do século XIX. Em seguida, lança-se luz sobre outras terapias ambientais: o histérico deve viver no campo, não ir dançar, não ler livros de amor, estar sempre com a mãe, fugir de relacionamentos superficiais: o pai deve monitorar se essa abordagem terapêutica rígida é aplicada. **Na era clássica e até o início do século XIX** não havia neurologista ou psiquiatra, mas ele foi frequentemente o primeiro a lidar com a psiquiatria: Hipócrates, no século V a.C., estudou o cérebro, assim como Galeno, no século II d.C., Willis, no século XVII e Benedikt, Charcot e o próprio Freud estavam interessados em psiquiatria, todos professores universitários de neuropatologia. Os transtornos mentais são, na ausência de qualquer terapia válida e de qualquer assistência, não só mais difundidos, mas esses pacientes vivem no contexto social com todo o envolvimento interpessoal que isso acarreta: violência realizada ou sofrida, ultraje, agressão manifesta e assim por diante, é verdade que um número não modesto de doentes mentais, até o trabalho de caridade de Lombroso, eles são condenados por crimes e delitos cometidos por eles, sem levar em conta suas condições neurológicas e psiquiátricas. As doenças mentais, justamente por não serem tratadas, são mais difundidas do que hoje e em um tratado médico cerca de um quarto de seu conteúdo é dedicado aos transtornos psíquicos, especialmente a melancolia. A "frenite" é muito difundida, ou seja, um distúrbio psiquiátrico devido a uma doença cerebral idiopática, e ainda mais a "parafrenite", uma doença neuropsiquiátrica "simpática", ou seja, secundária a doenças internas, especialmente febris: são psicoses amentianas, então frequentes na febre tifoide, cólera, pneumonia, que são tratadas com ópio, especialmente se caracterizadas por agitação psicomotora.

Antes de **Hipócrates**, acreditava-se que a doença mental, especialmente a epilepsia, chamada de "doença sagrada", se originasse da maldição dos deuses: para a epilepsia, de Hécate, uma deusa maligna e psicopatogênica. Depois de **Hipócrates**, no contexto da ciência oficial, que também é compreendida e respeitada, o doente mental é visto como um doente cerebral nas formas graves, e nas formas leves, como querem os estoicos, como afetado por um distúrbio da alma. O paciente é completamente aceito, dado que todo o ambiente médico considera verdadeira a interpretação "orgânica": os cérebros, para Herófilo e Erasístrato, o tom vital, para a corrente "pneumática", os humores, para Hipócrates e Aristóteles, os átomos, para Diocles de Carísto e para Célio Aureliano. Galeno, no século II d.C., propôs uma psicoterapia centrada no controle das emoções para a terapia da alma, como Sêneca também menciona no "de ira". **Galeno**, além de ser um grande estudioso do sistema nervoso central, também é um psiquiatra válido: sua nosologia inclui melancolia, mania, catatonia (da qual ele distingue três tipos), hipocondria, neurastenia, histeria, frenite, parafrenia, *paraphrosinias* — que ele divide em duas entidades: delirante e delirante com alucinações — e, finalmente, "fanatismo", que caracteriza pacientes movidos por uma ideia predominante com conteúdo místico-religioso. Galeno localiza o ego, a cognição, hegemônico, como Hipócrates e Platão já haviam feito, no lobo frontal. Ele elabora uma teoria interessante sobre a relação entre cérebro e mente: existe uma substância ativa no cérebro que também pode ser guiada pelo hegemônico de forma voluntária e que a utiliza como ferramenta para operações comportamentais e cognitivas: são os "espíritos animais", substâncias sutis, rápidas, ígneas, ou seja, muito energéticas, que coincidem completamente com os neurotransmissores atuais. Existem inúmeros pacientes psiquiátricos que, como ele escreve, vêm até ele de todo o Império: muitas vezes neuróticos, com o coração batendo forte, ansiedade, tremores nos membros da gênese emocional.

A psiquiatria como disciplina médica nasceu usando a filosofia materialista dos filósofos naturais. O cérebro é a sede do pensamento; no entanto, como disseram Heráclito, Tales, Anaxágoras e Demócrito, nele há uma centelha divina, um fogo, um intelecto, um poder cognitivo; no entanto, ele sofre as vicissitudes metabólicas do parênquima cerebral, enquanto em condições fisiológicas usa esse "fogo", usa o cérebro de forma projetada. É sobretudo o pensamento estoico, especialmente o pensamento psicobiológico de Posidônio de Apameia, que influenciou a psiquiatria a partir de Galeno. A doença mental é generalizada e, como tal, é reconhecida: não há sentimento hostil em relação a ela ou teorias demonopáticas. Muitas vezes, no entanto, o melancólico afirma "estar possuído": a esse respeito, no entanto, todos os médicos clássicos acreditam que isso surge simplesmente "de uma mutação mágica da imaginação devido a humores tóxicos". **O Império Romano** garantiu uma estabilidade social que perdurou ao longo dos séculos, até sua queda: não havia diferenças de raça e religião: todas as divindades estavam reunidas no Panteão; nesse clima, no "Teatro da Paz", construído pelo imperador Adriano, por exemplo, Galeno praticava experimentos neuroanatômicos em animais: ao dissecar a medula de um porco, notou que no lado oposto à seção havia paralisia motora e no lado dissecou distúrbios do sensibilidade. De todas as universidades o médico vem a Roma: o imperador Marco Aurélio, de origem espanhola, é tratado por Galeno, que nasceu na Turquia; o imperador Juliano tinha Oríbasio de Pérgamo como seu médico pessoal e Zenão de Chipre, reitor e médico da Universidade de Alexandria, como seu conselheiro. Duas frases emblemáticas de Galeno dizem o nível científico da neurologia e da psiquiatria: Galeno escreve a um de seus amigos médicos: "Li na biblioteca médica de Ostia um livro seu sobre o tratamento de distúrbios da memória (xícaras na cabeça), mas não concordo"; Galeno escreve novamente: "Estou indo para Esmirna para Marinus para estudar os doze nervos cranianos". A autonomia do médico e sua autoridade são difundidas, sólidas e reconhecidas: quando Marco Aurélio tem que ir ao Danúbio em Vindobona, ele pede a Galeno que o siga, ao que o médico responde que seguirá as instruções que o sonho lhe dará à noite. No dia seguinte, ele diz ao imperador que sonhou com seu pai, um arquiteto de Pérgamo, e Asclépio e que eles o aconselharam a não partir. A grande cultura científico-filosófica, que caracterizou o Ocidente clássico com sua ampla difusão, entrou em colapso no século V d.C., destruindo consigo a cultura médica, filosófica e psiquiátrica. Grandes cidades decaem ou são destruídas; centros universitários desaparecem. No século IV d.C., Juliano ficou consternado ao notar a decadência irreversível de uma sociedade que durante séculos, a partir do século V a.C. por quase mil anos, deu uma contribuição decisiva para a civilização, comparável apenas à alcançada nos séculos XIX e XX. Ele envia seu médico pessoal, Oribasius, a Delfos para perguntar por que tudo isso acontece: Pítia, uma camponesa analfabeta, responde: "diga ao seu imperador que a fonte de Castália não emana mais água, o carvalho de Zeus está murcho, o templo de Apolo desabou". **Do sexto ao décimo segundo século d.C.**

testemunhamos o ciclo de decadência, caracterizado por médicos exegéticos, medicina árabe e, finalmente, medicina monástica. Após o colapso do Império Romano, como diz o historiador Amiano Marcelino, que, como um organismo humano, nasceu, desenvolveu-se, estabilizou-se, depois envelheceu e morreu, a medicina, a neurologia e a psiquiatria passaram a fazer parte de antologias repetitivas, nas quais os vários capítulos tinham direito aos grandes do passado: para a histeria escreve-se "como Hipócrates sustentou... Galeno... Herófilo", e assim por diante, para frenias, para mania, para "embriaguez" etc. Esse período histórico de decadência começou com Oribasius no século IV e continuou até o século VII d.C. com Alexandre de Trales, Aécio de Amida, Paulo de Egina e depois no século IX com Teófilo, Actuário, Myrepsis, Prisciano, Plácido Papiriensis até o primeiro médico europeu, Marcelo de Bordéus, de fato precedido por Aulo Cornélio Celso. As comunidades cristãs desempenham um papel importante no nível terapêutico, referindo-se a Cristo como o "curador de almas e lançador de demônios": pensa-se que o homem que genuinamente segura Jesus em seu coração tem uma forte defesa contra emoções e doenças mentais. As universidades clássicas, de Esmirna a Alexandria, foram destruídas e suas bibliotecas queimadas: não existiam mais centros de estudo até o século XIII. Os doentes mentais viajam para os mosteiros, eles se voltam para o santo que, segundo eles, pode agir de forma benéfica, por exemplo, para San Clementino. Não temos nenhum texto que possa documentar o que aconteceu em termos de cuidado, estrutural, terapêutica e incidência de doenças psiquiátricas. A doença mental, como a doença neurológica e interna, existe naturalmente, assim como existia no período pré-científico. **Entre os séculos VII e XIII,** a medicina árabe floresceu pela primeira vez com Rasez, Avicena e Averróis, que documentam nada mais do que uma exegese nem sempre precisa das obras gregas, especialmente as de Galeno. Em seus trabalhos para a parte psiquiátrica encontra-se o tema da loucura do amor e o da melancolia da "demonização". Os monges adotaram a medicina árabe entre os séculos X e XII: a doença mental nasceu de um castigo de Deus pelos pecados cometidos. Para mencionar a escola de Salerno e a fundada por São Bernardo de Claraval. Com base na culpa e na punição nos séculos XVI e XVII, nasceu a psiquiatria demonológica, a fundação da Inquisição; o conceito é claro, como aparece no *Malleus maleficarum,* de Sprenger e Hinstitor: todos os doentes mentais são possuídos, porque a força do mal, insinuando-se nos humores, infecta o corpo: matar queimando ou empalando é uma graça porque o corpo possuído é assim destruído e a alma finalmente libertada se aproxima de Deus. **A psiquiatria renasceu com as primeiras universidades no século XIII**: com admiração e profunda emoção, veio à tona a enorme herança cultural do mundo greco-romano. Estudiosos sem tradição não podiam deixar de admirar e comentar o passado glorioso. Os primeiros estudiosos que escreveram tratados surpreendentes sobre psiquiatria no século XIII foram Bernardo Gordonio (fundador da Universidade de Montpellier) e dois séculos depois Perdulcis e Thomas Willis. Gordonio fundou a Universidade de Montpellier e deixou uma obra, *Lilium Medicinae,* em que o capítulo neuropsiquiátrico é chamado de "doenças da cabeça", no qual ele descreve, geralmente citando Galeno, os seguintes distúrbios: letargia, distúrbios de memória, sonolência, estupor, insônia, mania, melancolia, melancolia do amor, frenite, pesadelo, epilepsia, espasmo. O conselho terapêutico é o da psiquiatria clássica, especialmente de Galeno: cura com heléboro, teriaca, ópio e assim por diante. **No início do século XVII,** surgiram dois tratados sobre psiquiatria:

o *De morbis animi,* de Perdulcis, um médico de Paris, e o *De anima brutorum,* de Willis, nascido na Inglaterra. O primeiro tratado inclui muitos capítulos com uma nosologia semelhante à que será retomada mais tarde no século XIX: *paraphrosinias* (psicoses paranoicas), frenia, melancolia, mania, licantropia (já reconhecida por Aécio de Amida como melancolia), mania demoníaca (para o tipo de delírio) e os *"energumeni",* ou seja, os verdadeiros possuídos que, como dizem Cassiano e Santo Agostinho, são tais porque o diabo entrou na "bile negra" que, do sangue, chega ao cérebro e domina o intelecto. Melancolia hipocondríaca, melancolia histérica (original), fúria uterina, amor insano, êxtase melancólico, *"fatuitas", amenza,* ou *ebetudo* (hebefrenia) e decadência mnésica são mencionados. Thomas Willis, em *De anima brutorum,* fala de uma alma "corpórea" em oposição à "racional", por isso é alterada por um desequilíbrio dos "espíritos animais" metabolizados pela glândula pineal que os recebe do sangue e os distribui por todo o cérebro: eles são uma espécie de neurotransmissores. A alma racional é dobrada pelo dismetabolismo dos "espíritos animais". As doenças psiquiátricas para Willis são semelhantes às paixões morais em uma base bioquímica, que alteram a imaginação. Ele descreve com precisão dor de cabeça, letargia, coma, coma vigilante, hipervigilância, pesadelo, tontura, mania e melancolia, estupidez ou *"morositas",* ou seja, hebefrenia atual. Para Thomas Willis, a histeria é, como todas as doenças psiquiátricas, uma "neurose", isto é, um distúrbio que não é estrutural, mas metabólico do cérebro às custas dos "espíritos animais": a histeria como índice do útero errante é uma "concepção popular" e não científica; é uma doença "convulsiva", assim como o tremor e a epilepsia, e afeta homens e mulheres. **Até a descoberta da terapia de choque (1900-1930)** o tratamento das doenças mentais era idêntico ao praticado no período clássico: heléboro, expurgos, sangria, ópio, banhos frios ou quentes (dependendo se o paciente está inibido ou agitado) e, finalmente, a antiga composição galênica chamada *"theriaca".* **Nos anos 1600**, os doentes mentais geralmente não encontravam assistência de asilo, exceto em algum convento. Está documentado pela literatura que trata desse problema do século XV ao XVII, justamente porque os doentes mentais, mesmo os gravemente doentes, vivem nas cidades e no contexto social, que esses pacientes, como você pode imaginar, se comportam de maneira bizarra, estranha e muitas vezes agressiva (pense no comportamento antissocial do maníaco e daqueles que sofrem de transtornos de personalidade), tanto que muitas vezes ele é atacado ou ridicularizado, ou é trancado na prisão se se comportar de forma criminosa. A maioria das pessoas detidas na prisão sofre de doenças mentais graves, por exemplo, Torquato Tasso está preso porque está seriamente melancólico. Em geral, sabemos que a doença mental não tratada é muitas vezes expressa em comportamento auto ou heteroagressivo. **No século XVIII**, a psiquiatria, seguindo os passos do médico-botânico e naturalista Linnaeus, desenvolveu uma nosologia fria, mas ampla, chamada "metódica": ele dividiu as plantas em categorias, classes e ordens. Assim, dois grandes noólogos desse século partiram dessa perspectiva. Cullen divide, seguindo os passos de Linnaeus, os transtornos mentais em categorias, classes, ordens. A categoria "neurose" inclui todos os transtornos neuropsiquiátricos, que por sua vez são divididos em quatro classes: adinamias, comas, espasmos, vesanias. A histeria pertence à ordem dos espasmos; melancólico ao do Vesanie, por sua vez dividido em muitas ordens: alucinatório, religioso, atônito, errante, demoniopato, nostálgico, com *"taedium vitae"* e assim por diante. Também De

Sauvages, em sua *Nosologia Metódica*, divide as doenças em classes, gêneros, espécies: por exemplo, nessa classificação, a epilepsia é delimitada na ordem de convulsões, espasmos de gênero, especialmente epilepsia, bem como histeria.

No século XVII surgiu a teoria dos "vapores"; as emoções "aqueceram" os humores de modo que "vapores" (humores atenuados) foram emitidos a partir deles, o que desequilibrou o sistema simpático-vagal que, por sua vez, nutria sintomas específicos, especialmente os hipocondríacos e histéricos que expressavam o desequilíbrio do tônus vagal, ou seja, o sistema difuso e errante em si. como White argumenta. Uma questão sexual incomum que continuará por mais de um século: Tissot escreve sobre a educação do povo, assim como Dubois décadas depois; Tissot alerta para as consequências catastróficas do onanismo, Pinel enquadra a histeria na melancolia do amor: a história típica é a de uma jovem que, apaixonada por um jovem de "baixo status social", é punida pelo pai; como resultado, ela sofre de "convulsões": o médico a trata com inúmeras sangrias a ponto de ela morrer.

O século XVII marca o renascimento das ciências em geral e também da medicina e da psiquiatria: é o período dos tratados: volumosos textos tratam da psiquiatria, mesmo de forma extensa. Basta mencionar estudiosos como Sennert, Riverio, Mercator, Haller, Fracastoro, Cardano, van Helmont. Filósofos como Bacon de Verulamius e Descartes (amigo de Willis) também participaram desse movimento, lidando com problemas de fisiologia e psicopatologia em relação ao papel das emoções. Galileu fundou o método científico experimental positivo e Harvey descobriu a circulação arterial. Zacchia aborda os problemas médico-legais associados aos transtornos mentais. Gerolamo Mercuriale publicou um tratado de cerca de 700 páginas em fólio intitulado *De cognoscendis et curandis humani corporis affectibus*, publicado em 1606; destas, cerca de 200 páginas são dedicadas à neuropsiquiatria e psiquiatria. Ele descreve a catatonia como um bloqueio psicomotor no qual os pacientes "mantêm a posição que o médico os faz assumir". A melancolia "tremoço" não é de natureza demonológica, mas o delírio zoopático surge do fato de que o melancólico "imagina ser transformado em lobo".

Pode-se dizer, portanto, que em 1700, quando nasceu a cidade moderna, nasceu o asilo.

Na verdade, os templos de Asclépio já estão em verdadeiros hospitais embrionários para doentes mentais, já que a maioria das pessoas que vieram para essas instituições eram indivíduos com transtornos mentais. Após o século X, mosteiros específicos abrigaram os loucos, também chamados de "lunáticos". O asilo de Belém, inaugurado na Inglaterra em 1400, era originalmente um convento e agora é dedicado ao tratamento de "freníticos". No mesmo século, uma ala para os *"helleborosi"* foi aberta em Roma. Ainda em 1700, os doentes mentais eram confinados em conventos junto de ladrões e criminosos. Reil, no início de 1800, descreve essas estruturas onde os pacientes estão em condições desesperadas e horríveis, dormindo nus no chão em uma cama de palha. É assim que Esquirol também descreve as enfermarias psiquiátricas até 1840: os doentes são mal nutridos e muitas vezes espancados ou chicoteados. No século XVIII, mas também nos séculos anteriores, a maioria dos doentes mentais, escreve Zilboorg, está presa: as prisões contêm 70% dos doentes mentais detidos por crimes comuns. Daquin, Pinel, Tuke, Esquirol e Chiarugi mudam profundamente essas condições: Chiarugi impede que seus doentes mentais sejam expostos no jardim do asilo atrás de grades, submetidos às piadas dos transeuntes. **Depois de meados do século XIX**, nasceram verdadeiros hospitais psiquiátricos, com médicos que tratavam e assistiam os pacientes também com "terapia moral"; os doentes também eram divididos de acordo com classes nosológicas específicas. Os psicóticos graves ainda estão confinados a uma enfermaria para os *"helleborosi"*, lotados e em más condições de higiene. **Entre os séculos XVIII e XIX,** viveram dois grandes psiquiatras: Pinel, na França, e Chiarugi, na Itália. As profundas mudanças provocadas pela Revolução Francesa levaram a uma melhoria nas condições dos doentes mentais: Pinel é alegoricamente retratado libertando os doentes mentais de correntes e ferros. Quanto à abordagem psicopatológica, em sua nosologia filosófica ele ainda inclui a psiquiatria entre outras doenças. Seguindo Willis, as doenças mentais também são classificadas por Pinel como "neuroses": a hipocondria, por exemplo, indica uma neurose "gastrointestinal", enquanto a histeria é uma neurose do sistema genital feminino, assim como a satiríase; o priapismo, por outro lado, é uma neurose do aparelho masculino geral. As psicoses reais, chamadas *"insaniae"* (mania e melancolia), são frequentemente desencadeadas por eventos estressantes, por emoções chamadas "paixões". Nesse mesmo período histórico, um grande psiquiatra italiano foi Chiarugi, diretor e reformador iluminado do hospital psiquiátrico S. Bonifacio de Florença. Ele escreve: *Da loucura em geral e nas espécies. Tratado médico analítico com cem observações.* Segundo ele, a doença mental surge do cérebro, do "físico", do mundo orgânico, especialmente do desequilíbrio do centro chamado "sensório comum" que conecta a alma ao corpo. Ele rejeita intervenções coercitivas e aponta para a "terapia moral" como a verdadeira cura para a loucura; sua contribuição anatomopatológica sobre o estado do cérebro nas doenças mentais é importante; por exemplo, ele observa que na "amência" dos jovens que hesitam na "estupidez", a hebefrenia atual, há "atrofia do lobo frontal" e um "aumento dos ventrículos cerebrais", fato agora confirmado com a técnica de neuroimagem. Pinel estava entre os anos 1700 e 1800, então começou a haver escolas; a escola francesa nasceu em 1800. **No final do século XVIII**, na esteira da filosofia da natureza de Schelling, houve um notável avanço da psiquiatria, que foi um prelúdio do século XIX, apoiado no positivismo. A escola psiquiátrica francesa nasceu com a chamada "psiquiatria das paixões" apoiada por Pinel e Esquirol. Ao mesmo tempo, a psiquiatria do inconsciente e do sonho chamado "romântico" desenvolveu-se com Heinroth, Ideler, Schubert. Emoções, eventos estressantes, a ação de um "psicoide" que está localizado entre o corpo e o intelecto desempenham um forte papel psicopatogênico. Com Spencer e Comte depois de 1850, prevaleceu a orientação científica "neurológica": as doenças da mente refletem distúrbios estruturais e metabólicos do sistema nervoso central. Na esteira do pensamento voluntarista do Maine, de Biran e Schopenhauer, também nasceram as teorias psicodinâmicas; Janet abre o caminho precedido pela teoria neurofisiológica de Jackson: o cérebro é estruturado de acordo com centros hierarquicamente ordenados: primitivo, ou seja, automático, e recente, ou seja, plástico e voluntário, mas mais frágil: a psicopatologia surge da fraqueza dos centros superiores que permite o surgimento do automatismo inferior, que apoia, por exemplo, a histeria, a psicocoastenia e as próprias psicoses. **Os grandes psiquiatras do século XIX** são Pinel, Chiarugi, Esquirol, Morel, Kraepelin, Krafft-Ebing, Bianchi e o próprio Freud, que de fato segue as teorias da psiquiatria romântica, embora tenha partido das hipóteses de Charcot e Janet: isso aumenta a fraqueza dos centros superiores em comparação com os inferiores, ou seja, automáticos, que atuam no subconsciente. A teoria do inconsciente, de natureza tópico-estrutural intimamente ligada a centros neuro-orgânicos específicos, será então derrubada por Freud com o conceito de «inconsciente dinâmico», que contém material psíquico reprimido. Schubert para o sonho e Hartmann para o papel da psiquiatria dinâmica direta inconsciente e o chamado dinamismo de órgãos que chegará com **Ey** até meados do século XX. Morel e Magnan indicam na "degeneração", ou seja, em uma alteração cerebral, a causa da doença mental e sua transmissibilidade hereditária: do primeiro ascendente com psicopatia chegamos à quarta geração com um hebefrênico que põe fim à tensão mórbida. Krafft-Ebing analisa todos os distúrbios sexuais em *Psychopathia sexualis*, uma obra volumosa que influenciará decisivamente Freud: a burguesia vê a sexualidade como a fonte do irracional, que muitas vezes alimenta as neuroses: justamente por volta de 1880 Dubois mudará esse termo para o mais apropriado de "psiconeurose", fazendo com que o termo "neurose" concebido por Willis em 1600 desapareça da nosologia, doenças neurológicas e psiquiátricas genéricas e abrangentes, ou seja, tudo o que foi cobrado do cérebro: as psiconeuroses não têm, pelo contrário, uma causa anatomopatológica e cerebral específica, escreve Dubois, mas sinalizam problemas psicoemocionais de natureza conflituosa, que melhoram com a educação e a terapia moral. **Depois da psiquiatria "romântica",** uma psiquiatria de orientação clínica ocorreu na Alemanha e abandonou a possibilidade, dados os níveis científicos da época, de avançar para uma nosologia sistemática em uma base etiológica. Nesse campo, surge a figura de Kraepelin, que aliás, também com base em suas experiências histórico-psiquiátricas, elabora uma taxonomia pouco distante da clássica greco-romana. Ele aponta sobretudo a psicopatologia da demência precoce, catatonia e psicoses paranoicas e parafrênicas, seguindo os passos da psiquiatria clássica. No que diz respeito à etiologia, esse tema será retomado por Bleuler, apresentando-o na "fragilidade dos vínculos associativos". **A psiquiatria romântica** nasceu da psicologia de Novalis, Schelling, Mesmer, Carus e Schopenhauer: o corpo vivo é dividido em soma, alma e espírito; há uma bipolaridade corpo-espírito, como entre consciente e inconsciente, que se tornará, algumas décadas depois, um conflito entre consciente e inconsciente. **Feuchterleben** argumenta que no organismo há uma luta entre o bem e o mal, entre o consciente e o inconsciente: é preciso domar as emoções, como ele escreve em *Dietética da Alma,* para que seja possível alcançar o controle das paixões, a origem da própria doença mental. A histeria para Ideler expressa a luta da alma consigo mesma, uma indicação da incompreensão entre desejos e realidade: assim nasce o refúgio na fantasia: Neumann escreve: "o impulso que não consegue encontrar satisfação torna-se angústia e doença psíquica". **Depois de 1850, a psiquiatria romântica entrou em crise** com o nascimento do positivismo: Saint-Simon na França, Griesinger e Reil na Alemanha propuseram um método experimental e científico para a psiquiatria e o abandono das especulações metafísicas. Otimismo, portanto, na cultura científica: as universidades alemãs nesta nova fase tornaram-se os centros da cultura positivista na segunda metade do século XIX. As ideias derivadas do magnetismo animal, Schelling e Hartmann desaparecem para dar lugar, provavelmente em relação à revolução industrial, a uma visão experimental da psiquiatria. A psicanálise se desenvolverá, ao contrário, desenvolvendo e aprofundando os temas típicos da psiquiatria romântica: a análise do sonho e do inconsciente, como sede do material reprimido que deve ser trazido à luz terapeuticamente. A psiquiatria positivista, por outro lado, aumenta o papel decisivo do lobo frontal tanto nas operações cognitivas quanto, se alterado, no aparecimento de quadros psicopatológicos, como Fritsh e Hitzig operam nesse sentido; ao longo do século XIX, de Gall a Broca, de Wernicke a Pick e Halzheimer, buscou-se uma correlação entre cérebro, mente e imagens psiquiátricas. Inicia-se o percurso da referência da psiquiatria à estrutura do sistema nervoso central, tanto a nível estrutural como metabólico. Freud nasceu teoricamente seguindo os passos de Janet; ele nega isso e escreve que seu professor era Mesmer. Na verdade, ele aprendeu a psicopatologia da histeria com Charcot, um ilustre neurologista, que identificou algumas doenças degenerativas do sistema nervoso central e imaginou a histeria não ligada a problemas psicossexuais, mas como um fenômeno autossugestivo. Um indivíduo que está muito excitado ou que sofreu um trauma, se sente dor no braço, imagina que tem uma paralisia que é realizada de forma autossugestiva, ou seja, de forma pitática, pela deusa Pitié, divindade da persuasão, como Babinsky pensará. Janet, influenciada pelo filósofo Maine de Biran e pelo neurofisiologista inglês Jackson, acredita que o cérebro é organizado hierarquicamente: em centros superiores, plásticos, voluntários, mas em desintegração, e centros inferiores, arcaicos, estáveis e automáticos. Se há uma "miséria de tensão psicológica" dos centros superiores, os centros inferiores, chamados de "subconscientes", têm a predominância e, portanto, a sintomatologia psiquiátrica. Este conceito será então retomado por Bleuler, que fala da "fraqueza dos elos associados" como o principal sintoma da esquizofrenia. Os professores de Freud, além de Charcot, são Mesmer, Schubert, Berheim, Janet, Krafft-Ebing e o neurologista Benedikt. Por meio de uma síntese, Freud toma de Mesmer a teoria do magnetismo animal, de Schubert a dos sonhos, de Janet a hipótese do subconsciente, da psicopatologia sexual de Krafft-Ebing e de Benedikt o conceito de psicoterapia. Uma novidade absoluta é o fato de que o inconsciente para ele não é atual, mas dinâmico, pois contém o material psíquico removido que deve ser trazido à luz terapeuticamente; isso pode ser feito através da análise do sonho do paciente, um verdadeiro caminho alto. **O movimento positivista** segue uma norma precisa que começou com Gall: o cérebro é a sede onde estão localizadas todas as funções do organismo, tanto físicas quanto psíquicas. O estudo morfológico e funcional leva a uma visão de localização do sistema nervoso central, com áreas específicas responsáveis por funções precisas. Reil, Vicq d'Azyr, Burdach, Rolando, Leuret, Gratiolet, Broca, até a admirável *Anatomie des centres nerveux*, publicada por Dejerine no final do século XIX, nos permitem isolar o cérebro como uma matéria viva, composta de muitas células chamadas de "neurônios" por Waldeyer, claramente isoladas morfologicamente por Golgi. Especialmente no córtex do cérebro existem campos funcionais conectados entre si por vias associativas e com os centros subcorticais: tálamo, sistema límbico, núcleos do tronco, hipotálamo e, finalmente, o sistema nervoso vegetativo periférico. Acima de tudo, Fritsch e Hitzig demonstram como certos lugares do cérebro desempenham funções muito específicas: a máquina do pensamento está localizada no lobo frontal, como Bianchi também demonstrará no final do século XIX; essa é a era de ouro das localizações cerebrais. Na esteira da leitura das obras dos dois maiores filósofos positivistas, Comte e Spencer, funda-se a concepção citoarquitetônica e hierárquica do sistema nervoso central, que teria evoluído ontogenética e filogeneticamente precisamente em relação, segundo um darwinismo neurológico, a uma adaptação específica do organismo em relação ao meio ambiente. O cérebro, de acordo com uma visão organodinâmica, é visto como a sede da vida global precisamente porque, em suas partes anatômico-funcionais, é essencialmente organizado de acordo com uma estrutura hierarquicamente interativa, como Jackson queria. A ideologia dominante, que se estende até o final do século XX, baseia-se na concepção cientificamente comprovada de que a psiquiatria basicamente sempre se origina de uma patologia idiopática ou simpática que afeta o cérebro. Como o positivismo está procedendo? Procurando experimentalmente as "causas" e, assim, abandonando qualquer teoria dedutiva ou metafísica. Se o cérebro é a região somática envolvida na psicopatologia, a relação mente-corpo parece clara: toda lesão cerebral alimenta uma vida psíquica relacionada a ela, como isso é demonstrado pela anatomia do cérebro criminal, psiquiátrico. No contexto da correlação mente-corpo-cérebro, acredita-se que seja sobretudo o comprometimento mais ou menos grave do lobo frontal que alimenta as anormalidades mentais. Como Roger Bacon escreveu já no século XIII, "a ciência experimental é a professora de tudo... chega à verdade precisamente porque se baseia na conexão entre dados experimentais e sua elaboração pelo intelecto"; isso é especialmente verdadeiro na busca das causas e tratamento de doenças. Bacon, a esse respeito, escreve: "a maioria dos homens raciocina assim: sempre foi feito assim, sempre foi dito assim, portanto, deve ser assim... mas aqueles que realmente querem saber a verdade dos fenômenos naturais devem saber como fazer bom uso dos dados que emergem da experiência". Roger Bacon, precursor de Galileu e Newton, é, portanto, o antigo mestre do movimento positivista do século XIX. Sua filosofia expressa *ante litteram* o pensamento histórico-evolucionário típico do positivismo: é necessário passar do antigo mitológico para o moderno, completamente racional. *Gênio e Loucura, O Homem Delinquente e A Mulher Delinquente* são as obras básicas de Lombroso, primeiro diretor do hospital psiquiátrico de Pescara e depois professor de psiquiatria em Turim. Ele também foi um político e um homem de ação, participando das guerras de independência dos garibaldianos. Amigo do fisiologista materialista Moleschott, ele é o representante mais típico do positivismo italiano. O desviante social para Lombroso, especialmente se ele tem comportamento criminoso, é sempre um doente mental: demente, oligofrênico, muitas vezes epiléptico. Portanto, é necessário não apenas punir, mas avaliar o contexto social, biológico, pessoal e neuropsiquiátrico em referência ao ato criminoso. O julgamento sobre o crime deve surgir de um exame global do estado intelectual, psicopatológico, social e neurológico em jogo no sujeito: não punir, mas "reeducar". Nesse caminho, verdadeiramente otimista, nasceram a perícia médico-legal e os hospitais psiquiátricos apropriados para internar pacientes psiquiátricos que cometeram crimes (http://www.psychiatryonline.it/ital/rocca2005.htm; entrevista por Francesco Bollorino e Lisa Attolini; POL.it Psiquiatria on-line Itália).

Antipsiquiatria e Direito 180

"[...] A difusão das ideias psicanalíticas primeiro e a contribuição de novas disciplinas depois, como a filosofia fenomenológica, a sociologia, a psicologia social, contribuíram muito para uma liberação constante, mas progressiva, da nova ciência psiquiátrica da neurologia e, portanto, do campo puramente organicista. Nesse quadro cultural, o movimento antipsiquiátrico nasceu no início dos anos sessenta. Seus principais expoentes foram Ronald Laing e David Cooper na Inglaterra, Michel Foucault e Félix Guattari na França, Franco Basaglia na Itália e Thomas Szasz nos Estados Unidos. Na base desse modelo de doença mental está um conceito de 'violência', que o paciente sofreria em seus contatos sociais, desde cedo. O dedo é apontado antes de tudo para a família, o lugar onde as potencialidades da criança e do adolescente são inibidas, a fim de criar sujeitos sempre novos do 'sistema': são necessários consumidores, bucha de canhão, estruturas de obediência ao poder. [...] Nessa visão, todos aqueles que querem sair desse mecanismo de mediocridade e obediência mortal, tornando-se cidadãos livres, são rotulados como neuróticos ou loucos. A família é, portanto, identificada como o principal local de violência, não apenas em casos de abuso sexual ou maus-tratos, mas também apenas por meio do tipo de educação conformista ministrada pelos pais. O doente mental é visto antes de tudo como vítima da opressão social, que tenta de todas as maneiras 'normalizá-lo', empurrando-o para o conformismo. [...] O psiquiatra, portanto, teve que rejeitar seu papel, enfatizar a origem social dos distúrbios psíquicos e se engajar politicamente na eliminação das contradições sociais, para a transformação da sociedade. Assim, uma sociedade mais livre e justa nasceria e as doenças mentais diminuiriam drasticamente. [...]" (*G. Proietti, www.psicolinea.it*)

25   O **narcisismo** inclui as seguintes características essenciais: falta de empatia, senso grandioso de autoestima, exagero dos próprios talentos, fantasias de sucesso, vivacidade, sentimento de ser superior, especial ou único e que os outros reconhecem isso, sentimento de ser compreendido apenas por pessoas 'especiais' ou por altas condições sociais; as necessidades são especiais e além da compreensão das pessoas comuns; a autoestima é aumentada pelo valor, um ideal que é atribuído a quem é frequentado; senso de lei para tratamento especial; senso de direito de grande dedicação por parte dos outros; desvalorização das contribuições dos outros, especialmente quando recebem mérito; maus resultados profissionais, porque a concorrência é um risco e pode levar à derrota; a crítica (feridas) deixa a pessoa humilhada e esvaziada e muitas vezes leva ao afastamento social ou a uma aparência de humildade; a depressão, quando persistem os sentimentos de vergonha e de humilhação, e o estado de ânimo maníaco, quando persistem os períodos de grandiosidade (*Cf. DSM-IV-TR, Manual Diagnóstico e Estatístico de Transtornos Mentais*, Masson, 2000; *DSM-IV, Guia para o diagnóstico de transtornos da infância e adolescência*, Masson, 2000). Na psiquiatria, o termo 'narcisismo' foi usado pela primeira vez em 1892 por **Havelock Ellis,** referindo-se a um estudo do autoerotismo. Em 1911, **Otto Rank** fez um estudo real sobre o narcisismo sem vinculá-lo aos fenômenos sexuais e afirmando que "amar o corpo é um fator importante da vaidade feminina normal". Em 1914, **Freud** (em *Introdução ao Narcisismo*) fala dele como um personagem diferente de todos os homens, comum e não perverso, declarando que é a "conclusão libidinal do egoísmo da pulsão de autopreservação do homem". Para **Karl Abraham**, é uma "resistência à transferência" no cenário psicanalítico. E novamente, **Herbert Rosenfeld** (o narcisista de pele dura e o narcisista de pele fina); **G. Gabbare** (o narcisista inconsciente e o narcisista hipervigilante); **Masterson J. F.** (narcisismo manifesto e narcisismo oculto); **Akhtar S. e Thomson J. A.** (forma aberta e forma encoberta da personalidade narcísica, em referência a: autoconceito, relações interpessoais, adaptação social, ética e ideais, amor e sexualidade, estilo cognitivo); **Heinz Kohut** (narcisismo saudável); **Ernest Jones, Annie Reich, Melanie Klein, Edith Jacobson, Wink P., Béla Grunberger, Otto Kernberg** etc. (*Cf.* K. Abraham, *Opere*, Boringhieri, 1975; Edith Jacobson, *O Eu e o Mundo Objeto*, Martinelli, 1974; H. Rosenfeld, *Estados Psicóticos*, Armando, 1973; M. Klein, *Inveja e Gratidão*, Martinelli, 1969; B. Grunberger, *Narcisismo*, Laterza, 1977; O. Kernberg, *Síndromes Marginais e Narcisismo Patológico*, 1978;

Transtornos Graves de Personalidade, Boringhieri, 1988; H. Kohut, *Narcisismo e Análise do Eu, A Cura do Eu, A Cura Psicanalítica*, Boringhieri).

Do termo narcisismo, descenderão as seguintes expressões (Galimberti, 1987):

– Carga narcísica: as garantias sobre o próprio valor que a criança espera de seus pais e o adulto da sociedade;

– Ferida narcisista: está relacionada a ofensas à autoestima ou ao amor próprio;

– Escolha narcísica: referia-se à natureza do objeto escolhido devido à sua semelhança com o sujeito;

– Neurose narcísica: a dificuldade de investir sentimento no outro;

– Caráter fálico-narcisista: descrito por W. Reich e A. Lowen principalmente do ponto de vista sexual;

– Estágio espelho: descrito por J. Lacan como uma fase essencial da formação do Ego.

(*Cf.* H. Ellis, *Psicanálise do Sexo*, Newton Compton, 1969; Freud S., *Introdução ao Narcisismo*, Boringhieri, 1975; M. Klein, *Escritos 1921-1958*, Boringhieri, 1978; J. Lacan, *O Estágio do Espelho como Treinador da Função do Ego*, Einaudi, 1974; A. Lowen, *A Linguagem do Corpo*, Feltrinelli, 1978; W. Reich, *Análise do Caráter*, Sugarco, 1973).

26 **Sensibilidade** é um "termo usado em parapsicologia para se referir às chamadas habilidades 'paranormais' que permitem perceber estímulos que normalmente não são sentidos pelos órgãos dos sentidos. Clarividência, precognição e telepatia fazem parte da percepção extra-sensorial com a qual o psíquico é dotado. O médium deve ser distinguido do médium, que interage com o falecido" (Galimberti, 1987). **A parapsicologia** estuda tudo o que vai além do estudo da psicologia, ou seja, todos aqueles fenômenos que são "ocultos" e incognoscíveis pelos sentidos. As Percepções Extra-sensoriais (PES) estão incluídas: na Criptoestesia, Paragnosia ou Clarividência, o sujeito é capaz de perceber eventos em lugares e tempos diferentes daqueles em que se encontra; na Retrocognição ele tem a percepção de eventos passados; na Precognição ele tem a percepção de eventos futuros; na Telepatia ele tem o conhecimento dos pensamentos de uma pessoa (*Cf.* R. Capanna, ed., *Aspectos Científicos da Parapsicologia*, Boringhieri, 1973; D. Huisman, ed., *Parapsicologia*, Trento Procaccianti, 1975; C. G. Jung, *Psicologia e Patologia dos Chamados Fenômenos Ocultos*, Boringhieri, 1970)

Abaixo transcrevemos um artigo sobre a diferença entre mediunidade, sensibilidade, canalização e inspiração (com a gentil permissão de www.ascensione.com, 29/09/2010).

"**Médium e Mediunidade:** há alguns anos, os sites, livros e reuniões que tratam da 'vida após a morte' aumentaram exponencialmente. No entanto, a maneira como a Metafísica é tratada hoje tem peculiaridades que a distinguem de fenômenos semelhantes de origem muito mais antiga. Nesta primeira parte do artigo, vamos nos debruçar sobre o fenômeno clássico do Médium e da Mediunidade. O Médium é uma pessoa que, por um determinado período ou por toda a sua vida, dependendo do caso, tem a capacidade de se comunicar com assuntos que não são perceptíveis aos sentidos. É importante sublinhar desde já que a capacidade de comunicar com a vida após a morte pode ser desenvolvida com exercícios especiais, por exemplo através de práticas meditativas (que se habituam a esvaziar a mente, favorecendo assim uma boa canalização da mensagem, bem como favorecendo uma perceção da energia etérica) ou mais especificamente práticas energéticas (como o Reiki, por exemplo, que favorece o desenvolvimento da perceção das energias subtis ou etéricas). A principal característica de um bom médium é ser um bom 'canal', ou seja, ser capaz de transmitir verbalmente informações de outros planos de realidade. No entanto, a informação 'canalizada' por um médium nem sempre é informação real de uma fonte externa a si mesmo. Muitas vezes, em outras palavras, a informação exteriorizada por um médium vem de seu subconsciente que, no entanto, é precisamente uma parte da vida após a morte: ou melhor, o conjunto de corpos etéricos do mesmo médium e as informações relacionadas neles contidas. Se a informação 'canalizada' por um médium vem de uma fonte externa, essa fonte é sempre de natureza etérica. A mediunidade, de fato, indica uma comunicação com o etérico, isto é, com qualquer um dos planos não físicos do espaço-tempo. A característica que distingue a Mediunidade de outras formas de contato com a vida após a morte (e da qual trataremos nas próximas partes do artigo) é a posse (geralmente temporária) de um ou mais corpos etéricos do Médium por uma determinada entidade etérica. O que se possui, durante uma sessão mediúnica, não é, portanto, o corpo físico da pessoa, mas um ou mais corpos etéricos do mesmo. Essa possessão mediúnica ocorre tecnicamente através de uma entrada no corpo etérico da pessoa (através de cordões energéticos, ou seja, apegos cármicos, presentes entre essa pessoa e a entidade em questão) pelo corpo etérico dessa entidade. Ou seja, ocorre uma fusão temporária das partículas etéricas que formam os corpos etéricos do meio e da entidade. É essa fusão de corpos etéricos que permite a canalização de informações pelo Médium, conectando-se com a parte etérica de si mesmo. Essa fusão leva o médium a um estado de transe, muitas vezes inconsciente. Essa forma invasiva de contato com a vida após a morte é muito menos comum hoje em dia do que no passado. Isso é principalmente a consequência do fato de que muitas pessoas estão evoluindo e liberando carma com entidades etéricas; e assim tornando cada vez menos presente aquele tipo de karma (de natureza radioativa, elétrica ou eletromagnética) que torna possível tal possessão (mesmo que temporária, geralmente). De acordo com essa perspectiva, portanto, a superação da mediunidade clássica é um processo evolutivo natural, e certamente benéfico.

As entidades que se apossam de um corpo etérico humano e transmitem a mensagem mediúnica são de 3 tipos: 1) egrégora ou formas-pensamento coletivas; 2) entidades etéricas humanas; 3) entidades etéricas não humanas, especialmente reptilianos. As egrégoras podem ser de natureza radioativa ou elétrica; entidades etéricas humanas (que possuem outras pessoas) podem ser de natureza elétrica ou eletromagnética; finalmente, entidades não humanas podem ser de natureza radioativa (como reptilianos, por exemplo) ou elétrica.

Psíquico e Sensibilidade: enquanto o Médium é caracterizado pela capacidade de se comunicar com realidades não sensoriais, o Psíquico é caracterizado pela capacidade de perceber tais realidades não sensoriais. Às vezes, um médium também é um psíquico e vice-versa, mas há, no entanto, médiuns que não são médiuns e médiuns que não são médiuns. A sensibilidade indica uma percepção do etérico, isto é, de qualquer um dos planos não físicos do espaço-tempo. Se a característica que distingue a mediunidade é a posse, o que distingue a sensibilidade é a presença de chacras limpas. O Psíquico, em outras palavras, é assim porque seus *chakras* etéricos contêm uma quantidade menor de blocos de energia, que geralmente são apegos etéricos a outros seres ou lugares. O médium, por outro lado, não precisa, para ser tal, de *chakras* limpos. Na verdade, os *chakras* são aqueles vórtices etéricos que são usados para passar informações do etérico para o físico: enquanto a informação 'canalizada' pelo Psíquico passa do etérico para o físico, a informação 'canalizada' pelo Médium permanece no etérico. É por isso que o Médium cai em transe no ato mediúnico, enquanto o Psíquico não. O psíquico permanece perfeitamente consciente precisamente porque a informação percebida dos planos etéricos é transmitida ao cérebro físico e depois processada por ele na forma de imagens, sensações, intuições ou sons. A informação do Médium, por outro lado, embora possa ser filtrada pelos corpos etéricos do próprio Médium, nunca chega ao cérebro físico: é o corpo mental etérico do próprio Médium que permite que a expressão verbal do Médium comunique alguma informação, e não o cérebro físico do mesmo. O que se toma durante uma sessão mediúnica não é de fato o corpo físico do Médium (que não assume de forma alguma na comunicação mediúnica), mas um ou mais corpos etéricos do mesmo. Enquanto a Sensibilidade é, portanto, uma faculdade ativa, a mediunidade é uma faculdade passiva. A mediunidade requer uma forte dependência do etérico por parte do médium (ou seja, deve ser fortemente desenraizada da Terra), enquanto a sensibilidade não requer tal dependência, embora possa haver pessoas que são muito dependentes do etérico e do sensitivo. Se é verdade que, como já foi referido, por razões cármicas a mediunidade é cada vez mais rara, não é o caso da Sensibilidade, que de facto está a aumentar acentuadamente. O mesmo crescimento espiritual das pessoas que leva à liberação do carma e à menor difusão da Mediunidade, leva a uma limpeza progressiva dos *chakras*, favorecendo assim uma Sensibilidade mais consciente dos mundos etéricos por um número crescente de pessoas. A limpeza de todos os *chakras* principais [...] é importante para desenvolver a Sensibilidade completa. No entanto, devemos distinguir quatro tipos principais de Sensibilidade: Clariaudiência (capacidade de ouvir os sons do etérico), para a qual a limpeza do *chakra* laríngeo é particularmente importante; clarividência (capacidade de ver imagens do etérico), para a qual a limpeza do *chakra* da testa é de particular importância; clarissenciência (a capacidade de perceber as emoções de outro ser no etérico), para a qual a limpeza do *chakra* da barriga é particularmente importante; e, finalmente, Telepatia (capacidade de perceber os pensamentos de outro ser no etérico), para a qual a limpeza do *chakra* coronário é de particular importância.

Canalizador e Canalização: a primeira das duas formas modernas de contato com a vida após a morte é a Canalização. Este termo geralmente se refere à capacidade de uma determinada pessoa (o Canalizador) de se comunicar e perceber realidades que não são perceptíveis aos sentidos comuns. A canalização inclui, portanto, em si tanto a capacidade da mediunidade quanto a da sensibilidade, mas, no entanto, difere delas. Enquanto a comunicação mediúnica se dá por possessão, como já explicado, a de Canalização se dá por meio da comunicação etérica, mas sem posse. Em particular, esta comunicação etérica na base da Canalização pode ocorrer de duas maneiras: 1) através de apegos cármicos presentes entre o Canalizador e alguma entidade canalizada; 2) por meio da comunicação normal entre o corpo etérico do Canalizador e alguma entidade sem qualquer ligação cármica entre eles. No primeiro caso, a informação canalizada pode ser distorcida ou por causa do carma presente entre o Canalizador e a entidade em questão, ou por causa de medos e/ou ilusões presentes nos corpos etéricos do Canalizador. No segundo caso, a informação canalizada só pode ser distorcida devido a medos e/ou ilusões presentes nos corpos etéricos do Canalizador. Como o Psíquico, o Canalizador percebe as energias etéricas quando os *chakras* etéricos estão suficientemente limpos. Deste ponto de vista, Sensibilidade e Canalização são a mesma coisa, a única coisa que a Canalização tem além da Sensibilidade é, como mencionado, a capacidade de se comunicar com os planos sutis. Um canalizador é, portanto, um psíquico, mas não um médium. Melhor ainda, ele é um psíquico com a capacidade adicional de transmitir verbalmente comunicações de algum plano etérico. Como acontece com um Psíquico e um Médium, um Canalizador também pode filtrar as informações 'canalizadas' através de medos ou ilusões presentes em si mesmo e muitas vezes inconscientes.

A canalização também pode ser desenvolvida por meio de práticas como as já mencionadas para a Mediunidade e a Sensibilidade. Então, o que depende do fato de que, através de tais práticas (ou por nascimento), a pessoa se torna (ou nasce) um Médium, um Psíquico ou um Canalizador? Depende basicamente do tipo de carma que a pessoa liberou e do que ela ainda tem que liberar. Nesse sentido, não existem regras gerais que possam ser listadas aqui, mas depende de cada caso. A informação canalizada por um Canalizador, como a canalizada por um Psíquico, passa do etérico para o físico. Mesmo no caso de um Canalizador, portanto, a informação é transmitida em estado de vigília, através de uma transferência da mesma para o cérebro físico, que então a processa na forma de palavras (comunicação) ou imagens, sensações, intuições ou sons (percepção). A canalização é, portanto, também uma faculdade ativa, como a Sensibilidade; e não requer uma dependência etérica por parte do Canalizador, embora possa haver pessoas que são muito dependentes do etérico (e, portanto, etericamente desenraizadas da Terra) e dos Canalizadores. A canalização está em ascensão, pelo mesmo motivo já mencionado para a Sensibilidade. Não existem categorias bem definidas de Canalização, variando de pessoa para pessoa.

Inspirado e Inspiração: a Canalização, assim como a Mediunidade e a Sensibilidade, é uma faculdade que tem como fonte de informação o conjunto dos planos etéricos do espaço-tempo. A inspiração, por outro lado, tem o Espírito fora do espaço-tempo como sua fonte de informação. O termo Inspiração (ação do Espírito) é, portanto, geralmente entendido como a capacidade de uma determinada pessoa (o Inspirado) de se comunicar com sua própria Alma (Espírito individualizado) e com outros Espíritos. É natural que, uma vez que estamos lidando com Seres fora do espaço-tempo, haja apenas comunicação e não percepção: não há nada para perceber na Inspiração, uma vez que o objeto da percepção, por definição, é uma forma espaço-temporal (física ou etérica) perceptível pelos sentidos (físico ou etérico). A inspiração, no entanto, não exclui as formas etéricas de comunicação e percepção dos planos etéricos. No entanto, apenas a Canalização e a Sensibilidade, e ambas com o aterramento etérico com a Terra, são compatíveis com a Inspiração. O aterramento com a Terra é necessário na Inspiração, pois a comunicação com a Alma só pode ocorrer quando o corpo astral da pessoa está aterrado com a Terra (com a Aurora no centro da Terra, em particular). Isso é necessário porque somente com o aterramento dos corpos etéricos o Espírito também pode descer às partículas físicas da forma e, assim, entrar totalmente (tanto física quanto etericamente) no corpo. A comunicação entre uma pessoa e o Espírito é chamada de comunicação holográfica, pois é através do holograma que cada pessoa tem no chacra cardíaco que se pode comunicar com a própria Alma e, portanto, com outros Espíritos (o holograma permite a comunicação instantânea com todos os Seres espirituais, além do típico compartilhamento holográfico instantâneo de informações entre todas as Almas). A comunicação holográfica também pode ser distorcida, mas isso só pode acontecer devido a medos e/ou ilusões presentes no cérebro físico dos Inspirados. Quaisquer medos e/ou ilusões presentes nos corpos etéricos não têm influência na qualidade da comunicação holográfica. Assim como as três formas de contato com a vida após a morte mencionadas acima (Mediunidade, Sensibilidade e Canalização), a Inspiração pode ser desenvolvida por meio de práticas ou exercícios particulares. No entanto, é importante ressaltar que somente no nível 3.000 cada pessoa incorpora automaticamente o holograma divino puro e somente a partir desse nível a comunicação holográfica é correta. Antes do nível 3.000 já existe um holograma no *chakra* cardíaco de cada pessoa e que é transmitido geneticamente por um dos dois pais. Esse holograma, no entanto, não sendo de natureza puramente magnética, não permite a comunicação correta com a Alma. Mesmo com esse holograma, porém, é possível criar alguma forma de Inspiração ou comunicação holográfica com o Espírito, mesmo que seja distorcida. A informação 'canalizada' por um Inspirado passa então diretamente do mundo espiritual para o físico, isto é, ignorando diretamente o etérico. A informação holográfica é sempre transmitida em estado de vigília e plena consciência e não requer nenhum tipo de dependência do etérico. De fato, como mencionado acima, é necessário estar completamente ancorado em seus corpos etéricos para se comunicar holograficamente. A inspiração é uma forma de comunicação com a vida após a morte que ainda não é muito difundida. É naturalmente o mais evoluído, pois permite a comunicação direta com o Espírito. No entanto, está destinado a ser cada vez mais difundido à medida que as pessoas evoluem e entram cada vez mais em contato com sua Alma".

27 **A psicopatologia** é uma "disciplina que investiga o funcionamento anormal da atividade psíquica sob a perspectiva do desenvolvimento psíquico, em vez de causas orgânicas, com o objetivo de identificar, de forma sistemática, suas causas específicas. No século XIX, a psicopatologia era um ramo da psiquiatria e, portanto, pertencia à medicina e não à psicologia, que ainda se caracterizava por uma marca filosófica. Sua pesquisa foi eminentemente voltada para as causas, encontradas principalmente no corpo, e para as técnicas de tratamento dos sintomas. Sua emancipação da psiquiatria ocorreu gradualmente graças à contribuição fornecida pela teoria dos níveis de organização de H. Jackson, a consideração temporal do sintoma por S. Freud, a distinção de K. Jaspers entre compreensão e explicação, a relação de E. Minkowski entre intuição e tempo e o critério de distinção entre anormalidade e norma estabelecido por L. Binswanger. Essas contribuições, ainda que heterogêneas, permitiram que a psicopatologia se constituísse como uma ciência autônoma que, ao contrário da psiquiatria que se expressa na classificação sistemática dos sintomas com base em quadros construídos sobre o modelo: sintoma = transtorno = desvio de uma função, olha para o sintoma como um sinal que indica uma forma diferente de processar a experiência, portanto em um horizonte de leitura que não é mais psiquiátrico, mas propriamente psicológico, onde a normalidade e a patologia não reproduzem mais a 'norma' e o 'desvio', mas expressam dois modos diferentes de

experimentar que dão respostas diferentes obedecendo às mesmas leis que regem a vida psíquica" (Galimberti, 1987, p. 772-773).

A psicopatologia, segundo L. del Pistoia (*Psicopatologia: realidade de um mito, Psychomedia. it*) "é uma busca real pelo sentido da loucura: e não tanto daquele sentido que se dobra – pelo menos na aparência – sobre a própria clínica, mas daquele sentido que se abre para a existência humana. A psicopatologia, então, não é apenas perguntar de que maneiras e com quais processos a mente humana chega ao delírio, mas perguntar a si mesmo o que significa viver a vida — toda ou apenas um breve momento dela — como delirante, e a que imagem ela se refere — esse espelho distorcido — de ser-para-o-mundo não alienado". "Patologia do psicológico ou psicologia do patológico?", perguntou Minkowski em busca da "essência" da psicopatologia. E a sua resposta foi sem hesitação para a segunda opção (*Cf.* Ammaniti M., *Appunti di psicopatologia,* Bulzoni, 1975; Galimberti U., *Psiquiatria e fenomenologia,* Feltrinelli, 1979; Gaston A., *Genealogia da alienação,* Feltrinelli, 1987; Jaspers K., *Psicopatologia Geral,* Pensamento Científico, 1964; Minkowski E., *Trattato di psicopatologia,* Feltrinelli, 1973; Bini, Lanteri, Bazzi, *Trattato di psichiatria,* Vallardi, 1954; Kraepelin E., *Tratado de psiquiatria,* Vallardi; Lanteri, Bel Habib, *Paranóia,* EMC, 1985; Pancheri P., *Tratado Italiano de Psiquiatria,* Masson, 1993; Sarteschi P., Maggini C., *Psichiatria,* Goliardica, 1982). **Parte Um**

28   Para o conceito de "Kosmo", consulte a nota 21 (Introdução).

29   Para o conceito de "narcisismo", consulte a nota 23 (Introdução).

30   Do site da www.integralworld.net, a seguir está um resumo dos conceitos de "Modernidade" e "Pós-modernidade" (tópicos retirados de: Ken Wilber, Barra lateral A: Quem comeu o Capitão Cook? Historiografia Integral em uma Era Pós-Moderna, wilber.shambhala.com).

"**A modernidade** simplesmente acreditou na concepção encenada, colocando-se no ponto mais alto da evolução humana e avaliando todas as culturas 'subdesenvolvidas' a partir desse nível. **A pós-modernidade** acusou essa abordagem de etnocentrismo, declarando que todas as culturas podem ser avaliadas com base em seu valor intrínseco. Isso levou ao impasse do pluralismo e do relativismo, sem a possibilidade de avaliar as expressões culturais, culminando no 'pós-modernismo extremo' ou Boomeritis. [...] No entanto, a biologia evolutiva também não para na diversidade, pelo contrário, começa a partir daí; procura entender como essas diferentes espécies se conectam no espaço e no tempo. **O Pós-modernismo Construtivo** ou **Integralismo** parte da tolerância ao pluralismo, levando em consideração todos os pontos de vista e fontes relevantes, mas depois prossegue com a busca dos modelos ocultos que conectam esses pontos de vista entre si. O integralismo evita as armadilhas do progressismo modernista, incluindo as fontes de todas as culturas e religiões existentes. É uma escola de pós-modernismo evolutivo (orgânico) e genealógico. Para distingui-lo do pós-modernismo, que muitas vezes é "desconstrutivo", é chamado de "construtivo". Em um dos 'comentários' online sobre Boomeritis (Shambhala, 2002), Wilber forneceu um mapa das posições teóricas envolvidas neste tópico. MODERNISMO: 'evolucionismo ruim', 'o Ocidente é melhor', as culturas não ocidentais são consideradas inferiores ou tendem ao ideal da racionalidade e democracia ocidentais. PÓS-MODERNISMO: pluralismo ou relativismo pluralista; sem metanarrativa, a autocompreensão de uma cultura é o máximo possível; sem imposição de interpretações próprias ao Outro" [...] (*Cf.* Obras de Ken Wilber; *Moderno postmoderno*, editado por G. Mari, Feltrinelli, 1987).

31 **Pluralismo** significa aceitar todas as visões de mundo, sem atacar a maioria delas (como é feito em "Absolutismo") Wilber nos diz: "No 'pluralismo' não há injunção dominante ou privilegiada (exceto a de ser radical e completamente inclusivo). O pluralismo inclusivo ou integral é um conjunto de paradigmas comportamentais conscientemente adotados para reconhecer — e realmente encontrar — verdades duradouras em absolutamente todas as metodologias. Cada tipo de Pluralismo Metodológico Integral permite a criação de uma 'caixa de ferramentas' multifuncional para abordar os problemas complexos de hoje — em nível individual, social e global — com soluções mais abrangentes que têm a possibilidade de fazer uma diferença real".

32 Veja a nota 29

33 **A. Koestler**: "Partes e totalidades não existem em termos absolutos nas esferas da vida. O organismo deve ser visto como uma hierarquia com múltiplos níveis compostos de subinteiros semi-autônomos que se ramificam em sub-inteiros de ordem inferior e assim por diante. Sub-totalidades em qualquer nível da hierarquia são chamadas de hólons" (Arthur Koestler, em *Beyond Reductionism*, 1969).

34 O termo **Psiconeuroimunologia** foi cunhado em 1975 por **Robert Ader**, diretor da divisão de medicina psicossocial e comportamental da Universidade de Rochester, em Nova York, para indicar um campo disciplinar que estuda as relações entre estados mentais e fisiologia humana com particular referência à resposta imune. Ao longo dos anos, a psiconeuroimunologia (PNI) evoluiu e atualmente é definida da seguinte forma: "Disciplina científica que estuda as relações de influência recíproca entre o sistema nervoso, o sistema imunológico e o sistema endócrino, em suas implicações fisiológicas e patológicas" (www.brainmindlife.org).

Do prefácio de **Massimo Biondi** ao livro *Psiconeuroimunologia* de Francesco Bottaccioli:

"[...] É a ciência que estuda as relações entre a psique, o cérebro e o sistema imunológico. Nas universidades mais avançadas do mundo, foi claramente demonstrado que o cérebro é capaz de influenciar o sistema imunológico e que, por sua vez, ainda mais surpreendentemente, este último faz sentir seus efeitos no cérebro. As 'palavras' desse diálogo interno dentro do nosso corpo também foram decifradas: são pequenas moléculas, chamadas 'neuropeptídeos', que são liberadas e captadas tanto pelas células nervosas quanto pelas células imunológicas e endócrinas. O alcance dessa revolução não está apenas em representar um ponto de encontro entre a pesquisa da medicina orgânica e a da psicossomática, mas em interpretar doenças antigas (infecciosas, cardíacas, inflamatórias, metabólicas, tumorais) de uma maneira nova e sugerir terapias mais adequadas".

35 **Esquizofrenia** é um termo psiquiátrico cunhado por **E. Bleuler**, para delinear uma classe de psicoses endógenas funcionais com um curso lento e progressivo, já identificadas por **E. Kraepelin** com o nome de "demência precoce".

Existem diferentes tipos:

– simples (falta de sintomas produtivos, como alucinações, delírios, ideias de referência, enquanto predomina um empobrecimento gradual das esferas afetiva, intelectual e volitiva, com enfraquecimento das relações interpessoais, redução da afetividade, indolência, má apreciação da realidade, isolamento. No nível do pensamento, a dissociação não prevalece, mas um crescente empobrecimento das ideias);

– hebefrênico (início sorrateiro, pode ser mascarado por sintomas neuróticos ou depressivos; alternância de irritabilidade e euforia, comportamento incoerente e desmotivado, comportamento inadequado, educado, às vezes grosseiro e grosseiro, delírios numerosos e mal sistematizados, distúrbios de linguagem com o uso de assonâncias, neologismos, salada de palavras, mau cuidado com a pessoa, comportamento infantil);

– paranoico (sintomas dissociativos evidentes, delírios com fundo persecutório, a realidade assume um significado que confirma o delírio, é reinterpretada e adaptada à ideia fundamental do sujeito);

– catatônico (a característica saliente é o distúrbio psicomotor, com imobilidade, obediência automática, rigidez, mutismo ou agitação motora muitas vezes violenta e incontrolável com impulsos agressivos e destrutivos);

– pseudoneurótico ou pseudopsicopático (o aspecto dissociativo não é tão evidente, enquanto os aspectos neuróticos ou psicopáticos são mais. É nesses casos que falamos de tipos limítrofes);

– parafrênico (apesar de várias imagens dissociativas, a personalidade consegue ter uma vida relativamente normal).

As características comuns são:

– dissociação (perda de ligações associativas entre pensamento e ação, emoção e comportamento);

– autismo (desapego da realidade com fechamento em si mesmo);

– transtornos afetivos (inadequação afetiva em relação à situação, achatamento da afetividade);

– perturbações da personalidade (perda de consciência da própria identidade);

– alucinações (perceptivas, auditivas, visuais);

– delírios (transmissão de pensamento, sensação de ser controlado por uma pessoa morta);

– distúrbios da linguagem (uso de metáforas, símbolos, sintaxe telegráfica ao ponto da incompreensibilidade);

– incoerência, inadequação, espanto, negativismo.

Gatilhos:

– podem ser genéticos (nos casos mais frequentes, há um ou ambos os pais com esquizofrenia);

– bioquímica (produção de substâncias tóxicas endógenas, semelhantes à estrutura química do LSD);

– constitucional (E. Kretschmer fala de índices morfológicos do corpo, características de personalidade e predisposição psicótica);

– personalidade (dificuldade em adquirir autonomia e independência no sentido psicomotor, afetivo, intelectual, com consequente excesso ou defeito na reação a estímulos ou estresse);

– membros da família (entre os fatores mais incidentes estão a mãe agressiva, punitiva e rejeitadora com um pai passivo, ausente e distante; comunicação com mensagens ambíguas e contraditórias; tomada como ponto focal das tensões familiares, ela se sente forçada a se retirar para um mundo fantástico, irreal e autista)

– social, psicodinâmico, tóxico-traumático-infeccioso (*Cf.* Manual *Estatístico de Diagnóstico de Transtornos Mentais do* DSM-IV, Masson, 2000; DSM-IV, *Guia para o diagnóstico de transtornos da infância e adolescência*, Masson, 2000; Arieti S., *Interpretação da esquizofrenia*, Feltrinelli, 1978; Benedetti G., *Paciente e analista na terapia da psicose*, Feltrinelli, 1979; Bleuler E., *Trattato do psichiatria*, Feltrinelli, 1967; Freeman T., Cameron J.L., Mc Ghie A., *Crônica esquizofrênica*, Boringhieri, 1972; Freud S., *A perda da realidade nas neuroses e psicoses*, em Works, 1978; Galimberti U., *Dicionário de Psicologia*, UTET, 1992; Jackson D.D., ed., *Eetiologia della schizophrenia*, Feltrinelli, 1964; Jaspers K., *Psicopatologia Geral*, Pensamento Científico, 1964; Jung C.G., *Psicologia da Demência Precoce*, Boringhieri, 1971; Klein M., *Scritti 1921-1958*, Boringhieri, 1978; Laing R.D., *L'io diviso*, Einaudi, 1969; Laing R.D., *O Ego e os Outros. Psicopatologia dos processos* interativos, Sansoni, 1977; Laing R.D., *A Política da Experiência*, Feltrinelli, 1978; Laing R.D., Esterson A., *Normalidade e loucura na família*, Einaudi, 1970; Lidz T., *Família e Origem da Esquizofrenia*, Sansoni, 1975; Minkowski E., *La schizofrenia*, Bertani, 1980; Searles H.F., *Escritos sobre esquizofrenia*, Boringhieri, 1974; Sechehaye MA, *Diário de um esquizofrênico*, Giunti Barbera, 1965; Sellini P.M. *et al.*, *I giochi psicotici nella famiglia*, Cortina, 1988; Warner R., *Esquizofrenia e cura*, Feltrinelli, 1991).

A **Certosa di Collegno** "foi fundada por iniciativa de Maria Cristina da França, Duquesa de Sabóia, primeira Madama Reale, que foi a Grenoble para se encontrar com seu irmão, o Rei da França Luís XIII foi em peregrinação à 'Grande Cartuxa', casa-mãe da ordem cartuxa, fez um voto solene de erigir um mosteiro cartuxo perto de Turim. Em 1641, Madama Reale comprou um palácio que havia sido construído em 1614 por Bernardino Data, administrador e ajudante da Câmara do Duque de Saboia Carlo Emanuele I. Posteriormente, Madama Reale, para manter seu voto, comprou outros terrenos e edifícios adjacentes, prados e bosques, para completar a área em que a Certosa seria construída. Os cartuxos de um pequeno mosteiro em Avigliana foram chamados em 1641 para ocupar a nova Certosa, dedicada à Annunziata, padroeira da Casa de Sabóia. Madama Reale tinha projetos grandiosos para a Certosa que foram repetidamente reduzidos devido a dificuldades financeiras. [...] Em 1853, o instituto religioso foi suprimido, as instalações foram usadas como um asilo real e depois como um hospital psiquiátrico. Hoje, parte das instalações é ocupada pelos escritórios e serviços da Autoridade de Saúde Local. Em 1853, quando o instituto religioso foi suprimido, as instalações foram progressivamente destinadas a um Asilo Real e usadas como sede de um hospital psiquiátrico. [...] A convivência entre os cartuxos e os pacientes do asilo foi difícil desde o início, pois os cartuxos negavam aos doentes o direito de andar no claustro ou os impediam de trabalhar nos campos. Posteriormente, pacientes do sexo feminino também foram transferidas. O número de pacientes em Collegno continuou a crescer dramaticamente, ultrapassando o local de Turim, até a superação definitiva das enfermarias psiquiátricas sancionadas em 1996. A Lei 724/94 estabeleceu, portanto, pela primeira vez a obrigatoriedade do fechamento definitivo dos hospitais psiquiátricos em 31 de dezembro de 1996" (http://www.nbts.it/torino/certosa_collegno). **A lei Basaglia** "não era uma lei perfeita, não dava a devida assistência às famílias dos doentes e não havia estruturas adequadas para acolher os doentes que não tinham mais ninguém. No entanto, ao abrir os asilos, ele pôs fim a uma situação de filme de terror. Foi muito mais trágico nos séculos passados. Estamos no início do século XIX. Nos manicômios existem os loucos, mas também os sifilíticos, aqueles que têm doenças crônicas de pele, colapsos simples ou que se tornaram inconvenientes ou escandalosos para a família. Os pisos são úmidos, pedra com um canal curto que leva a um buraco onde a sujeira é drenada. Para as janelas grelhadas, as portas são grossas e não há ferramenta para aquecimento de inverno, em todos os lugares um fedor incrível vem dos banheiros. As camas de ferro são poucas, principalmente caixas de madeira com palha para dormir e também gaiolas para histéricos. Stefano Bonacossa, médico de Turim, faz uma viagem aos vários asilos europeus [...] Nos manicômios existem vários meios de coerção, o *corseletto* de força (que mais tarde será chamado de camisa de força), mangas de couro, grilhões de correntes de ferro e, se necessário, alguns pacientes são amarrados a árvores nos pátios. [...] Se há lugares onde os doentes são tratados com decência, são instalações privadas, enquanto em muitos lugares públicos são encerrados em cavernas e prisões, tratados como animais selvagens, espancados, acorrentados ou submetidos à tortura da fome e da sede. Hoje já se passaram 160 anos desde a viagem do Dr. Bonacossa, lembrado no hall de entrada do antigo asilo de Collegno (Turim) com uma placa, e 25 anos desde a lei 180 chamada Basaglia, que deu o impulso ao fechamento desses lugares" (http://www.iltarget.it/italia_manicomi_ottocento.htm). **Do prefácio de *O que é psiquiatria*, por F. Basaglia**: "Raramente uma pessoa mentalmente perturbada precisa de uma cama de hospital. O que ele precisa é de um lugar protegido, até mesmo de um lar, com alta concentração de assistência, capacidade profissional e humana, aceitação do conflito que cada sujeito produz, mas onde a vida penetra, as relações circulam. Os estímulos devem ser renovados. O hospital não pode responder a esse tipo de necessidade, pois só pode oferecer uma vida vivida apenas em função da doença, ao mesmo tempo em que há necessidade de espaços de cuidado, mas também de proteção emancipatória voltada para o estímulo à autonomia e ao reconhecimento, perdido ou nunca tido, do peso contratual dos protegidos. Somente através do reconhecimento do direito ao respeito e à proteção a pessoa pode expressar suas necessidades e somente através do conflito que ela representa somos forçados a tentar entender quais são as necessidades a serem atendidas [...]. A proteção daqueles que, de acordo com a lei antiga, poderiam ser "perigosos para si e para os outros" era, de fato, a proteção da comunidade saudável, garantida pela prisão total daqueles que caíam na rede de "proteção". Diante do fracasso desse tipo de tratamento, foi então necessário demolir os alicerces do manicômio, mas, junto dele, o papel tradicional do psiquiatra como médico-carcereiro que trabalhava exclusivamente em defesa da comunidade [...] A libertação da pessoa, a emergência de um sujeito cheio de necessidades daquele mundo de 'si' que o manicômio continha e produzia ao mesmo tempo, foram os primeiros gestos terapêuticos para a libertação do recluso do manicômio que o aprisionava e da lógica manicomial que ele mesmo havia incorporado [...] Voltamos, portanto, a responsabilizar operadores, administradores, famílias e sociedade por um problema que o asilo permitiu eliminar, esconder e esquecer sob o manto de uma definição de doença incurável para a qual nada poderia ser feito".

37   Em psicologia, a **catarse** (literalmente "purificação") é a libertação de conflitos e estados de ansiedade que se obtém quando o paciente é induzido, por meio de procedimentos psicoterapêuticos, a reconhecer as relações existentes entre seus transtornos e os eventos psicológicos originais.

38   O **transe** é uma espécie de sono hipnótico, no qual o sujeito mediúnico, o médium, cai durante o exercício de suas faculdades particulares. No transe, a característica mais conhecida é a mudança muitas vezes radical que ocorre na personalidade dos sujeitos, que se comportam como se mentalidades extrínsecas se manifestassem por meio deles. Ao contrário do próprio sono hipnótico, o transe geralmente é autoinduzido.

39   Wilber, em seu livro ***The Atman Project***, "retoma o modelo tibetano segundo o qual a psique ou consciência individual é composta de duas essências distintas: aquela que se desenvolve durante uma vida específica, mas morre após a morte do corpo, e, dentro desta, a essência eterna, que dura até que a Iluminação seja alcançada, reencarnando vida após vida. Esta parte eterna corresponde ao psíquico profundo ou alma. Ela nos revela todos os estágios de nosso desenvolvimento: a história da consciência humana, desde seus primeiros movimentos até sua reunião com Deus, com o Atman. O mais extraordinário é que estamos diante de uma reformulação muito moderna da evolução humana, onde o Oriente e o Ocidente aparecem verdadeiramente integrados, como a psicologia tradicional e o misticismo, e os aspectos convencionais e contemplativos, antigos e modernos. Assim, psicologia, psicanálise, existencialismo, budismo, cabala, taoísmo estão entrelaçados no livro... [...]. Este livro foi publicado pela primeira vez em 1980 e é justamente considerado uma pedra angular do Conhecimento. Ainda é um best-seller. Ken Wilber resume muito bem a metafísica e a transcendência nesta obra e nos revela todos os estágios do desenvolvimento humano [...]" (http://www.misteria.org/IlprogettoAtman.KenWilber.htm).

40   Do ponto de vista legal, de acordo com a legislação sanitária vigente, a **Comunidade Psico--Sócio-Terapêutica** «é um tipo de estabelecimento de saúde residencial extra-hospitalar, ou seja, uma alternativa ao internamento, destinada a pessoas que apresentam sofrimento psíquico significativo. Trata-se, portanto, de estruturas que não devem ser confundidas com comunidades para a reabilitação de toxicodependentes ou para intervenções de reabilitação de pessoas com deficiência física. A terapia comunitária localiza-se num espaço intermédio entre o hospital e a instituição familiar e baseia-se na prestação de serviços de prevenção, tratamento e reabilitação. Destina-se, em particular, às crianças que tiveram bloqueios de desenvolvimento ao longo de suas vidas, em resultado dos quais a escola, o trabalho e a vida familiar se tornaram particularmente problemáticas. É, portanto, acessado por pessoas para as quais a ASL requer um programa de tratamento e reabilitação voltado para uma mudança, que são capazes de administrar a vida cotidiana e que não têm dificuldades excessivas em se relacionar. Na medida do possível, os tipos de intervenção são agrupados por programas semelhantes aos quais as pessoas têm acesso, distinguin-

do-se pela previsão de resultados, faixas etárias e complexidade do problema pessoal. Os programas terapêuticos das comunidades são articulados e modulados de acordo com as necessidades das pessoas que os utilizam. Além do programa básico comum a todas as comunidades, existem programas relacionados a comunidades individuais. Todos os programas são autogeridos pelos operadores responsáveis pela assistência terapêutica à pessoa, juntamente com os cuidados que lhes são confiados: gestão da casa, dos espaços pessoais, da pessoa etc. Essas atividades, distribuídas ao longo do dia, ocupam apenas uma parte do tempo disponível. A outra parte do tempo, a mais substancial, é dedicada a atividades terapêuticas com orientação psicológica e psicoterapêutica, individual e grupal. Uma terceira parte é dedicada a atividades artísticas/criativas e recreativas-esportivas. Momentos de relaxamento e descanso completam o dia. O tempo de inatividade, que não é significativo, ao contrário do que acontece em hospitais e clínicas psiquiátricas, é ocasional e marginal. Os programas das comunidades terapêuticas tendem a readquirir as habilidades não atacadas pela doença. O tempo de atendimento na comunidade é diretamente proporcional ao tempo de sofrimento mental anterior à entrada. Quanto maior o período de sofrimento antes de entrar na comunidade, maior o tempo de recuperação. Quanto mais profundas forem as feridas infligidas pela ineficácia do cuidado no período anterior à entrada na comunidade, mais difícil será recuperar a deficiência que o período de sofrimento causou» (R. Quintiliani, http://it.health.yahoo.net).

41   Ver nota 22 (Introdução)

42   **Estados de consciência – CT Tart**, em seu livro *Estados de consciência*, usa uma abordagem de "sistemas", ou seja, ele examina os estados de consciência como parte da pessoa total e não apenas como um produto do funcionamento do cérebro. Ele mostra que o que para uma pessoa é um estado especial ou alterado de consciência, para outra pode ser uma experiência cotidiana; ele também argumenta que não há estado de consciência que possa ser definido como "normal".

43   **Psicose** é um termo introduzido em 1845 por **E. von Feuchtersleben**, com o significado geral de "doença mental", "loucura". As características incluem: alteração profunda da percepção da realidade externa, com comportamento rígido, inseguro e contraditório; dificuldade em selecionar pensamentos; sentimentos às vezes ausentes, às vezes excessivos; comportamentos regressivos e primitivos; alucinações e delírios; comprometimento grave do pensamento lógico e da capacidade linguística; grave desajuste social. Ao contrário do neurótico, o psicótico não está ciente de seus sintomas. O psicótico está convencido de que a vida é a de seu sonho irreal e qualquer outro pensamento, diferente do seu, pertence aos doentes. Ele faz castelos no ar e, com seus pensamentos, vai morar lá, porque não aceita o mundo em que vive. Ele tem medo da realidade, mas não pode admiti-la.

A seguir está um artigo retirado da revista de informação do Aedes de Turim, Associação para o cuidado e pesquisa em saúde mental (edições Omega, revista anual, 2005):

"O psicótico é o indivíduo que sofreu o engano mais sério da existência. Alguém lhe disse: você não terá outro Deus além de mim. Mas isso acabou não sendo nada. O seu caminho de vida torna-se assim uma luta longa, por vezes interminável, para recuperar uma ilha de confiança e para fazer este caminho submete o 'outro', que se aventura com ele, a contínuas provações. Ele nega, antes de tudo, para fazê-lo se sentir inútil, impotente, incapaz. Ele o faz caminhar pelo labirinto de suas contradições, suas dúvidas, suas incertezas, seus retornos, suas fugas inesperadas e repentinas. [...] Deixe-o chegar perto dele, quase tocá-lo, para roubar o segredo de seu Outro Mundo, para afastá-lo e fazê-lo sentir a certeza de tê-lo perdido para sempre. Ele o ameaça com a violência do medo, para que lhe digam que ele não é tão assustador. Repete incansavelmente consigo caminhos conhecidos, visitados inúmeras vezes, para reduzi-lo ao tédio, à raiva, à fúria a ponto de tentá-lo nas áreas mais sombrias do desprezo, da rejeição e do abandono. Quando esse outro lhe apresenta um Mundo composto, global, ao qual ele pode acessar, [...] ele se aproxima dele, observa-o e espera ver nos olhos de seu interlocutor a satisfação de tê-lo trazido até nós e então iniciar um trabalho lento e incansável destinado a criar cisões, divisões, contrastes, contradições. Ele joga seu vazio, sua solidão, nele, para fazê-lo se sentir vazio e sozinho, sem segurança ou pertencimento [...]. Ele constantemente o tenta porque quer saber se ele é capaz de não cair em suas armadilhas. É assim, mas com tato muito sensível, refinado por uma busca incansável de algum bem seguro e inquebrantável, ele tateou seu caminho para aqueles que o ajudam, sentiu-o, retirou-se, voltou a tocá-lo e ouviu-o: não pelas coisas que ele disse, mas para sentir o timbre de sua voz, se ela traz a marca da autenticidade e da convicção. Se ele sente isso como um possível porto seguro, então ele se torna um guia: ele o adverte do erro, do medo, da necessidade de abandonar a incerteza e a dúvida, para traçar um novo caminho. Coisas, afeições, homem, tomam o lugar do Nada. O Outro Mundo é abandonado para que o caminho para esta Terra possa ser limpo [...]".

44   **Neurose** é um termo introduzido em **1777** por **W. Cullen** em um tratado médico, significando-o como uma expressão de afecções funcionais. Foi J. M. Charcot quem definiu sua natureza puramente psicológica e Freud quem forneceu as primeiras classificações. Entre a normalidade e a anormalidade, não é possível traçar uma fronteira clara e precisa. A normalidade inclui muitas nuances de comportamento e não é um fato adquirido que permanece permanente. Todo comportamento humano é um processo contínuo de adaptação e desajuste. Ser normal, portanto, significa saber administrar esse equilíbrio. O neurótico é um indivíduo que sonha com a vida de uma forma fantástica e irreal, projeta sua fantasia em outro mundo, mas é sempre capaz de distinguir o valor de sua imaginação do valor da realidade. Ele faz castelos no ar, mas com o seu pensamento vive na terra (*Cf.* Fenichel O., *Tratado de psicanálise de neuroses e psicoses*, Astrolábio, 1951; Musatti C., *Trattato di psicanalisi*, Borignhieri, 1949; Semi A.A., ed., *Tratado sobre psicanálise. Teoria e Técnica*, Cortina, 1988).

45   **O Transtorno Borderline,** de acordo com o DSM IV (Manual Diagnóstico e Estatístico de Transtornos Mentais), é caracterizado por um modo generalizado de instabilidade das relações interpessoais, autoimagem e humor e uma impulsividade acentuada, que surgiram no início da idade adulta e estavam presentes em vários contextos, conforme indicado por cinco (ou mais) dos seguintes elementos: 1) esforços desesperados para evitar o abandono real ou imaginário; 2) um quadro de relacionamentos situações interpessoais instáveis e intensas, caracterizadas pela alternância entre os extremos de hiperidealização e desvalorização; 3) Alteração da identidade: autoimagem e autopercepção acentuada e persistentemente instáveis; 4) impulsividade em pelo menos duas áreas potencialmente prejudiciais ao sujeito, como gastos excessivos, promiscuidade sexual, abuso de subs-

tâncias, direção imprudente, compulsão alimentar etc.; 5) ameaças recorrentes, gestos, comportamento suicida ou comportamento automutilante; 6) instabilidade afetiva devido à reatividade acentuada do humor (por exemplo, disforia intensa episódica, irritabilidade ou ansiedade, geralmente com duração de algumas horas e raramente mais do que alguns dias); 7) sentimentos crônicos de vazio; 8) raiva não provocada e intensa ou dificuldade em controlar a raiva (por exemplo, acessos frequentes de raiva ou raiva constante, confrontos físicos recorrentes); 9) ideação paranoide ou sintomas dissociativos transitórios graves, relacionados ao estresse.

46 **Múltiplas Personalidades** – "A personalidade é formada a partir da herança neurobiológica hereditária e da adaptação dessa herança pessoal às necessidades socioculturais do ambiente: a partir dessa integração dinâmica, a 'singularidade' da pessoa é determinada em seus aspectos intelectuais, emocionais, volitivos, bem como em sua maneira de se relacionar com os outros. Por outro lado, falamos de 'personalidade múltipla' quando a personalidade é dividida em dois, três (mas também muitos mais) tipos de caráter, completamente independentes um do outro e às vezes contrastantes, que coexistem na mesma pessoa. A transição de uma personalidade para outra é descrita como muito rápida, de alguns segundos a alguns minutos, ou gradual (dias, meses). Em alguns casos, as diferentes personalidades que coexistem na mesma pessoa parecem se conhecer e se relacionar como amigos, companheiros ou adversários. [...] A personalidade múltipla poderia, portanto, ser definida como a consequência de uma dissociação de uma parte dos conteúdos da mente, para fins adaptativos, para gerenciar situações particularmente traumáticas e estressantes, [...] para as quais o sujeito não teria sido capaz de lidar com suas formas habituais de lidar com a realidade, especialmente se ocorressem nos primeiros anos de vida. [...]. Em 1911, o diagnóstico de 'esquizofrenia' foi introduzido na medicina psiquiátrica, cujo principal sintoma era a 'dissociação' da afetividade do sujeito, seu comportamento, seu estilo de pensamento [...]. Com a identificação dessa nova síndrome, por cerca de 80 anos não se falava mais em 'personalidade múltipla' [...]. Reapareceu como categoria diagnóstica na década de 1980, no DSM III da Associação Americana de Psiquiatria" (www.psicolinea.it/g_t/personalita_multipla.htm) **Parte Dois**

47 **Tao – individuação, isto é, a tendência natural do homem de buscar a totalidade, é um processo que deve surgir de dentro e não pode vir de uma aquisição externa.**

"o taoísmo nasceu entre os séculos V e III a.C. na China, em um período particularmente rico em fervor intelectual. Dois dos expoentes mais importantes desse movimento filosófico foram Lao-tzé e Chang-tzu. Eles receberam o apelido de 'sábios ocultos' porque, ao contrário dos expoentes do confucionismo, preferiam não ocupar cargos de conselheiros na corte imperial. A rejeição foi por coerência com o pensamento deles, segundo o qual era preferível 'não agir' na vida política e mundana para privilegiar uma atitude que abordasse o caminho interior do indivíduo e exaltasse seu poder espiritual. Essa atenção voltada para o indivíduo faz parte de uma concepção mística que vê a saúde pessoal (entendida no sentido mais amplo) como uma vantagem que se espalha por toda a humanidade até se irradiar por todo o cosmos. Para alcançar essa saúde que traz longevidade, senão vida eterna, é necessário ter uma jornada interior que terá como objetivo a identificação com o princípio supremo: o Tao" (M. Campolo, www.geagea.com).

"O taoísmo surgiu no mesmo terreno cultural em que nasceu o confucionismo e fez uso dos mesmos elementos usados por ele, que formaram a herança intelectual da China na segunda metade do 1º milênio a.C. Mas enquanto o confucionismo deduziu modelos a serem imitados para retornar às virtudes morais dos antigos reis 'santos', o taoísmo os submeteu a duras críticas, apontando para os portadores dessas virtudes como os corruptores da virtude primordial do Tao, feita de naturalidade e espontaneidade. [...] O Tao é uma abstração metafísica que indica a lei universal da natureza, o modo espontâneo de ser e se comportar do universo. Nesse sentido, é indizível, inefável, indeterminado. Sendo o primeiro e absoluto princípio, é desprovido de características, pois é a mesma fonte de todas as características; no entanto, não é nada, pois é a origem de tudo. É antes de todas as coisas, dá-lhes existência. [...] Enquanto as coisas acontecem naturalmente, tudo é harmonioso e nada perturba o equilíbrio cósmico. O homem, se quiser viver feliz, deve seguir o Tao sem impedi-lo. [...] A vida só é bem vivida quando o homem está em completa harmonia com todo o universo e sua ação é a ação do universo fluindo através dele. O bem não é realizado pela ação movida por desejos, mas pela inação (wu wei) que é inspirada pela simplicidade do Tao" (E. Riva, www.filosofico.net)

48   A tradição nos diz que **Lao Tzu** (ou Lao Tze, leste da China, ao sul de Pequim) é na verdade um apelido que significa 'velho mestre'. Ele viveu no século VI a.C. e foi contemporâneo de Confúcio. Ele foi para o oeste quando o período de decadência começou e, chegando a Han-ku, o guardião Yin Hsi pediu-lhe que escrevesse um livro para ele: foi nessa ocasião que Lao Tzu escreveu o *Tao Te Ching*, uma obra dividida em duas partes, 'Tao' e 'Te'. 'Tao' significa caminho, discurso, razão, método, norma; é uma ideia próxima à de Deus. 'Te' significa virtude, o poder da natureza, o livre desdobramento das energias naturais. Esta parte do livro fornece regras de comportamento baseadas nos preceitos expressos na primeira parte (*Cf.* L. Lanciotti *Il libro della virtù e della via: il Te-tao-ching secondo il manoscritto di Ma-wang-tui*, Milão, 1995; A. Andreini *Laozi: genesi del Daodejing*, Einaudi, 2004; Julius Evola, *Il libro della via e della virtù*, Carabba, 1923; A. Andreini, M. Scarpari, *Il daoismo*, il Mulino, 2007; A. Cheng, *Storia del pensiero cinese*, Einaudi, 2000; Lao-Te, *O Livro do Princípio e sua Ação*, Mediterranee, 1972).

49   **Yin e yang** – "A oposição de duas forças complementares: baseada na oposição de duas forças antitéticas, mas complementares, esta teoria apresenta-se como uma hipótese científica, simples e rudimentar, análoga às teorias modernas do movimento ondulatório. Os chineses fazem com que qualquer uma de suas classificações dualistas entre em uma espécie de onda senoidal, um movimento pendular que vai do yin ao yang e depois ao contrário. E eles trazem todos os tipos de elementos e ingredientes ativos que são agrupados nessas duas categorias opostas, mas complementares, assim como os dois sexos. Mas nunca há nada tão claro, e tudo é composto em proporções desiguais, de yin e yang. E tudo está inscrito em leis periódicas de passageiros. No modelo de alternância, existem apenas soluções periódicas. Em todos os lugares e em tudo, o movimento e a vida nascem das interações do yin e do yang, e do incessante ir e vir que pontua suas relações. Como vemos, essa classificação dualista serve apenas para designar entidades aparentemente antagônicas; serve também para classificar símbolos, conceitos [...]" (www.tuttocina.it).

Marcel Granet: "[...] Inteiramente dominado pela ideia de eficácia, o pensamento chinês se move em um mundo de símbolos feito de 'correspondências e oposições' que, quando se quer agir ou entender, basta colocar em ação. Você sabe e pode a partir do momento em que tem a lista dupla de emblemas que se atraem ou se opõem [...]".

Jean Cocteau: "A vida é um meio-termo que manca, mas vamos garantir que ela manque graciosamente".

50   **Wu-wei** é o preceito taoísta fundamental segundo o qual se deve aprender a saber discernir quando agir e quando não agir. Literalmente, "wu" significa "não fazer" e "wei" significa "ação". O significado literal, muitas vezes mal interpretado, é o de "não ação". Na realidade, significa uma "ação sem ação", isto é, uma manutenção do equilíbrio perfeito, como nos princípios do Tao. As leis do Tao (da natureza) são simples e claras: wu-wei, portanto, indica agir de acordo com escolhas que estão em harmonia com a simplicidade do universo. Não é um preceito de convite à passividade, mas para apreender o mundo "como ele é" e agir de acordo com ele. No wu-wei, o comportamento é sustentado por uma grande clareza mental, sem regras predeterminadas para conseguir o que deseja e conseguindo ser receptivo aos eventos naturais para compreendê-los e não ser impedido por eles. Quando alguém permanece fiel às suas convicções, enquanto observa que as situações mudam, cai no "wu-shih"; e se, por outro lado, as opiniões mudam a cada mudança de situação, o yin-shih é praticado. Esse último é o comportamento típico do taoísta, em que não há esforço, porque a própria ação coincide com a situação (*Cf.* Borel H., *Ação sem ação. Wu Wei. A Arte Espiritual da Mudança sem Violência*, Bis, 2007; *Wu wei*, Neri Pozza, 1999; Fischer Theo, *Wu-wei. A Arte de Viver do Tao*, Ellin Selae, 2009)

51   **Ki,** na língua japonesa, ou **Chi,** chamado pelos antigos chineses, é a Energia que se manifesta em todas as coisas vivas e não vivas. Na língua italiana é comumente traduzido como "Energia Vital", na língua indiana é conhecido como *Prana*. É a força vital que flui em todo organismo vivo; na Medicina Tradicional Chinesa é a energia que flui nos meridianos do corpo para dar vida aos órgãos internos; nas Artes Marciais é canalizado, através do poder do pensamento, para poder produzir força em combate; outras práticas, como meditação e ioga, o utilizam para manter o equilíbrio psicofísico. A energia original diminui com o passar dos anos devido ao envelhecimento e nunca pode ser aumentada; mas as diferentes disciplinas e um modo de viver e comer em consonância com a própria constituição, tanto física como mental, podem ajudar a conservá-la durante o maior tempo possível, retardando assim o processo orgânico de deterioração (*Cf.* Toshihiko Yayama, *Cura com Qi. O caminho para uma nova mente e um novo corpo,* Mediterranee, 2001; Fusi S., *Energia vitale per la salute*, Tecniche Nuove, 2008; yang Jwing-Ming, *As Raízes do Qigong Chinês*, Mediterranee)

52   **Iluminação** «é a tradução da expressão sânscrita **Bodhi** ('Despertar') e da expressão japonesa **Satori**. [...] A pessoa percebe em um instante o vazio que ela mesma é, assim como a totalidade do mundo, e só isso lhe permite entender a verdadeira natureza de todas as coisas. Uma vez que a 'iluminação' está sendo cada vez mais mal interpretada como 'experiência de luz' e as experiências de luz são erroneamente consideradas como 'iluminação', é preferível adotar o termo 'despertar', que descreve a experiência com mais precisão. Quando falamos de 'vazio', não queremos dizer uma sensação fútil de vazio, mas o imperceptível, impensável, intangível, infinito além do ser e do não-ser. O vazio não é um objeto que um sujeito pode perceber; o próprio sujeito está absorvido nele.

[...] Embora a Iluminação, por sua natureza, seja sempre a mesma, existem graus muito diferentes dessa experiência. [...] Há também a impressão errônea de que o mundo do Iluminismo, do vazio, do Absoluto, é separado do mundo dos fenômenos. Não é assim. Em uma iluminação profunda, torna-se claro que Vazio/Fenômenos, Absoluto/Relativo são um. Viver a verdadeira realidade é, finalmente, viver essa unidade. 'A forma nada mais é do que o vazio e o vazio nada mais é do que a forma', porque não existem dois mundos. Por meio da iluminação profunda, o ego aniquila, morre. [...] A sequela desta 'morte', da 'grande morte', é a 'grande vida', uma vida em liberdade e paz" (*Dicionário de Sabedoria Oriental*, Mediterranee, 1991).

53 A palavra **Shen** "pode ser traduzida como 'energia mental', 'energia espiritual', 'espírito'. Shen é a forma mais 'refinada' de energia interior e somente o homem pode possuí-la. De fato, os processos orgânicos revelam a presença de Jing, os movimentos de Qi; mas apenas a consciência humana reflete a presença de Shen. Shen também tem sido referido como a consciência que brilha em nossos olhos quando estamos realmente acordados. Somente aqueles que possuem um Shen forte são capazes de intensa concentração mental. Quando o Shen é escasso, os olhos dão sua luz e o pensamento fica confuso. Uma pessoa com o pequeno Shen carece de entusiasmo, atenção e muitas vezes tem a mente tardia. É interessante notar que Shen às vezes se identifica com uma atitude mental particular; nesses casos, podemos traduzir Shen com espírito. Finalmente, observamos que, de acordo com o pensamento tibetano, há também um Shen Cósmico que foi definido como 'o Ser puro, vazio e indiferenciado'. Algo que talvez também pudéssemos definir como o 'Espírito Divino'. Como no caso de Jing, existem os seguintes dois tipos de Shen: 1. Hsien T'ien Shen ou 'Shen do tempo anterior' (no nascimento) ou mais brevemente Shen pré-natal; às vezes também é chamado de Yuan Shen (original Shen); 2. Hou T'ien Shen ou 'Shen do tempo posterior' (no nascimento) ou mais brevemente 'Shen pós-natal'.

Os pais contribuem para a criação do Shen em seus filhos, mas o Shen terá que ser cultivado e nutrido após o nascimento" (www.alkaemia.it)

54 O **Templo Shaolin** (ou Siulam) de Honan, no norte da China (na montanha Song Shan), é o local onde as artes marciais chinesas evoluíram. O desenvolvimento do estudo destes ocorreu por volta de 520 d.C. com a chegada ao Templo Shaolin do monge indiano Bodhidarma, que foi para lá difundir a doutrina Chan (ou Zen em japonês). Após um longo período de meditação (algumas fontes falam de 9 anos em uma caverna), ele percebeu o quão fracos eram os monges do templo e então decidiu criar exercícios para fortalecer seu físico e saúde. Assim, ele criou uma série de movimentos chamados Shi Pa Shou Lo Han (Lo Han era um ídolo budista), que com o tempo se desenvolveram cada vez mais até dar origem aos diferentes tipos de artes marciais. Após a destruição do Templo Shaolin em Honan, acusado pelo governo ditatorial da dinastia Ching (1644 – 1911) de ser um covil de revolucionários, o templo Siu Lam em Fujian tornou-se o novo centro onde treinar os rebeldes para lutar contra os opressores. [...] A entrada dos leigos no templo foi muito seletiva. Aqueles que queriam entrar para melhorar suas habilidades em artes marciais eram submetidos a testes difíceis e apenas aqueles que conseguiam passar eram admitidos no templo. Durante o período de ditadura da dinastia Ching, todas as seitas eram contra esses opressores e para todos eles o lema era: 'vamos derrubar o Ching, vamos restaurar o Ming (1368 – 1644; período de esplendor para a China)'. É precisamente deste lema que

deriva a saudação do estilo Hung-Ga. Na verdade, os ponteiros representam o dia e a noite (ou o sol e a lua), caracteres que formam o caractere chinês de Ming. Colocar as mãos no peito indica ser contra governantes estrangeiros e ter o coração pela China [...] Levar os punhos aos quadris, por outro lado, indica que com a união é possível libertar o país [...]. Assim, a saudação indicava a vontade de derrubar o Ching (Escuridão) e restaurar o Ming (Luz)" (www.zenhome.it).

De um artigo retirado do www.shaolinitalia.it (cortesia de 25/07/2010):

"O templo Shaolin fica a 70 km a sudoeste de Zhengzhan, capital da província de Henan, na China, e é o local de origem do Chan (Zen), a principal escola do budismo chinês e do Shaolinwushu, a mais famosa das artes marciais chinesas. Localizado no sopé do Monte Songshan com o Pico Wuru atrás dele e o Monte Shaoshi na frente dele, é completamente protegido por florestas com pisos antigos que se elevam ao céu. Foi construído no décimo nono ano do Imperador Xiaowen pela Dinastia Wei do Norte (485 DC) com o objetivo de abrigar um eminente monge indiano chamado Batuo. Após 32 anos, outro monge indiano, Bodhidarma (em chinês Ta Mo) foi ao templo Shaolin, onde permaneceu em meditação por 3 anos na caverna abaixo do pico Wuru. Quando a ação de busca foi concluída e Bodhidarma saiu da caverna, Zen viu a luz do dia. Tendo se tornado seus discípulos, os monges do Templo sentaram-se por um longo tempo em meditação (ou seja, o caminho essencial para a iluminação), tornando-se cada vez mais fracos no corpo, presas fáceis do sono e das agressões externas. Para superar isso, eles imitaram os movimentos dos animais e as atividades das pessoas, criando assim uma arte marcial para mover ossos e músculos e fortalecer a saúde. Como os monges, de geração em geração, nunca pararam de treinar, eles alcançaram uma técnica marcial muito alta cultivando habilidades extraordinárias, incríveis aos olhos das pessoas comuns. Além disso, graças ao ambiente que ainda está entre os mais pitorescos da China, os monges puderam estudar o que chamaram de 'Shaolin Kung Fu' e submetê-lo a pesquisas contínuas. Alunos inteligentes e bem disciplinados tinham muito tempo para aprender e podiam se beneficiar da experiência dos mestres mais habilidosos. Seu progresso se acumulou com o da geração seguinte para que os mestres pudessem adicionar novas técnicas e novas habilidades ao seu repertório que se expandiu a tal ponto que se tornou impossível aprendê-lo em sua totalidade ao longo da vida. As histórias da época dizem que não era nada fácil ser admitido para estudar em Shaolin Szu e que, uma vez admitido, o noviço era submetido a testes extenuantes que teriam desencorajado qualquer um, a fim de verificar se sua personalidade era adequada. Em seguida, raspou-se a cabeça e um monge idoso, com uma cerimônia especial, aplicou queimaduras que selariam a escolha do monge. Naquela época era quase impossível entrar ou sair do mosteiro sem a aprovação dos superiores, porque as vias de acesso estavam cheias de armadilhas mortais; o monge Shaolin só podia, portanto, deixar o mosteiro quando os mestres o julgassem pronto. Nesse ponto, novamente de acordo com as fontes da época, ele teve que passar por um último teste, o mais terrível: os 36 quartos. O monge teve que enfrentar 36 irmãos que lutariam sem restrições, demonstrando sua habilidade e preparação. Mais tarde, estudantes leigos também foram aceitos. Os estilos de imitação de animais são a fonte original de inspiração para Shaolinwushu e ainda desempenham um papel muito importante hoje. Como o nome indica, os estilos de imitação são técnicas de luta criadas pela imitação de animais ou insetos. De poderosos leopardos ou tigres a minúsculos grilos, formigas ou louva-a-deus, todas as criaturas vivas são equipadas com habilidades especiais e únicas para sua sobrevivência. Sem dúvida, os humanos são a espécie mais inteligente, mas os animais possuem pontos fortes que os humanos não têm. O Monte Songshan proporcionou um extraordinário ambiente natural de inspiração para todas as criaturas vivas. Por exemplo, o estilo macaco é engenhosamente caracterizado por inúmeras mudanças na forma e defesa como meio de ataque; o estilo garça é estruturado de acordo com movimentos ágeis e graciosos, enquanto o estilo dragão sempre começa com ataques preventivos. É muito particular para a transcendência espiritual entendida no sentido de que, enquanto estiver sentado em meditação Zen, deve-se alcançar um estado ideal de ausência de ego e quando se imita o dragão, deve-se pensar em si mesmo como um dragão real e quando se pratica o estilo da garça, deve-se tornar uma verdadeira garça. No decorrer de cada movimento, deve-se alcançar uma compreensão profunda do forte desejo de sobrevivência dos animais que se imitam. A imitação pitoresca também é particular porque dá grande importância à semelhança do aspecto expressivo do rosto e dos movimentos, fundindo mente e corpo com o animal que é representado. Por meio disso, pode-se alcançar a identidade espiritual imitando-a. 'O pleno desenvolvimento da mente só pode ser alcançado quando o corpo aprendeu a disciplina e, para disciplinar o corpo, nossos ancestrais nos ensinaram a imitar todas as criaturas vivas: da garça branca aprendemos a graça e também o autocontrole; a cobra nos ensina habilidade e resistência rítmica; o louva-a-deus nos ensina velocidade e paciência; com o tigre aprendemos tenacidade e impaciência e com o dragão aprendemos a cavalgar o vento. Todas as criaturas, nobres e ignóbeis, são conscientes de si mesmas. Se tivermos o desejo de aprender, todos eles nos ensinarão suas virtudes. Entre a beleza fatal do louva-a-deus e o fogo e a paixão do dragão do vento não há contradição. Entre a agilidade silenciosa da serpente e as garras da águia existe apenas harmonia, e como os dois elementos da natureza nunca estão em desacordo um com o outro, quando entendemos a essência da natureza, eliminamos os contrastes em nosso ser e descobrimos a harmonia entre corpo e mente que está de acordo com a essência do universo. Qual é o melhor método para se opor à força? Como a paz e a tranquilidade devem ser preferidas à vitória, então a escolha a ser feita é muito simples: fuja imediatamente, entenda a realidade da natureza, você verá que nenhuma força humana pode atingi-lo; não tente se opor à força enfrentando-a, evite-a. Não há necessidade de parar a força, é mais fácil fazê-la mudar de direção. Aprenda métodos para preservar, não destruir; evitar em vez de bloquear; bloqueia em vez de machucar; ferida em vez de aleijada; aleija em vez de matar; pois toda vida é preciosa. Na verdade, existem dois tipos de forças: a força externa que é visível, mas desaparece com a idade e sucumbe à doença; o outro tipo é o QI (chi), a força interior, todos os homens a possuem, mas é infinitamente mais difícil de desenvolver". Para testemunhar a verdadeira divisão entre estilos internos e externos, temos que esperar pela dinastia Ching (1644-1911), outro ponto muito importante na história do Kung-Fu: neste período, de fato, a China era dominada pelos Manchus, uma população bárbara do norte que arrebatou à força o trono do último imperador Ming. Surtos de revolta e resistência aos estrangeiros surgiram imediatamente. Ordens religiosas se alinharam na primeira fila e mosteiros se tornaram refúgios e centros de treinamento para os rebeldes. Mas tudo isso não escapou ao exército invasor, que proibiu, sob pena de morte, a prática de artes marciais e o uso de armas, e em 1736 destruiu o mosteiro Shaolin. Os monges fugitivos se dispersaram por toda a China, treinando o povo em segredo para a rebelião contra os manchus. Os principais efeitos da diáspora dos monges foram dois: a disseminação entre a população civil das Artes Marciais, que nos séculos anteriores eram prerrogativa exclusiva de indivíduos selecionados, e a dispersão dos monges por um vasto território, levando a uma maior fragmentação de conhecimentos e estilos. Ao mesmo tempo, houve um florescimento de sociedades secretas nascidas para se opor aos governantes e cuidar do povo oprimido... Esses foram os precursores das tríades modernas, que degeneraram ao status de organizações criminosas. No entanto, muitos estilos do norte foram capazes de alcançar a parte sul da China; sobre esse assunto há uma história muito difundida nos círculos de Kung-Fu, segundo a qual os monges que escaparam da destruição de Shaolin Szu se refugiaram na região de Fuchien (sul da China) e lá construíram um segundo templo (segundo alguns escritores da época, o templo Shaolin em Fuchien já existia, assim como outros templos homônimos pertencentes à mesma ordem), onde criaram a escola Shaolin do Sul, que influenciou a formação de alguns estilos da época. Não muitos anos depois, no entanto, o templo de Fuchien seguiu o destino do primeiro e apenas cinco monges conseguiram sobreviver, que por sua vez deram origem a novos estilos de Shaolin do sul. Afinal, foi durante a nefasta dinastia Ching que muitos estilos ainda hoje conhecidos surgiram no centro das atenções da história, como Tai Chi Ch'uan e Pa Kua Ch'uan para a escola interna, e Pak Hok, Pak Mei e Wing Chun para a escola externa do sul. O Shaolin Kung Fu nunca deixou de existir. Tanto que, com o tempo, se espalhou um pouco por todo o mundo, principalmente com o advento do cinema e da televisão. De fato, com eles foram transmitidos os filmes sobre Kung Fu com Bruce Lee (Li Shao Long, Young Dragon Li, seu nome verdadeiro), que foram o verdadeiro grande *boom* da arte marcial na Itália" (editado por Alberto De Marco, Andrea Franceschini, Stefano Simoncello).

55 **Zen** significa "meditação" e foi definido como a revolta da mente chinesa contra o budismo intelectual da Índia. Ele chegou à China em 520 d.C. Embora a meditação faça parte do treinamento Zen, ela inclui qualquer forma possível de atividade. A mente chinesa desejava aplicar o budismo à vida diária, afirmando que a iluminação pode ser encontrada retirando-se do mundo ou trabalhando nele. A única razão para a não realização de nossa "Natureza Búdica" é nossa ignorância. Portanto, o Zen é a redescoberta de si mesmo. Este ensinamento não pode ser compreendido pela mente intelectual, e grande parte da literatura Zen parece absurda do ponto de vista do conhecimento racional. Mas sua técnica ilógica é um meio de tirar a mente de seus canais habituais, porque o pensamento puramente lógico nos faz dar voltas e voltas. (*Dicionário Budista*, C. Humphreys, Ubaldini) (*Cf.* DT Suzuki, *Introdução ao Zen Budismo*, Ubaldini, 1970; *Saggi sul Buddhismo Zen* (3 vols.), Mediterranee, 1989; E. Herrigel, *La via dello Zen*, Mediterranee, 1993; *Zen e Tiro com Arco*, Adelphi, 1975; G. Jiso Forzani, *As Flores do Vazio. Introdução à Filosofia Japonesa*, Boringheri, 2006; Alan W. Watts, *O Caminho do Zen*, Feltrinelli, 2006) Zazen (lit. *Za*, "sentar"; *Zen*, "estado de contemplação") não é meditação no sentido tradicional, porque isso inclui, pelo menos inicialmente, fixar a mente em um "objeto de meditação" (por exemplo, mandalas ou imagens) ou refletir sobre qualidades abstratas (por exemplo, impermanência, compaixão amorosa). O Zazen, por outro lado, deve libertar a mente da servidão a qualquer forma de pensamento, visão, coisa ou representação, por mais elevados e sagrados que

sejam. Em sua forma mais pura, Zazen deve habitar em um estado de atenção desperta e impensada, que não é direcionada a nenhum objeto e não se liga a nenhum conteúdo. Praticado com perseverança e dedicação, o Zazen traz a mente daquele que se senta em um estado de perfeita vigília sem conteúdo, no qual se pode alcançar a iluminação (*Dicionário de Sabedoria Oriental*, Mediterranee, 1991).

56 *I Ching* – "Para cada situação há uma ação apropriada, há uma maneira certa de agir que traz boa sorte e uma errada que traz desastre. Cada indivíduo, consultando o oráculo do I Ching (o Livro das Mutações), é capaz de participar da formação de seu próprio destino. Enquanto os eventos e as coisas estiverem no estágio embrionário, eles ainda podem ser controlados e guiados; se, ao contrário, produziram suas consequências até o fim, adquirem um poder extraordinário diante do qual o homem é impotente. O *I ching* (em chinês 'Livro das Mutações'), às vezes também referido como *I rei* ou *Yijing*, é um dos textos mais importantes da tradição religiosa taoísta e confucionista e é baseado em métodos divinatórios que provavelmente datam de 3000–4000 a.C. Segundo a tradição, deriva do lendário imperador chinês Fu Hsi — representado na iconografia como um homem com corpo de cobra segurando uma mesa com os oito trigramas do I Ching — [...]. Os trigramas são sinais obtidos combinando de todas as maneiras possíveis uma linha inteira e uma linha quebrada triplicada (assim oito são obtidos); os hexagramas, que são sessenta e quatro no total, são obtidos pela combinação de dois trigramas. [...] O famoso psicanalista C. G. Jung afirmou que 'O que quer que aconteça em um determinado momento está ligado a toda a situação universal que prevalece naquele exato momento'. E ele chamou esse princípio: 'sincronicidade'. [...] O Livro das Mutações pertence ao pequeno número de Textos Sagrados planetários, que contêm toda a verdade das coisas. Diz-se que Confúcio gastou as gravatas de couro que protegiam a cópia, à força de abri-la e fechá-la, para seus estudos. Ele afirmou que se pudesse adicionar 50 anos à sua vida, ele os dedicaria exclusivamente ao estudo do volume dos Illuminati" (www.zenhome.it).

Do Prefácio à tradução para o inglês de *I King*, de C. G. Jung:

"Para entender do que se trata esse livro, somos obrigados a nos livrar de certos preconceitos do espírito ocidental. [...] O espírito chinês, como o vemos em ação em I King, parece lidar exclusivamente com os aspectos aleatórios dos eventos. Parece que sua primeira preocupação é com o que chamamos de coincidência, enquanto o que reverenciamos como causalidade passa quase despercebido [...] Enquanto o pensamento ocidental peneira, pesa, seleciona, classifica, isola com o máximo cuidado, a concepção chinesa do momento presente abraça tudo, até o mais ínfimo detalhe e sem sentido, porque todos os ingredientes contribuem para a formação do momento observado [...] Em outras palavras, quem inventou o I Rei estava convencido de que a coincidência de um hexagrama com o momento preciso com o qual foi obtido não era apenas temporal, mas também qualitativa [...] O hexagrama é o representante do momento em que o próprio hexagrama foi obtido; pretende ser um indicador da essência da situação prevalecente no momento da sua origem [...] Se a causalidade descreve a sucessão de eventos, a sincronicidade lida com a coincidência de eventos [...] A plenitude irracional da vida me ensinou a nunca descartar nada, por mais incompatível que seja com nossas teorias ou na medida em que é desprovido, no momento, de qualquer explicação. Claro, é uma maneira perturbadora de proceder, e nunca se pode ter certeza de que a bússola aponta na direção certa; mas aqueles que buscam paz, segurança e certeza nunca farão descobertas. O mesmo vale para o método chinês de adivinhação. Visa claramente o autoconhecimento, mesmo que sempre tenha sido voltado para usos supersticiosos [...]".

57   O **Pa Kua** – No *I Ching*, os oito trigramas (combinação de bigramas) são combinados entre si para criar os 64 hexagramas, cada um com seus próprios significados. Pa Kua (*Pa*, "8", *Kua*, "suspender ou pendurar") significa que existem oito fenômenos ou eventos entre nós suspensos ou contidos no universo (Céu, Terra, Trovão, Vento, Água, Fogo, Montanhas, Pântano). Em vez de chamá-los oito 8 fenômenos, eles se definem como "Pa Kua".

58   **Confúcio** (Kong Zi, 551 a.C. – 479 a.C.) foi um filósofo chinês, pai do confucionismo. Ele estava convencido de que era o bom exemplo que levava à ordem social e a uma conduta moral na qual as melhores virtudes eram praticadas. *O Livro das Odes* e *o Livro das Mutações* (*I Ching*), são alguns dos livros confucionistas da Dinastia Han (206 a.C. – 221 d.C.). Ele formulou o conhecido princípio "Não faça aos outros o que você não gostaria que fizessem a você" (a Regra de Ouro). "Se as pessoas são guiadas por leis e você tenta se conformar a elas com punição, elas tentarão evitar a punição, mas não terão vergonha; pelo contrário, se eles são guiados pela virtude e você tenta conformá-los com as regras do decoro, eles terão um senso de vergonha e, além disso, se tornarão pessoas justas". Esse "sentimento de vergonha" é, portanto, a interiorização do dever e da punição antes mesmo que a ação má ocorra (*Cf.* L. Panciotti, *Confúcio, Vida e Ensino*, Ubaldini; F. Avanzino, *Confucionismo e Taoísmo*, Queriniana)

59   **Budismo** é a disciplina espiritual que surgiu da experiência mística vivida pela figura histórica de Siddhãrtha Gautama, que se traduz em seus ensinamentos das 'Quatro Nobres Verdades'. O budismo se desenvolveu a partir do século VI a.C. principalmente no Leste Asiático (Índia, Tibete, China, Coréia, Japão, Indochina) e a partir do século XX também na Europa e nos Estados Unidos. **Siddhãrtha Gautama** – "O Buda nasceu durante a jornada que levaria a rainha Maya, esposa do nobre guerreiro Suddhodana, a dar à luz seu primeiro filho na casa de seu pai. Mas a tradição diz que a jovem nunca chegou em casa e deu à luz em um bosque (em Lumbini, no sul do Nepal), dando à luz aquele que se tornaria o Buda. Antes de embarcar em sua busca espiritual, ele viveu confortavelmente no palácio de seu pai. Pouco antes de seu filho de trinta anos, o príncipe deixou o palácio e em quatro ocasiões distintas viu um bebê recém-nascido, um homem doente, um homem velho e um funeral. Essas experiências completamente novas o fizeram refletir sobre a vida e começou a elaborar o que seria a pedra angular do pensamento budista: resolver os quatro 'sofrimentos' fundamentais da vida: nascimento, doença, velhice, morte" (www.buddhismo.it). **Buda** significa literalmente "Desperto". Ele é a pessoa que realiza a iluminação total que leva à desconexão do ciclo de reencarnações (*samsara*) e, assim, alcançou a liberação completa (Nirvana). Um Buda superou toda a sede de ganância; embora ele também tenha sensações agradáveis e desagradáveis, ele não é dominado por elas e, no fundo, não é tocado por elas. Após a morte de seu corpo, ele nunca mais renascerá. Buda considera a vida impermanente, altruísta e, portanto, dolorosa. O reconhecimento dessas três características da existência representa o início do caminho budista. O caráter doloroso da existência depende do desejo e do não-conhecimento, com a abolição dos quais uma libertação do *samsara* pode ser alcançada (*Dicionário de Sabedoria Oriental*). **As Quatro Nobres Verdades** são a base da doutrina budista. Diz-se que o Buda, meditando sob a árvore

Bodhi, os entendeu no momento de seu despertar espiritual: **1. Duhkha: 'o sofrimento existencial existe'. 2. Samudaya: 'há uma origem do sofrimento existencial'. 3. Nirodha: 'há libertação do sofrimento existencial'. 4. Marga: 'há um caminho de prática a seguir para se libertar do sofrimento existencial'**. Mediante a prática budista do 'Nobre Caminho Óctuplo' (Sabedoria: compreensão correta e resolução correta; moralidade: fala correta, ação correta, conduta correta de vida; meditação: esforço correto, consciência correta, prática correta de meditação) alcança-se o Nirvana e liberta-se do *samsara* (a roda da vida de nascimento e renascimento) (*Cf. História do Budismo*, Laterza; Schumann, *O Buda Histórico*, Salerno; *Dicionário de Sabedoria Oriental*, Mediterranee, 1991; Humphreys C., *Dicionário Budista*, Ubaldini, 1981; Williams P., *Budismo Mahayana*, Ubaldini, 1990).

Existem diferentes opiniões sobre a definição de **budismo**. O Dalai Lama chamou o budismo de "uma ciência da mente".

Trecho de "Compaixão Universal", entrevista com o Dalai Lama com a participação de Matthieu Ricard e Edmond Blattchen:

"[...] Segundo alguns especialistas, o termo 'religião', no seu significado preciso, designa uma forma de fé baseada no conceito de criador. Nesse sentido, portanto, o budismo não é uma religião. No entanto, o budismo também contém uma parte da fé. Então, desse ponto de vista, o budismo também é uma forma de religião. Normalmente, eu descrevo assim: o budismo é uma tradição, ou melhor, uma combinação de religião, filosofia e ciência espiritual. E talvez o budismo também seja, em certo sentido, um humanismo. O budismo é uma religião porque inclui aspectos dela: meditação, fé, como certos conceitos ou certas crenças. Há tudo isso no budismo. Por exemplo, o objetivo final é a realização do 'estado de Buda', graças à meditação. Então, dessa perspectiva, o budismo é uma religião. No entanto, o budismo também tem muito interesse na matéria, ou melhor, na natureza última do ser. Portanto, o budismo também é uma filosofia. A ideia fundamental, então, no budismo é purificar-se, por seus próprios meios, e não graças à bênção. É claro que os budistas apelam para o Buda e os Bodhisattvas, mas o processo essencial, ou esforço principal, é a purificação de si mesmo. Purificar-se de quê? De sentimentos negativos. Devemos nos purificar de todo sentimento, de toda tendência, de toda emoção, de toda marca negativa. Portanto, deve-se purificar-se por meio do espírito positivo. Mas de onde vem a purificação? Vem do próprio espírito. Considere também o espírito como algo neutro, de modo que a influência positiva e negativa possa influenciar o espírito. 'Em relação a essa pureza: o que purifica é o espírito; e o que é purificado é o espírito.' Por isso, é muito importante entender o espírito em profundidade. O budismo pode, portanto, ser descrito como uma ciência do espírito. O budismo finalmente coloca mais ênfase em si mesmo do que no Buda. Nesse sentido, o budismo é uma espécie de humanismo. Ele privilegia o plano humano sobre outros que chamamos de divino ou transcendental. Budismo, eu explico em geral desta forma: em essência, é um guia de conduta e uma teoria filosófica. A conduta é a não-violência; a não-violência é baseada na compaixão. A teoria filosófica do budismo é a da interdependência. Por exemplo, no budismo, de um ponto de vista essencial, chega-se a esses dois aspectos: uma indicação de vida e uma explicação filosófica. Para mim, a essência do budismo é a combinação de compaixão por todos os seres e a compreensão de sua interdependência [...]" (http://www.centrolamatzongkhapatv.it/CoseilBuddhismo.htm).

René des Cartes (Descartes) ou Descartes (1596-1650) é considerado o pai da filosofia moderna. Uma nova metodologia deve, em sua opinião, ser capaz de reformar tanto o homem quanto o conhecimento, com base em uma racionalidade que se baseia na sabedoria antiga. A filosofia deve ser prática para dar o sentido de dominar/possuir a natureza e seus fenômenos. Ele formulou as regras deste método: a regra da evidência (apenas o que é evidente é aceito como verdadeiro, excluindo qualquer dúvida); a regra de análise (o problema deve ser analisado em cada pequena parte que o compõe); a regra da síntese (a partir da análise do detalhe e das pequenas partes, passamos para conhecimentos mais complexos); a regra de revisão (enumerar cada análise individual, para ter certeza de que nada foi omitido).

Mas para Descartes nenhuma forma de conhecimento pode escapar da dúvida e, portanto, é correto duvidar até mesmo de evidências e certezas matemáticas. Dessa forma, a dúvida se torna universal e se estende a tudo, definindo-a como "dúvida hiperbólica". Mas é precisamente dessa "dúvida universal" que surge a primeira certeza de Descartes: "*Cogito ergo sum*", "Penso, logo existo". Posso ter certeza de autoengano em minha análise, mas para fazer isso sou forçado, no mínimo, a admitir que há alguém que pensa isso. A suposição "eu existo" é, portanto, a única verdadeira: se eu duvido, significa que estou pensando, se estou pensando, significa que existo. Mesmo que esse "eu exista" é, para Descartes, mais apropriado interpretá-lo como "eu sou um sujeito pensante" (já que não há certeza sobre os corpos como tais). A partir dessa certeza original (que cheira mais do que a verdade necessária, a fim de poder iniciar o processo de conhecimento) todos os outros conhecimentos podem começar.

Mas, para poder demonstrar que existem outras coisas além de mim, Descartes divide as ideias em três grupos: ideias inatas (presentes em mim desde o nascimento: a própria capacidade de pensar); ideias adventícias (vindas de coisas fora de mim: coisas naturais); as ideias factuais (inventadas por mim: coisas fantásticas).

E para poder distinguir o que realmente pertence às coisas do que é acidental, ele admite que existem para certas apenas coisas com a propriedade de extensão (res extensa), cores e sabores, por exemplo, não dão uma ideia clara e precisa. Portanto, "o mundo das coisas" (res extensa: substância inconsciente e determinada) se opõe ao "mundo das ideias" (res cogitans: o eu consciente e livre).

Deus existe como o proponente da origem de tudo, mas ele não intervém e, portanto, o universo "se gerencia" por meio de: o princípio da conservação (em que o momento é constante); o princípio da inércia (em que tudo persevera em seu estado até que uma causa externa intervenha); o princípio do movimento retilíneo.

O universo físico é, portanto, mecânico, mas o corpo humano também, assim como todos os seres vivos. Não há princípio vital autônomo: a alma é o próprio pensamento e não a vida; portanto, se ela se separa do corpo, a morte não vem. A glândula pineal, sede da alma e a única parte do cérebro que não é dupla, indicaria a possibilidade de uma relação entre a *res extensa* e a *res cogita*. A força da alma está em ser capaz de não ser dominada pelas emoções, através do uso consciente da razão e da experiência. Desse modo, é possível distinguir o bem do mal, e isto é sabedoria (*Cf.* René Descartes, *Tutte le lettere 1619-1650*, Bompiani, 2009; *Obras 1637-1649*, Bompiani, 2009; *Obras 1650-2009*, Bompiani, 2009;

Discorso sul metodo e altri scritti, editado por G. Belgioioso, Bompiani, 2009; *Trattato della luce*, editado por G. Cantelli, Boringhieri 1959; *Meditações Metafísicas*, editado por G. Brianese, Mursia 2009; *Le passioni dell'anima*, editado por S. Obinu, Bompiani 2003; Abbagnano N., *Dicionário de Filosofia*, UTET, 2006; *História da Filosofia*, UTET, 2003).

61 **O Processo Alquímico** – A alquimia é uma antiga filosofia esotérica que usa princípios da arte, química, física, astrologia, medicina, religião e misticismo. A "Pedra Filosofal" é aquela substância catalisadora capaz de transformar a matéria corrompida. É obtida por meio das quatro fases de Putrefação-Calcinação-Destilação-Sublimação a que a matéria é submetida, misturando-a com enxofre e mercúrio. Isso se transforma lentamente, passando por três fases: "trabalho para preto" (putrefação da matéria), "trabalho para branco" (purificação da matéria), "trabalho para vermelho" (recomposição da matéria). Esses três estágios de transformação são representados respectivamente com os animais: corvo, cisne e fênix.

Para os alquimistas, a verdadeira realização consiste em um trabalho de expansão da consciência, primeiro mediante uma descida à matéria e depois uma ascensão libertadora da alma (*"anima mundi"*, *"spiritus mercurialis"*, "quintessência"). O acrônimo V.I.T.R.I.O.L.U.M. usado na alquimia significa, em latim, *"Visita Interiora Terrae Rectificando Invenies Occultum Lapidem Veram Medicinam"*, ou "Visite o interior da terra e, retificando (corrigindo), você encontrará a pedra escondida que é o verdadeiro remédio". A terra representa o corpo e visitar seu interior convida você a querer conhecer seu verdadeiro eu com a descida ao seu inconsciente. Nesse simbólico "retorno ao útero", as próprias sombras e as reprimidas serão encontradas lá; e ficaremos assustados. Mas a consciência dos próprios movimentos internos será como a união (*coniunctio* ou *conceptio*) dos opostos, a união com a mãe terra, entre o homem e a mulher, entre o consciente e o inconsciente; e um renascerá para uma nova vida. As iniciações dos povos primitivos também foram um processo alquímico para a transformação do indivíduo. O budismo enfatiza a importância de se purificar de emoções destrutivas e egoístas. Taoísmo para substituir a conduta de ações inúteis pela conformidade com a naturalidade das coisas. Os alquimistas se afastam do mundo para iniciar um processo de autorreflexão silenciosa. Ser responsável pelas próprias emoções, portanto, representa o verdadeiro processo alquímico do conhecimento. A repressão é uma compressão daquelas partes de si mesmo que deveriam ser identificadas, aceitas e consideradas, por meio de sua transformação, em sentimentos mais elaborados; portanto, mais alto. Esse processo de "purificação" se desprende de si mesmo, aproximando-nos de nossa verdadeira essência. Esta é a "Grande Obra", em que nossa sombra é enfrentada, iluminada, transformada e usada a seu favor para a autodescoberta; o eu "verdadeiro". É uma jornada que implica audácia e coragem, na qual o caminho da facilidade e do prazer é abandonado para se dedicar a esforços que nos recompensarão com a vida. E dessa morte renasceremos (*Cf.* E. Canseliet. *Alquimia. Vários estudos de Simbolismo Hermético e Prática Filosófica*. Roma 1985; Julius Evola, *La tradizione ermetica*, Bari, 1931; Fulcanelli, *Le dimore filosofali*, 1931; M. Fumagalli, *Dizionario di alchimia e di chimica farmaceutica antiquaria. Da Busca pelo Ouro Filosofal à Arte Espagírica de Paracelso*, Mediterranee, 2000; E. J. Holmyard, *História da Alquimia*, Odoya, 2009; Omraam Mikhaël Aïvanhov, *Trabalho Alquímico ou a Busca da Perfeição*, Prosveta, 1996; *A Pedra Filosofal, dos Evangelhos aos Tratados Alquímicos*, Prosveta, 2005; S.B.Brocchi, *Reflexões sobre a Grande Obra*, 2006; A. Roob, *Alquimia e*

Misticismo, Taschen, 1997; T. Palamidessi, *Alquimia como caminho para o Espírito*, Edizioni Grande Opera, 1949; J. C. François, *Como se tornar um tratado alquimista sobre hermetismo e arte espagírica*, psique 2; Gebelein H., *Alquimia. A Magia da Substância*, Mediterranee; Archarion, *La via della versa alchimia. A preparação da pedra filosofal interna e externa*, Mediterranee; Helmond Johannes, *L'alchemia rivelata. A luz evocada pela escuridão*, mediterrânea; Po-Tuan Chang, *Entendendo a Realidade. Um clássico da alquimia taoísta*, Mediterranee; São Tomás, *Tratado sobre a Pedra Filosofal. A Arte da Alquimia*, edições Marco Valério; G. Ranque, *La pietra filosofale*, Mediterranee, 1989; M. Pereira, *Arcana sapienza. L'alchimia dalle origini a Jung*, Roma, 2001; Trismegistus Hermes, *Kore Kosmou. Extratos de estrobo*, Mimesis; A.A.V.V., *Il filo di Ariadne. 44 trattato di alchemia dall'antichità al XVIII sec.*, Mimesis, vol 1-2-3; Johannese Fabricius, *Alquimia. A Arte Diretora do Simbolismo Medieval*, Mediterranee; F.C.H. Canseliet, *Alquimia*, Mediterranee; O.M.Aivanhov, *O Segundo Nascimento*, Prosveta; Gordon White D., *O Corpo Alquímico*, Mediterranee).

Carl Gustav Jung considera o processo alquímico como uma projeção de conteúdos psíquicos; e sem uma realidade material sobre a qual projetar esses conteúdos, o processo em si é impossível. "Quem olha para um corpo d'água, inicialmente vê sua própria imagem. Quem olha para si mesmo corre o risco de se encontrar consigo mesmo. O espelho não lisonjeia, mostra diligentemente o que reflete, ou seja, aquele rosto que nunca mostramos ao mundo porque o escondemos atrás do personagem, a máscara do ator. Esse é o primeiro teste de coragem na jornada interior. Uma prova que basta para assustar a maioria, porque o encontro consigo mesmo pertence àquelas coisas desagradáveis que se evitam desde que se possa projectar o negativo no ambiente" (*Cf.* Jung C. G., *Psicologia e Alquimia*, Boringhieri, 1992; *Os opostos psíquicos na alquimia*, Boringhieri; *Estudos sobre Alquimia e o Segredo da Flor Dourada*, Boringhieri).

62 **Parte Três**
Ver nota 14 (Introdução)

63 **Espontaneidade** – segundo R. Assagioli (Veneza 1888 – Arezzo 1974) psiquiatra e teosofista, fundador da Psicossíntese, ser espontâneo significa comportar-se livremente nas próprias escolhas, aceitando as responsabilidades que daí derivam. Não é vivendo de acordo com esquemas pré-definidos que se enfrenta situações novas, mas com uma nova e espontânea forma de pensar e, consequentemente, de agir. Com espontaneidade somos capazes de enriquecer continuamente nossas formas de comportamento, tornando-nos pessoas conscientes, responsáveis e independentes. Segundo Martin Buber, "a incapacidade de tomar decisões é ruim, ruim é a virada em círculos de potenciais humanos sem os quais nada pode ser alcançado e com o qual, se eles não tomarem nenhuma direção e, em vez disso, permanecerem presos em si mesmos, tudo dá errado". Nesse sentido, uma pessoa é autônoma se for capaz de tomar decisões e, portanto, de dar sentido ao seu potencial; dessa forma, também se assume conscientemente a responsabilidade pelo próprio destino que se decidiu escolher para a própria vida. Por "liberdade", o autor quer dizer a aquisição da capacidade de agir fora do impulso instintivo, características hereditárias ou influências ambientais. Como observa Viktor Frankl: "Certamente o homem possui instintos, mas estes não o possuem" (*Cf.* Assagioli R., *Princípios e métodos de Psicossíntese Terapêutica*, Astrolábio, 1973; *L'atto di voli*, Astrolábio, 1977; *Lo sviluppo transpersonale*,

Astrolábio, 1988; P. Giovetti, *Roberto Assagioli. A vida e obra do fundador da Psicossíntese*, Ed. Mediterranee, 1995; L. Boggio Gilot, *Psicossíntese e meditação*, Mediterranee, 1988; P. Ferrucci, *A força da bondade*, Oscar Mondadori, 2006; J. Firman, A. Gila, *A ferida primária. A visão da psicossíntese sobre trauma, cura e crescimento*, ed. l'Uomo, 2009; A. Alberti, *A criança interior*, Pagnini e Martinelli, 2000; *O homem que sofre, o homem que cura*, Pagnini, 1997; *Il Sé ritrovato*, Pagnini, 1994).

64 A **intuição** é a compreensão de algo sem mediação conceitual. O termo tem mais relevância filosófica do que psicológica. K. Jaspers disse: "A atitude intuitiva não é um olhar rápido e distraído, mas um mergulho em si mesmo, tomando posse de algo novo". H. Bergson a define como um conhecimento imediato e irracional. E. Minkowski escreve: "É o ato fenomenológico que não busca nem a causa nem a consequência dele, mas se esforça, penetrando-o, para esgotar seu conteúdo [...]". C. G. Jung considera a intuição uma das quatro funções da psique ao lado do pensamento, da sensação e do sentimento. A intuição se comporta em relação à sensação em um sentido compensatório e é, assim, a matriz a partir da qual começa o desenvolvimento do pensamento e do sentimento como funções racionais (Jung, 1920, p. 467-468).

65 As **Forças das Trevas** – "Dentro de cada um de nós, a caverna escura do inconsciente esconde sentimentos proibidos, desejos secretos, estímulos criativos. Com o tempo, essas 'forças das trevas' ganham vida própria e formam uma figura reconhecível, a Sombra. Como ensinam as lendas e a tradição literária, a Sombra é o gêmeo invisível e estrangeiro que está em nós. Sentimos o poder da Sombra quando nos sentimos oprimidos pela raiva, obsessões, vergonha, mentiras, depressão. Essas manifestações da Sombra nos levam à ideia do Outro, essa força poderosa que parece anular todos os nossos esforços para domá-la e controlá-la. O encontro com a Sombra é o primeiro passo de um processo que leva a uma verdadeira autoconsciência. Aprender a viver com a Sombra significa estabelecer contato com as forças mais profundas e criativas da alma: da Sombra pode vir a luz capaz de iluminar nossa existência. A Sombra não é o 'Negativo', não é um problema a ser resolvido ou um aspecto de nossa personalidade a ser apagado, é um mistério a ser enfrentado para dar um sentido mais completo à nossa vida" (C. Zweig e S. Wolf, *A face oculta da alma, Rizzoli*).

O próprio C. G. Jung disse: "Não nos iluminamos imaginando figuras de luz, mas tornando as trevas conscientes".

66 O **Mecanismo** de Defesa é uma função do Ego que visa proteger-se de experiências ou impulsos muito intensos ou ansiosos. O estudo originou-se de S. Freud e, posteriormente, de sua filha A. Freud. Os mecanismos de defesa típicos das **neuroses** são repressão, formação reativa, deslocamento, condensação, intelectualização; **transtornos** de personalidade, divisão, projeção, idealização; **psicoses**, divisão, negação, negação, alucinação etc. (Fairbairn W.R.D., *Estudos Psicanalíticos sobre Personalidade*, Boringhieri, 1970; Fenichel O., *Tratado de psicanálise*, Astrolábio, 1951; Ferenczi S., *O conceito de introjeção*, Cortina, 1989; Freud S., *Os Mecanismos de Defesa*, Boringhieri, 1978; *Neuropsicose de defesa*, Boringhieri, 1968; *La negazione*, Boringhieri, 1978; *Inibição, sintoma e angústia*, Boringhieri, 1978; Klein M., *Scritti 1921-1958*, Boringhieri, 1978; Anna Freud, *O Ego e os Mecanismos de Defesa*, 1968; P.D.M., *Manual de Diagnóstico Psicodinâmico*, Cortina, 2008; G. Jervis, *Psicologia dinâmica*,

Il Mulino, 2001; U. Galimberti, *Enciclopedia di psicologia*, Garzanti, 2001; Jean Laplanche, Jean-Baptiste Pontalis, *Enciclopedia della psicanalisi*, 2 vols., Laterza, 1974; Henri Ellenberger, *A Descoberta do Inconsciente*, Boringhieri, 1970).

67 Os **Chakras** (em sânscrito, "roda"), de acordo com a filosofia indiana, são sete vórtices de energia localizados em pontos específicos do corpo, em correspondência com centros nervosos e glândulas. O primeiro está localizado entre o órgão genital e o ânus, o segundo quatro dedos abaixo do umbigo, o terceiro quatro dedos acima do umbigo, o quarto ao nível do coração, o quinto na garganta, o sexto entre os olhos e o sétimo no centro acima da cabeça. Os cinco centrais têm correspondência frontal e dorsal, o primeiro e o último estão conectados por uma espécie de linha etérica. Os *chakras* frontais estão ligados às emoções, os dorsais à vontade, os inferiores ao instinto e os superiores à racionalidade. O seu entupimento, sobrecarga ou deficiência tem repercussões tanto físicas como psicológicas (*Cf.* Omraam Mikhaël Aïvanhov, *Centros Sutis e Corpos aura, plexo solar, centro hara, chakras*, Prosveta; A. Judith, *Chakras, ruote di vita*, Armênia, 1994; Valerio Sanfo, *Os Chakras e as correspondências na fisiologia tradicional*, Aemetra, 2006; *Chakras e glândulas endócrinas*, Aemetra, 2004).

68 **Vaikuntha** – o paraíso de Vishnu, às vezes localizado na montanha Meru e às vezes no oceano do norte. Às vezes, o próprio Vishnu é chamado de Vaikuntha.

69 **Brahma** – "Ele é o criador do universo e um membro, juntamente com Shiva e Vishnu, da Trimurti Hindu, uma tríade divina de treinamento pós-védico. [...] Sua esposa é Sarasvati, a personificação da eloquência, a deusa do conhecimento e das artes que constitui uma das muitas personificações da Grande Deusa. **Vishnu** – O 'onipresente', uma das três grandes divindades do hinduísmo junto de Shiva e Brahma. Uma divindade do espaço, [...] fiel ao seu papel de conservador, diz-se que ele intervém no mundo quando a ordem universal é ameaçada para restabelecer o *dharma* (a ordem das coisas) e salvar seus devotos manifestando-se em suas encarnações ou 'descidas'. [...] O culto de Vishnu desenvolveu-se nas regiões indianas em referência a duas encarnações (*avatara*) já conhecidas pela religião védica: Krishna e Rama. [...] Krisna, convivendo com pastoras que fazia dançar ao som de sua flauta, amava mais de mil delas, ostentando as mais refinadas práticas eróticas. Sua favorita era Radha, reverenciada pelo povo como sua esposa e amante favorita. [...] Ele tem duas esposas: Lakshmi, deusa da beleza, e Bhumi-devi, deusa da terra; sua montaria é o pássaro mítico Garuda. Ele tem como atributos a concha, o disco, a maça e o lótus. Ele é tipicamente retratado na forma de um jovem de quatro braços, com cada braço empunhando um de seus atributos, ou mesmo deitado, descansando em Cesha, a serpente de mil cabeças. [...] Os textos clássicos mencionam dez avatares de Vishnu, mas a imaginação popular propôs muitos mais. De longe, as encarnações mais conhecidas e reverenciadas são Rama e Krishna. Este último, em particular, tornou-se o centro de vários *bhakti*, ou movimentos "devocionais", que representam Vishnu como um deus que ama e que deve ser amado. O primeiro, como fiador da ordem social e das instituições da família e da casta, incorpora a função real do deus. **Shiva** – [...] Ele é ao mesmo tempo o destruidor e o restaurador, o primeiro dos ascetas e o símbolo da sensualidade desenfreada que perturba as esposas dos ascetas da floresta, ele é um pastor benevolente de almas e um tentador perigoso, ele é o infanticídio que mata a criança que sua esposa Parvati criou a partir dos humores de seu próprio corpo, para que haja alguém que mantenha os

encrenqueiros afastados, mas também é quem o ressuscita, uma vez que ele entende o erro, dando-lhe a cabeça de elefante e, portanto, sabedoria. [...] Tem quatro, cinco ou três olhos, com o terceiro simbolizando o conhecimento interior, mas capaz de destruir tudo com fogo quando volta o olhar para fora. [...] Ele usa uma guirlanda de crânios humanos e uma cobra envolve seu pescoço. Ele tem duas ou quatro mãos segurando um tridente, um pequeno tambor, uma pele de veado, uma maça com uma caveira na ponta, um machado ou um raio. Às vezes, ele usa cobras como pulseiras. [...] Dentro da Trimurti, a pessoa Deus (Iswara), Shiva é o princípio dissolvente, enquanto Vishnu é o princípio de manutenção e preservação, enquanto Brahma é o princípio criativo" (distinto de Brahman entendido como Realidade Absoluta)" (Associação Vidya Bharata, Catania, www.vedanta.it; www.vidya.org).

70   A **Tríade** – "A figura foi dividida em três partes, a primeira e a última foram cada uma das três. Shiva imediatamente depois de Vishnu, Vishnu imediatamente antes de Shiva, Brahma imediatamente antes dos outros dois, os dois imediatamente antes dele" (De Kumara-sambhava – Kalidasa, poeta do século V).

"Do sânscrito: 'Tendo três formas', a Trimurti une em si a forma tríplice e o aspecto tríplice da única entidade-realidade divina — o Supremo — nas três formas de Brahma, o Princípio da criação, Vishnu, o Princípio da preservação, Shiva, o Princípio da dissolução e reabsorção; princípios que operam em toda a manifestação fenomênica. O esquema da tríade representa, de forma mais geral, um arquétipo inerente ao ser. [...] Na iconografia hindu clássica, a Trimurti é representada com três cabeças em um único corpo (Trishiras, cabeça tripla) ou com uma cabeça com três faces. [...] Do ponto de vista histórico, a tríade clássica Brahma-Vishnu-Shiva é colocada na era pós-védica. Alguns estudiosos veem suas raízes na forma de identidade pré-existente de divindades muito antigas nas civilizações do Vale do Indo (2500-1800 a.C.), de um período anterior à civilização Arya, que se estabeleceu na Índia por volta de 1500 a.C. Portanto, a representação atual da Trimurti e a existência das principais escolas religiosas e filosóficas — Samkhya, Yoga, Vaisheshika, Nyaya, Mimamsa e Vedanta — seria o desenvolvimento de uma concepção milenar, que de um aspecto tribal assume um refinamento progressivo nas várias épocas, até os mais altos enunciados teológicos e metafísicos. [...] Brahman, quando desenvolve seu poder expressivo nas três formas qualificadas de Brahma, Vishnu e Shiva, é Trigunatma porque desempenha as funções de criação, preservação e dissolução de todo o ciclo cósmico, por meio das qualidades da força guna, chamadas rajas, a energia criativa de Brahma, *sattva*, a força coesiva de Vishnu, e *tamas*, a força de massa ou inércia de Shiva. [...] Trimurti, como sinônimo de Brahman tríplice, é também a sílaba sagrada OM — em sua forma estendida AUM —, a Palavra imperecível da qual a vibração sonora que manifesta os três estados de ser precede, surge e retorna. De acordo com os Vedas-Upanishads, considerados pela Tradição como a cabeça ou o ápice dos Vedas (Sruti shirah), na vida do indivíduo esses estados correspondem ao estado de vigília: "A"; no estado de sonho: "U"; ao estado de sono profundo e sem sonhos: "M". [...] Em um contexto mais especificamente "operacional", o indivíduo (*jiva*) movido pela necessidade de se libertar da dor e do ciclo de nascimento e morte, com um exame cuidadoso de si mesmo, pode revelar, compreender e integrar os três estados de ser em si mesmo através das fases práticas de purificação, integração e resolução-libertação: portais para todo ascetismo ou caminho de realização (*sadhana*).

Neste cumprimento da "travessia do oceano do *samsara*", passando da visão egocêntrica para a universal, o ser finalmente mergulhará na Realidade última do Uno sem um segundo. Nos Upanishads, afirma-se que Brahman, escondendo-se na substância, não é realmente tocado por ela: deste ponto de vista, Brahma, Vishnu e Shiva, finalmente, são os nomes daquele Uno aformal, o nascituro (aja), o Brahman supremo sem atributos (Nirguna); princípio imóvel, inqualificável e não causado do qual tudo emana e ao qual tudo retorna.

As Três Divindades – Brahma é o primeiro aspecto da Trimurti cuja qualidade fundamental é expressa no domínio da matéria densa. Através da guna da paixão, rajas preside a emanação do universo, cuja expansão no espaço é representada por suas quatro faces adornadas no topo com coroas divinas e orientadas para os pontos cardeais, símbolo dos quatro Vedas: Oriente, o Rgveda; Sul, o Yajurveda; Oeste, o Samaveda; Norte, o Atharvaveda, do qual ele também é o guardião. Diz-se que Brahma tinha uma quinta cabeça para que ele também pudesse olhar para cima, que foi decapitada por Shiva. [...] Como o repositório supremo da ciência sacrificial, no lado direito, Brahma segura uma mão levantada na qual carrega o rosário sagrado, símbolo do ciclo eterno do tempo, e ao mesmo tempo realiza o gesto do Abhaya-Mudra como uma promessa de proteção; por outro lado, ele segura as tábuas dos Vedas, a origem divina do Verbo de todas as formas de existência. À sua esquerda, ela carrega o jarro, um símbolo da vida eterna, e um botão de lótus, o emblema feminino dos deuses, um atributo de fertilidade e boa sorte. No Gênesis judaico-cristão, Deus cria cuidando pessoalmente de cada detalhe da criação; Brahma, em sua função de criador dinâmico, não cria o cosmos nesse sentido, mas ativa um processo de criação no qual os elementos que compõem o universo já possuem o princípio de sua existência em si mesmos, dando forma ao novo mundo. [...] Ele também é o regulador do carma, a lei cósmica da causalidade da qual fluem os efeitos das ações, o fruto do desejo (*kama*) e da paixão-raiva (*krodha*). O termo karma também é sinônimo de atividade, sacrifício e ritual. Com essas qualidades, Brahma, como arquiteto dos deuses, constrói um palácio para demônios; enquanto o Mahabharata diz que ele se torna o guia da carruagem de batalha de Shiva, na luta mítica contra o império demoníaco dos Asuras. [...] O aspecto feminino de Brahma é sua esposa Sarasvati ("aquela que flui"), a Palavra divina, deusa do conhecimento; a Mãe dos Vedas, Senhora da ciência e da arte. O mítico rio indiano que agora flui no subsolo leva o nome dela. Como deusa do rio, ela também foi associada ao princípio da fertilidade e purificação e criadora de Mantras. De acordo com alguns contos, Sarasvati é filha de Brahma, Savitri; cometendo incesto, ele a teria tomado como esposa. Esta apresentação imaginativa sugere que a Divindade contém uma síntese de polaridades — masculina e feminina — tendo sua realização no "casamento místico", caso contrário, visto como um estado de "andrógino" ou "incesto". Ao contrário das outras duas divindades da Trimurti — Vishnu e Shiva — Brahma não intervém nos assuntos humanos e nenhum presente pode ser esperado, conseqüentemente ele não tem seu próprio culto específico e há poucos templos dedicados a ele. **Vishnu**, o segundo aspecto da Trimurti cuja qualidade é a guna sattva associada à compaixão e ao pensamento puro, é o princípio da força coesiva que mantém os processos do cosmos em equilíbrio, preservando-os das forças disruptivas. [...] No lado direito, em uma das mãos, ele segura o símbolo de um disco com uma borda afiada, o Cakra, que indica a natureza solar de Vishnu; o sol no céu simboliza o nascimento e o pôr do sol em um ciclo que se repete continuamente. A outra mão direita é levantada no gesto do Abhaya-Mudra, a promessa de proteção-bênção. À sua esquerda, ele carrega em uma das mãos Pañcajanya, a concha, ao som da qual os demônios fogem; por outro lado, em postura de repouso, segura a clava dourada, símbolo de poder de acordo com a lei universal da natureza. No início de um ciclo cósmico, ele parece estar deitado em um sono contemplativo sobre a serpente Shesa ou Ananta. Vishnu-Narayana, guardado por Garuda, a águia que o acompanha, sonha e planeja a nova vida. É, portanto, da projeção do desejo criativo que a primeira forma de vida surge de seu umbigo, a flor de lótus, sobre a qual se assenta o deus Brahma — a segunda emanação de Brahman — da qual brota a realidade do mundo fenomênico. Guardião do *dharma* — a Lei divina e eterna — encarna e desce ao mundo através de seus avatares para salvaguardar sua duração e pureza, em todas as circunstâncias em que se manifestam sinais de grande decadência [...] **Shiva**, cujo nome significa "benevolente, gentil", é a terceira Pessoa da Trimurti, mas também a divindade mais multifacetada do hinduísmo ortodoxo. É caracterizado pela força de massa ou inércia de guna tamas — sinônimo de escuridão — como o princípio de destruição e resolução. Na cabeça, ela usa uma coroa de cabelo, cuja trama superior abriga, à direita, o deus da lua em um emblema da lua crescente, e no centro a deusa Ganges, o rio celestial Ganges desceu à terra e cujas águas impetuosas foram domadas pelo tufo do deus. Esses dois símbolos expressam qualidades de dominação sobre os aspectos lunares e o movimento das águas, refletidas nos aspectos emocionais do ser. Em sua testa, em posição ereta, brilha um terceiro olho: o olho da visão clara e da consciência do Ser. Os quadris envoltos em pele de tigre testemunham a força das paixões domadas; seu pescoço é cercado por uma cobra, um símbolo de domínio sobre a natureza cíclica eterna do tempo. Ligado ao simbolismo do número Três, à sua esquerda o deus carrega Trisula, o tridente, o eixo do universo expressando poder sobre os três guna-estados; a outra mão segura o jarro que carrega o néctar da imortalidade, um símbolo de sabedoria. À sua direita, Shiva como Brahma e Vishnu também levanta a mão no gesto do Abhaya-Mudra, a promessa de proteção-bênção; outra mão carrega Aksamala, o rosário de Rudraksa, símbolo do ciclo eterno do tempo. Como o fogo devorador de tudo, ele causa a morte dissolvendo periodicamente o cosmos, de modo a permitir a regeneração da matéria cósmica e prepará-la para um novo amanhecer do ser; aparentemente terrível, Shiva revela seu aspecto benéfico e misericordioso na destruição simultânea de *avidya*: a ignorância metafísica na qual todos os seres estão imersos, e por causa da qual serão empurrados para um novo ciclo de nascimento e morte. Nesta ordem de coisas, todas as criaturas e coisas criadas recebem um período de descanso e retirada do fluxo dinâmico, durante um *pralaya*. [...] A história conta que Shiva, imerso em uma profunda prática ascética, foi alcançado pela flecha da paixão de Kama e se apaixonou por Parvati, a filha da montanha de Himavat, que se tornou sua noiva. A energia feminina de Shiva expressa no casal Shiva-Parvati é destacada em apoio ao princípio da unidade dos sexos, onde por este princípio entendemos a integração de todos os aspectos duais do pensamento humano, como homem-mulher, nascimento-morte, começo-fim, bem-mal, escravidão-libertação e assim por diante" (Gabriella Piazza, Catania, www.vedanta.it; www.vidya.org – cortesia da Associação Vidya Barata de 4 de outubro de 2010

Clovis R. Anversa, nascido em São Paulo em outubro de 1953, possui uma formação acadêmica e profissional diversificada e abrangente. Graduado em Ciências da Educação (1978) e em Psicologia (1979) no Brasil, recebeu o título de Doutor em Psicologia Clínica e Comunitária na Itália (1997), com uma tese sobre a recuperação de crianças órfãs e em situação de vulnerabilidade social.

Como psicoterapeuta, Clovis R. é especializado em Psicodrama e possui amplo conhecimento em diversas abordagens terapêuticas, incluindo Analise Transacional, Psicologia Analítica, Terapia Cognitivo-Comportamental e Terapia Corporal. Além disso, é um renomado especialista em Psicologia Transpessoal, tendo trabalhado com uma variedade de técnicas de terapias alternativas, como o Psicotranse, Terapia de vidas passadas (T.V.P.), Biodança, Respiração Holotrópica. Sua prática também abrange disciplinas como Tai Chi Chuan e Meditação Vipassana, que utiliza para promover o equilíbrio físico, mental e emocional.

Ao longo de sua carreira, atuou como educador e supervisor em diversas ASLs (Aziende Sanitarie Locali) no Piemonte, na Itália, e dedicou vários anos ao atendimento psicoterapêutico, tanto em seu consultório particular em São Paulo, Brasil, quanto em Rivoli, Itália. Trabalhou também em comunidades psiquiátricas em Torino, Itália, onde pôde aplicar sua abordagem integral no atendimento a pacientes com transtornos psiquiátricos.

Clovis R. Anversa também contribuiu significativamente para o campo da psicoterapia através de sua produção acadêmica, tendo escrito diversos artigos em revistas especializadas em arteterapia na Itália. Além disso, é autor de dois livros sobre psicoterapia integral, publicados na Itália, os quais refletem sua visão inovadora e integral da psicologia, integrando várias abordagens terapêuticas para o tratamento do ser humano de forma holística.

71   Ligação materna com os filhos.